suhrkamp taschenbuch
wissenschaft 947

In dem hier erstmals in deutscher Sprache vorliegenden Buch zeigt Thomas Luckmann, daß die Religion auch in modernen Gesellschaften keineswegs ihre Funktion verloren hat. Dabei verläßt er die Bannmeile der »Kirchensoziologie«, um andere Formen des Religiösen in den Blick zu bekommen. Dies wird in drei Schritten vorgeführt: anhand der Funktionsbestimmung von Religion, der Säkularisierung der Religion und schließlich den neuen Sozialformen der Religion im Rahmen einer generellen Privatisierung.
Thomas Luckmann ist Professor am Fachbereich Soziologie der Universität Konstanz.

Thomas Luckmann
Die unsichtbare Religion

Mit einem Vorwort
von Hubert Knoblauch

Suhrkamp

Die Deutsche Bibliothek – CIP-Einheitsaufnahme
Luckmann, Thomas:
Die unsichtbare Religion / Thomas Luckmann. Mit einem
Vorw. von Hubert Knoblauch. – 1. Aufl. – Frankfurt am Main :
Suhrkamp, 1991
(Suhrkamp-Taschenbuch Wissenschaft ; 947)
ISBN 3-518-28547-5
NE: GT

suhrkamp taschenbuch wissenschaft 947
Erste Auflage 1991
© Suhrkamp Verlag Frankfurt am Main 1991
Suhrkamp Taschenbuch Verlag
Alle Rechte vorbehalten, insbesondere das
des öffentlichen Vortrags, der Übertragung
durch Rundfunk und Fernsehen
sowie der Übersetzung, auch einzelner Teile.
Satz und Druck: Wagner GmbH, Nördlingen
Printed in Germany
Umschlag nach Entwürfen von
Willy Fleckhaus und Rolf Staudt

2 3 4 5 6 – 94 93 92 91

Inhalt

Hubert Knoblauch
Die Verflüchtigung der Religion ins Religiöse   7

Thomas Luckmann
Die Unsichtbare Religion

Vorwort   45

I. Religion, Kirche und die Soziologie   50
II. Kirchlichkeit am Rande der modernen Gesellschaft . .   62
III. Die anthropologische Bedingung der Religion   77
IV. Die gesellschaftlichen Formen der Religion   87
V. Individuelle Religiosität   108
VI. Religion und persönliche Identität in der modernen
Gesellschaft   117
VII. Moderne religiöse Themen   151

Nachtrag   164
Literatur   184

Hubert Knoblauch
Die Verflüchtigung der Religion
ins Religiöse
Thomas Luckmanns Unsichtbare Religion

1. Die Unsichtbare Religion –
das Buch

The Invisible Religion, 1967 erstmals in New York erschienen, liegt nun in einer deutschen Übersetzung vor. Das mag verwundern. Denn die amerikanische Ausgabe baute ihrerseits auf dem 1963 in Freiburg bei Rombach erschienenen Büchlein *Das Problem der Religion in der modernen Gesellschaft* auf. Warum eine Neuauflage eines Buches, das nunmehr schon als »veraltet« angesehen werden könnte? Dafür sprechen ganz profane Gründe. Das Buch ist zwar mittlerweile in eine ganze Reihe von Sprachen übersetzt worden,[1] doch ist die deutsche Ausgabe von 1963 seit langem vergriffen, und auch die amerikanische Ausgabe ist nicht mehr erhältlich. Und dies, obwohl die in diesem Buch entwickelte Theorie an Bedeutung eher gewonnen als eingebüßt hat.
Blicken wir zunächst auf die Entstehung des Buches zurück. Schon früh hatte Luckmann sich mit der empirischen Erforschung der Religion beschäftigt. Als Mitarbeiter im Projekt »Religion im heutigen Deutschland« (gefördert durch die Rockefeller Foundation), das von seinem Lehrer Carl Meyer geleitet wurde und in dem auch Peter L. Berger und Helmut Wagner mitarbeiteten, hatte er Anfang der 50er Jahre Feldforschung in Kirchengemeinden der BRD betrieben.[2] Dem Buch war eine vielzitierte Sammelrezension vorausgegangen,[3] in der Luckmann eine harte Kritik an der damaligen »Auftrags-Religionssoziologie« übte. Sie erhielt eine für Rezensionen unüblich breite Rezeption, ja, sie wurde geradezu als eine »Zäsur« der deutschsprachigen Religionssoziologie angesehen. Anfang und Aufhänger des Bandes bildet die scharfe Kritik an der »jüngeren Religionssoziologie«.[4] Die Literatur, die in der Invisible Religion kritisiert wird, ist sicherlich veraltet.[5] Obwohl aber etwa die Übersicht der damals »jüngeren religionssoziologischen Forschung« eher von histori-

schem Interesse ist, treffen doch einige Kritikpunkte noch auf viele der heutzutage durchgeführten Untersuchungen zu. Wichtiger aber ist der theoretische Entwurf der *Unsichtbaren Religion* und ihre Folgen für die Religionssoziologie.

Hatte Luckmann in dem Freiburger Bändchen seine Konzeption schon angedeutet, so fand diese erst in der Folgezeit – vor allem durch die Zusammenarbeit mit Peter L. Berger – eine prägnantere Fassung. Noch im selben Jahr (1963) entwickelten beide eine wissenssoziologische Perspektive der Religionssoziologie (von deren funktionaler Ausrichtung nicht Luckmann, sondern Berger später abrücken sollte). Gekrönt wurde die Zusammenarbeit der beiden Soziologen – nach einem weiteren gemeinsamen, stark von Gehlen geprägten Aufsatz zur Religionssoziologie[6] – durch ihre *Social construction of Reality* (1966), einer »Theorie der Wissenssoziologie«, die auf internationaler Ebene Schule machte und bald schon zu einem »Klassiker der Wissenssoziologie« avancieren sollte. Dieses Werk aber wirkte auch auf die religionssoziologische Arbeit beider Autoren zurück. Im darauffolgenden Jahr (1967) nämlich veröffentlichte Berger das, was man sein religionssoziologisches Hauptwerk nennen könnte: *The Sacred Canopy. Elements of a Sociological Theory of Religion.*[7] Und im selben Jahr erschien Luckmanns *The Invisible Religion* bei MacMillan in New York. Beide versuchten, den phänomenologischen Ansatz der Wissenssoziologie für die Religionssoziologie fruchtbar zu machen – ein Versuch mit langfristigen Folgen nicht nur für die religionssoziologische Theorie und Forschung.[8]

Daß hier nun eine deutsche Übersetzung der amerikanischen Ausgabe vorgelegt wird, liegt nicht etwa darin begründet, daß der Übersetzer besondere stilistische Allüren hegte.[9] Vielmehr wurde darauf geachtet, daß der Duktus des Originaltextes weitgehend gewahrt blieb. Die Übersetzung der amerikanischen Fassung findet ihren Grund darin, daß – wie die deutsche Rezeption vielfach übersah – diese in einigen wichtigen Punkten vom älteren deutschen Text abweicht. Sie enthält zwei zusätzliche Kapitel, in denen einmal die funktionalistische Konzeption der Religion akzentuiert und zum anderen ein Ausblick auf die Inhalte einer neuen Sozialform der Religion gegeben wurde.[10] Überdies gingen in die amerikanische Fassung wichtige Vorstellungen ein, die von der »gesellschaftlichen Konstruktion der Wirklichkeit« geprägt waren. Erst hier wird die Konzeption der Religion erkennbar, die, wie Luckmann selbst beabsichtigte, die Religionssoziologie wieder in die großen Bahnen eines Weber und Durkheim zurückführen sollte. Es ist besonders der theoretische Beitrag, von Luckmann in lockerer Essay-Form gefaßt, der den Text noch für heutige Leser interessant macht. Dies schon aus wissenschaftsgeschichtlichen Gründen. Luckmanns Arbeit ist eine der wesentlichen Säulen des »wissenssoziologischen Ansatzes« der Religionssoziologie, der, wie die beigefügte Literaturliste andeutet, nicht nur für die deutschsprachige Soziologie Folgen hatte.[11] Wie Dobbelaere (1981,3) bemerkt, läutete dieses Buch, nach der klassischen Periode und der kirchensoziologischen, eine dritte, »neoklassische Periode« der Religionssoziologie ein. Auch außerhalb der Grenzen des Faches stieß es auf große Resonanz, so etwa in der Religionswissenschaft, in der Theologie und in außerwissenschaftlichen Kreisen (vgl. z. B. Fries 1983).

In dieser Form war das Buch bis zum jetzigen Zeitpunkt in deutscher Sprache nicht erhältlich. So überrascht es nicht, daß die – vorwiegend theoretische – deutschsprachige Rezeption von Mißverständnissen geprägt ist – ganz anders, als etwa in Italien, wo die übersetzte amerikanische Fassung zu einer Reihe sehr aufschlußreicher empirischer Untersuchungen anregte. Mit der deutschen Übersetzung soll dem »Schicksal aller Klassiker« vorgebeugt werden, nämlich nur sehr selten sachkundig diskutiert zu werden (Mason 1975, 162).

Eine solche Kenntnis aber ist aus einem weiteren Grund nötig. Denn nicht nur einzelne theoretische Konzepte haben Früchte getragen. Wie am Schluß gezeigt werden soll, hat auch Luckmanns zentraler Entwurf einer synkretistischen, diesseitigen, privatistischen Religion an Aktualität nichts eingebüßt. Luckmanns Abriß einer solchen unsichtbaren Religion macht sich auf eine Weise für das Studium jüngerer religiöser Entwicklungen bezahlt, die dem Buch einen gewissen prognostischen Wert verleiht. Dabei handelt es sich insbesondere um solche Entwicklungen, die von Religionsforschern – in Unkenntnis dieser Prognosen und mit einer gewissen Lust an der Verkündigung von Neuem und »Epochenwendigem« – vorschnell als »Tendenzwende« zu einer »Wiederverzauberung«, zur »Desäkularisierung« oder gar zur »postmodernen Religion« gedeutet wurden.

Der dennoch rechtmäßigen Forderung nach einer Fortentwicklung des Ansatzes der Unsichtbaren Religion trägt Luckmann mit einem zusätzlichen Nachwort in diesem Band auf seine Weise Rechnung. Keine »Kurzzeittheorie« der jüngeren religiösen Entwicklungen wird hier vorgelegt, sondern eine kommunikationstheoretische Weiterentwicklung des in der Unsichtbaren Religion vorgelegten Ansatzes, der vor allen Dingen den Anschluß an die empirische Erforschung der Religion erleichtern soll.

Dieser Weg liegt durchaus in Luckmanns »Logik«, hatte er sich doch, nach längerer intensiver Beschäftigung mit der Religion, mit Fragen der Sprach- und Kommunikationssoziologie auseinandergesetzt. Durch die empirische Erforschung der Face-to-Face-Kommunikation und der Formen sozialer Kommunikation erhoffte er sich eine Klärung der Objektivierungsvorgänge, aus denen die Deutungsmuster und »Weltansichten« entstehen, die auch den Kern des Religiösen ausmachen. Nur nebenbei mag angemerkt werden, daß mit dieser Wende zu einer empirischen Kommunikationsforschung ein Weg beschritten wurde, der erst einige Zeit später den (meistenteils nur programmatischen) Titel des »kommunikativen Paradigmas« erhielt.

Die zum Teil verwirrende, zuweilen auch irreführende Diskussion um die Unsichtbare Religion scheint es notwendig zu machen, einleitend die zentralen Aussagen vorzustellen und auf ihre wichtigsten Kritiken einzugehen (II). Im nächsten Schritt werden einige empirische Arbeiten und theoretische Fortentwicklungen genannt (III). Abschießend sollen die Konturen dieser neuen Sozialform der Religion umrissen werden (IV).

II. Soziale Formen und Funktionen der Religion

Die *Unsichtbare Religion* ist weder bloß eine theoretische Abhandlung noch ist sie eine empirische Arbeit; Luckmann nennt sie denn auch einen »Essay«.[12] Die Kritik an den in der Religionssoziologie üblichen Forschungsmethoden soll ja nicht zu einer Verbesserung dieser Forschungsmethoden beitragen oder zu einer Reform der Religionssoziologie. Die Mängel in der Erforschung der Religion in der modernen Gesellschaft führen Luckmann vielmehr zu der radikaleren Vermutung, daß die Religion ihren Standort – sozusagen unter der Hand und (wegen ihrer unsensiblen Methoden) unbemerkt von den Religionssoziologen –

gewechselt habe. Sein Vorschlag war es, an die Stelle der kirchlichen oder organisierten Religiosität einen Begriff der Religion zu stellen, der sich aus der Bannmeile der »Kirchensoziologie« heraus begibt, um andere Formen des Religiösen in den Blick zu bekommen. Der Essay zielt denn auch darauf ab, diesen neuen sozialen Ort zu umschreiben und die dafür nötigen Konzepte zu entwerfen. Dieser Vorschlag geht indessen über die Grenzen der Religionssoziologie hinaus. Denn durch diese Ausweitung wird der Blick der Religionssoziologie frei auf das weitere Feld der Soziologie: das Verhältnis des Individuums zur Gesellschaft. Dieses Verhältnis, so Luckmanns These, habe sich in der modernen Gesellschaft grundlegend gewandelt. Die religiöse Entwicklung ist das Exempel dafür, daß das Individuum aus sozialstrukturellen Determinanten gewissermaßen entlassen wird in die zwiespältige »Freiheit« der Privatsphäre und der »haltlosen« individuellen Autonomie.

Allerdings bereitete der essayistische Stil der Rezeption viele Schwierigkeiten. Einzelne Begriffe bleiben unscharf. So wird etwa der Begriff der »unsichtbaren Religion« lediglich im Titel genannt. Der Essay bietet zwar einen theoretischen Entwurf, der sich durch die Bezugnahme auf die zeitgenössische empirische Forschung abstützt. Doch wird die Unsichtbare Religion, bar systematischer Daten, lediglich provisorisch in groben Umrissen skizziert. (Viele Rezensenten hatten übersehen, daß Luckmann selbst den von ihm entworfenen Merkmalen der »neuen Sozialform der Religion« lediglich den Status vorläufiger Spekulationen verliehen hatte.)

Dennoch verfolgt die »Unsichtbare Religion« eine große Linie, die sich, im Anschluß an die vorzügliche Zusammenfassung Grassis (1978, 375) durch drei Themen charakterisieren läßt: »Die Entwicklung einer Definition der Religion (...); das Schicksal der Religion in den fortgeschrittenen Industriegesellschaften und schließlich die Aufkunft einer neuen Sozialform der Religion...«. Tatsächlich kreist nicht nur die »Unsichtbare Religion« um diese Themen, auch die Diskussion dieses Werkes läßt sich grob in diese drei Bereiche aufgliedern.

1. Die Funktion der Religion

Die sicherlich prägnanteste und auch umstrittenste These Luckmanns ist seine funktionalistische, anthropologische Definition der Religion. In der Religion transzendiert der Mensch sein biologisches Wesen und wird so erst zum Menschen. Religion ist nicht nur ein Komplex von Jenseitsvorstellungen; das Religiöse zeitigt sich schon in der Vergesellschaftung des einzelnen, in der Objektivierung subjektiver Erfahrungen und in der Individuation zum einzelnen.

Luckmanns funktionalistische Definition gilt als eine der breitesten Definitionen von Religion überhaupt.[13] Sie verfolgt die Absicht, ein möglichst breites Spektrum von Glaubensinhalten und sozialen Formen zu erfassen, die »religiöse« Funktionen erfüllen, ohne von dem eingeengt zu werden, was durch herkömmliche religiöse Institutionen als Religion bezeichnet wird.

Allerdings stieß diese weite Fassung des von institutionalisierten Religionen losgelösten Religiösen auch vielfach auf Kritik. So wurde der Vorwurf erhoben, daß die so definierte Religion von anderen Wissensformen – etwa Wissenschaft, Technik u.ä. – überhaupt nicht mehr unterschieden werden könne.[14] Eine funktionalistische Konzeption der Religion sei viel zu weit und unspezifisch (Dobbelaere 1981).[15] Diese Kritik an einer funktionalistischen Definition der Religion wurde insbesondere von Seiten »substantialistischer Theorien« vorgebracht, als deren Vertreter nunmehr Berger auftrat. Die funktionalistische Ausweitung des Religionsbegriffs erhebe weltliche Weltanschauungen in den Status religiöser Gebilde und denunziere das spezifisch Religiöse, das nur am Inhalt religiöser Vorstellungen, an ihrer Substanz, zu erkennen sei.[16] Das Religiöse zeichne sich durch besondere religiöse Erfahrungen, durch Erfahrungen des Heiligen, übernatürlichen Wesens, des Numinosen oder Göttlichen aus.[17] Während substantialistische Vorstellungen der Religion eine besondere Wirklichkeit zuschreiben, hat, in den Augen Luckmanns, die Religionssoziologie als »Wirklichkeitswissenschaft« keinen Zugang zu dieser Dimension. »Man muß jedes System als Religion untersuchen, das der Integration und Legitimation der sozialen Ordnung dient, auch solche Systeme, die nicht die Existenz einer übernatürlichen Sphäre voraussetzen« (Clanton 1973, 86). Es geht Luckmann keineswegs um die soziologistische Reduktion alles Religiösen auf Soziales; noch vertritt er einen Ansatz, der die Transzendenz religiöser Erfahrung betont, wie Hach meint (1980, 1 f.). Luckmann ist vielmehr der Auffassung, daß man sich zwar phänomenologisch (oder anthropologisch) mit den subjektiven Gehalten religiöser Erfahrung auseinandersetzen kann; Gegenstand der Soziologie jedoch kann nur das sein, was den Soziologen – und auch den anderen Mitmenschen – in der intersubjektiven Wirklichkeit des Alltags zugänglich ist. (So ist es nur folgerichtig, daß sich Luckmann zunehmend mit Problemen der Objektivation, d. h. der kommunikativen Interaktion und Vermittlung, beschäftigte.)[18]

Allerdings bleibt es nicht bei einer bloß soziologischen Blickrichtung auf die Funktionen des Religiösen. Religion wird zunächst und »unspezifisch« durch eine anthropologische Funktion definiert. Religiös in diesem Sinne ist, was die engen Grenzen des unmittelbaren Erlebens eines bloß biologisch verstandenen Wesens überschreitet. Luckmann folgt hier zwar den Spuren Durkheims, der Religiosität gewissermaßen als die Transzendenz des Gesellschaftlichen selbst ansah. Im Unterschied jedoch zu Durkheim siedelt Luckmann die Transzendenz des Religiösen nicht erst auf der Ebene der Gesamtgesellschaft an. Vielmehr ist das Religiöse selbst der Kern des Sozialen. Die religiöse Funktion der Bewältigung von Transzendenzen manifestiert sich schon auf der Ebene subjektiven Erfahrens und Handelns. »Transzendenz meint demnach also nicht zunächst Jenseitigkeit oder Außerweltlichkeit, sondern Sinntranszendenz« (Hahn 1974, 42).

War Transzendenz anfänglich allein aus ihrer anthropologischen Funktion bestimmt, so erhält der Begriff erst später eine dezidiert phänomenologische Fassung. Zur genaueren Bestimmung des Transzendenzbegriffs nimmt Luckmann Gedanken auf, die sich unmittelbar aus der Arbeit an Alfred Schütz' *Strukturen der Lebenswelt* ergaben.[19] Transzendenz ist, was die unmittelbare Evidenz lebensweltlicher Erfahrung überschreitet. Diese Überschreitungen lassen sich nach verschiedenen Kriterien unterscheiden: Während die »kleinen«, Raum- und Zeiterfahrungen sprengenden Transzendenzen in potentieller Reichweite sind, haben wir von den »mittleren« Transzendenzen der anderen Menschen (und menschenähnlichen Wesen) nur mittelbare Evidenz, die über Ausdruck und Zeichen vermittelt sind; die »großen Transzendenzen« schließlich sind gar nicht zugänglich – außer in »anderen Zuständen«.

Schon wegen dieser phänomenologisch begründeten Theorie der Erfahrungstranszendenz erscheint der Vorwurf, die Wissenssoziologie arbeite mit einem »kognitiv verkürzten« Begriff der Religion,[20] schwer haltbar. »Wissen« umfaßt auch Grundbefindlichkeiten, körperliche Fertigkeiten und eingeschliffene Verhaltensgewohnheiten,[21] und so sind Formen religiöser Erfahrung, leiblicher Zustände und »besonderer Zustände« durchaus Gegenstand einer so verstandenen religionssoziologischen Forschung.[22] Sicherlich blieben wichtige Fragen ungelöst. So vermißt man aus phänomenologischer Sicht eine Anknüpfung an Schützens Theorie der »Realitätsbereiche geschlossener Sinnstrukturen«. Ließen sich nicht die verschiedenen Transzendenzniveaus mit den ebenfalls »erfahrungsnahen« Konzepten des Erlebnisstils und der Bewußtseinsspannung[23] zu einer quasisubstantiellen, phänomenologischen Theorie der Transzendenz ausweiten, die – ausgehend von der anthropologischen Funktion der Religion – das menschliche Vermögen zur Erfahrung anderer Wirklichkeiten auf unterschiedlichsten Niveaus (von körperlichen Ekstasen über mystische Erfahrungen bis zu gnostischen Erkenntnissen) zum Gegenstand einer vergleichenden, empirischen religiösen Anthropologie machte?[24]

Luckmann beschritt einen anderen, ebenfalls von Schütz vorgezeichneten Weg. Die Theorie der Transzendenzen – Grundlage seiner Religionssoziologie – wird verknüpft mit einer Theorie der Zeichen und Symbole.[25] Nicht der Weg »nach innen« interessiert den Religionssoziologen, sondern die objektivierten Ausdrucksformen des Religiösen. Die Konstruktion und vor allem die interaktive Vermittlung religiöser Deutungen in der Kommunikation bilden auch, wie Luckmann zu zeigen versuchte, die »materiale Basis« der Transzendenz. (Es ist auffällig, daß Stark und Bainbridge, unabhängig von Schütz und Luckmann, eine ähnliche dreigliedrige Typologie entwickelt haben.)[26] Wissen wird interaktiv zu Deutungsmustern objektiviert und in kommunikativen Vorgängen vermittelt; vor allem in der Kommunikation wird das Bewußtsein »objektiv« – sozial und sozialisiert. Religion ist – als soziales Phänomen – vorrangig ein kommunikatives Konstrukt. Die Überwindung schon der kleinen, zeitlichen und räumlichen, Transzendenzen des eigenen Bewußtseinsstroms gelingt nur vermittels gewisser Schemata, die erst im Face-to-Face-Kontakt mit anderen eine gewisse »Außenstabilisierung« und Dauerhaftigkeit

erlangen. Diese Vorstellung ist nicht neu. Im Anschluß an Gehlen bilden Handlungen die Grundlage der gesellschaftlichen Wirklichkeit. Unter Rückgriff auf Schütz, Cooley und Mead versucht Luckmann die einzelnen Stufen der Objektivierung subjektiver Erfahrung (in gegenseitiger Spiegelung, Reziprozität und Rollenübernahme) zu intersubjektiven Deutungsschemata nachzuzeichnen.[27] Die Objektivierung von Erfahrungen in Deutungsmustern ist ein Ergebnis sozialer Handlungen, die in verschiedenen Arbeiten detailliert beschrieben wurde. Jede signifikante subjektive Erfahrung ist die Frucht intersubjektiver Vorgänge, durch die subjektive Erfahrung in Deutungsschemata eingefügt werden können. Diese interpretativen Vorgänge haben ihre Basis in Face-to-Face-Interaktionen, wie sie am intensivsten während der Sozialisation eingeübt werden. Erst so wird die Abstraktion, die Ablösung von der Unmittelbarkeit der subjektiven Erfahrung ermöglicht, derer das solitäre Wesen alleine nicht fähig wäre. Interaktive Vorgänge bilden also gewissermaßen die strukturelle Basis jedweder Transzendenz. Erst wenn Erfahrungen zu intersubjektiven Deutungsmustern objektiviert bzw. »artikuliert« sind, können sich Gruppierungen, Organisationen und Experten an deren Weiterentwicklung, Abgrenzung und Ausbau zu Systemen von Deutungsmustern machen. Die soziale Konstruktion von Deutungsmustern führt zu »*Weltansichten*«. Objektivierungen enthalten – insbesondere in Sprache geronnene – Vorstellungen über die Wirklichkeit – sei es von Gegenständen, Vorgängen und Handlungen oder von ganzen Wirklichkeitsbereichen. Weltansichten umfassen nicht nur Gebrauchswissen, Rezepte usw; sie schließen auch Legitimationen mit ein, also Vorstellungen darüber, wer Agent von Handlungen sein kann und sich dafür verantwortlich zeichnet,[28] oder welche Struktur die Wirklichkeit hat.[29]
Die interaktive Konstruktion von Deutungsmustern führt zugleich zur *Individuation* des Wissens. Erst wenn sich Wissen durch interaktive Vorgänge von der subjektiven Erfahrung abgelöst, als Deutungsmuster konstituiert und womöglich zum Zeichen objektiviert hat, erlangt der einzelne die Fähigkeit, sein Verhalten langfristig zu steuern (je nach vorhandenen Kategorien über kurze Zeiten hinweg, orientiert an seiner Biographie oder an historischen und transzendenten Zeiten).[30] Dies nennt Luckmann eine *persönliche Identität*.
Persönliche Identität, die langfristige, dauerhafte und bewußte

Steuerung des individuellen Verhaltens, entsteht in der Individuation, der »Einverleibung« sozial objektivierten Wissens, in denen sich ein »Selbst« gegen ein »Ich« ausgrenzt. Das Individuum entwickelt ein Selbst, indem es mit anderen ein objektives Universum konstruiert. Genau in jenen Prozessen, denen eine religiöse Funktion zugeschrieben wird, entsteht die persönliche Identität, in gewissem Sinne die Institutionalisierung eines »Selbst«-reflexiven, sich durch gesellschaftliche Objektivierungen verstehenden Ich.

Aus dieser anthropologischen Funktion erklärt sich die Ausbildung von Sozialformen der Religion. Der einzelne wird in eine bestimmte Weltansicht hineingeboren, in das, was Luckmann später ein »soziohistorisches Apriori« nennt.[31] In der empirischen Wirklichkeit sind Weltansichten schon immer vorhanden, die wir im Verlaufe der Sozialisation internalisieren. Die Weltansicht ist dem einzelnen immanent und transzendent zugleich. Transzendent, da die Weltansicht schon vor der jeweiligen individuellen Existenz objektiv besteht; immanent, da sie – einmal internalisiert – dem Subjekt die Mittel zur Deutung der subjektiven Erfahrungen zur Hand gibt. Individuation setzt die kommunikative Vermittlung der Deutungsmuster voraus und besteht in der mehr oder weniger vollständigen Internalisierung dieser Deutungsmuster und der darin enthaltenen Orientierungen.[32] So ist die Weltansicht die universale Sozialform der Religion.

Erst jetzt klärt sich ein Mißverständnis, das sich vor allem auf den zentralen Begriff der »Privatisierung« auswirkte: die Verwechslung von individueller Religiosität, also dem Ausmaß, in dem das Individuum die Weltansicht internalisiert, und der Kirchlichkeit, also die Übernahme von Glaubensüberzeugungen und Praktiken, die sozial organisiert sind. Individuelle Religiosität ist nicht als empirischer Gegenbegriff zur Kirchenreligion zu verstehen; sie bezeichnet lediglich die subjektive Ausprägung jeder Form von Weltansicht.[33] *Kirchlichkeit* bzw. kirchlich gebundene Religiosität meint dagegen »das Ganze jener individuell-religiöser Verhaltensweisen, die durch sozial vorgeformte, institutionalisierte Sprach-, Symbol-, Einstellungs- und Handlungsweisen bedingt, begrenzt und gestaltet sind«.[34] »Kirchlichkeit« allerdings setzt zweierlei voraus: die Ausbildung einer auf Religion spezialisierten Institution einerseits und die eines Heiligen Kosmos andererseits.

2. Säkularisierung und die Sozialform der Religion

Der Heilige Kosmos bildet ein »soziohistorisches Apriori«, da Verteilung und Vermittlung religiösen Wissens je nach Gesellschaftsformation unterschiedliche Ausprägungen finden können. Das Verhältnis des einzelnen zur Gesellschaft – Ausgangsfrage der Unsichtbaren Religion – wird in Form idealtypischer Konstellationen des Verhältnisses der individuellen Religiosität zur gesellschaftlich objektivierten Weltansicht nachgezeichnet (die sich deutlich an die in der »gesellschaftlichen Konstruktion« anlehnt und ein Schema aufnimmt, das Tenbruck zuvor entworfen hatte).[35] Diese kulturellen Konstellationen stehen in Verbindung zu sozialstrukturellen Merkmalen, wie etwa dem Maße der funktionalen Differenzierung, der Produktionsweise u. ä.[36] In »archaischen« Gesellschaften ist das gesellschaftliche Wissen weitgehend gleichmäßig verteilt. Abgesehen von ersten Ansätzen einer Institutionalisierung (hierfür bietet der Schamanismus ein mustergültiges Beispiel) hat jedes Mitglied weitgehend denselben Zugang zur Weltansicht. Der Übergang von der ersten zur zweiten Form vollzieht sich dann, wenn innerhalb der Weltansicht ein Heiliger Kosmos artikuliert wird, d. h., wenn ein Bereich des Religiösen ausgegrenzt wird. Dies setzt eine wenigstens rudimentäre Arbeitsteilung, einen ökonomischen Überschuß und eine entwickelte Produktionstechnologie voraus, durch die eine Ausdifferenzierung der Rollen erst ermöglicht wird. Die Freisetzung erster »Experten« von der Produktion eröffnet die Möglichkeit zur Entwicklung theoretischer Vorstellungen und gibt so den Weg frei für eine Differenzierung der Wissensverteilung. Einen ersten Höhepunkt findet dies in den »frühen Hochkulturen«, in denen sich spezialisierte Institutionen der Religion (meist im Verbund mit ökonomischen und politischen Funktionen) annehmen. Erst auf dieser Basis entwickeln sich aus Weltansichten (die zwar Symbole und eine innere Bedeutungshierarchie enthalten, aber noch eine unspezifische Form der Religion sind) spezifisch religiöse Repräsentationen, die sich gegen andere Formen des Wissens ausgrenzen und einen distinkten *Heiligen Kosmos* bilden (der sich zuvor durchaus rudimentär abzeichnen kann). Der Heilige Kosmos ist eine historische Sozialform der Religion, der dann auftritt, wenn sich innerhalb der Weltansicht eine spezifisch religiöse Repräsentation herauskristallisiert.

Die dritte Konstellation stellt ein Spezifikum der abendländischen Entwicklung dar. Die Religion wird nun von einer hochgradig spezialisierten Institution getragen, deren Vertreter ein Expertenwissen über den Heiligen Kosmos besitzen, das den Nicht-Experten nur noch in Ausschnitten und popularisierten Versionen zugänglich ist. (Entgegen manchen Kritiken stellt weder Aberglaube noch »Volksfrömmigkeit« ein theoretisches Problem für eine solche Auffassung dar.) Trotz der hochgradigen Spezialisierung und Ausgliederung in einen besonderen institutionellen Bereich, legitimiert die Religion die gesamte Sozialordnung. Die seit dem Mittelalter sich häufenden Konflikte zwischen Kirche und Kaiser, Kirche und Wissenschaft, Wirtschaft und Politik sind Ausdruck für die zunehmende Ausgrenzung dieser anderen institutionellen Bereiche, die mehr und mehr an Autonomie gewinnen. Luckmann lehnt sich hier stark an die von Gehlen entwickelte Vorstellung an, nach der die primären Institutionen in zunehmendem Maße rationalistischer und spezialisierter werden.[37] Diese Entwicklung ist schließlich der Ausgangspunkt für Luckmanns Konzept der Unsichtbaren Religion: Nicht nur ist das Wissen der religiösen Experten den Laien kaum mehr zugänglich; die Sozialstruktur (d. h. die Institutionen und der Komplex sozialer Schichtung) selbst wird säkularisiert.

Säkularisierung bezeichnet also keinen bloßen »Schwund der Religion«. Gerade der weite Religionsbegriff soll helfen, die Säkularisierung als eine Verlagerung der Religion zu verfolgen. »Nicht eigentlich Religion ist in erster Linie defizitär, sondern eine Sozialforschung, die ihre Sichtweise auf die besondere Religionsgestalt der Kirche verengt« (Drehsen 1975, 257 f.). Während sich in den Kirchen eine »interne Säkularisierung« (Herberg) vollzieht, d. h. sie erfüllen zunehmend andere als religiöse Funktionen (politische, soziale, wirtschaftliche usw.), weist »das alltägliche Verhalten breiter Bevölkerungsschichten in Industriegesellschaften keine – oder nur eine sehr schwache – Verbindung mit der Religion etablierter Kirchen« auf.[38] Luckmanns Vorstellung des Säkularisierungsprozesses wird denn auch von Dobbelaere (1981) als »Laisierung« verstanden, als Überantwortung des Religiösen an die Laien.

Die institutionell spezialisierte Form der Religion ist lediglich eine unter vielen Sozialformen der Religion. Religion nach Maßgabe dieser Sonderform zu bemessen, kommt einem gewissen

Ethnozentrismus gleich. Hat der einzelne in undifferenzierten Gesellschaften fast zum vollständigen Heiligen Kosmos Zugang, so wird er mit zunehmender institutioneller Differenzierung immer mehr zum Laien. Für die individuelle Religiosität hat dies weitreichende Folgen. Das von den spezialisierten Institutionen getragene »offizielle Modell« der Religion hat Geltung nur noch in ihrem ausgegrenzten Bereich, andernorts haftet ihm lediglich eine rhetorische Bedeutung an. Die Kirche wird zu einer Institution unter vielen, ohne daß ihre Interpretation der Wirklichkeit eine bevorrechtete Stellung einnimmt. Weltliche Sinndeutungssysteme politischer, ökonomischer oder auch »wissenschaftlicher« Provenienz treten mehr und mehr an ihre Stelle. Sie sind Ausdruck dafür, daß die Kirche das »Deutungsmonopol« eingebüßt hat. Unter diesen Bedingungen kann eine verpflichtende Weltansicht aus strukturellen Gründen nicht mehr vermittelt werden; diese Aufgabe wird zwar – zu einem Teil – von den Kirchen weiterhin zu erfüllen versucht (wobei die zunehmende soziale Marginalität ihrer Mitglieder ein gutes Indiz für Luckmanns These darstellt); aufgrund ihrer »Randständigkeit« als einer spezialisierten Institution unter vielen aber gelingt ihr die einheitliche Integration breiter Bevölkerungsschichten in eine Weltansicht und einen Heiligen Kosmos nicht mehr. Diese Aufgabe wird jetzt von anderen, sekundären Institutionen übernommen.

3. Aspekte der Privatisierung: Die neue Sozialform der Religion

Der Begriff der Privatisierung war ursprünglich von Parsons eingeführt und später von Berger – insbesondere unter Gehlens Einfluß – weiterentwickelt worden.[39] Berger und Luckmann formulierten ihn 1963 folgendermaßen: »Die Religion findet so ihre ethische Basis mehr und mehr in der Privatsphäre, besonders in der Familie und ihren sozialen Beziehungsgeflechten... Zudem wird die Religion immer diesseitiger in ihrer Orientierung... Religion wird in ihrer Ausrichtung somit ›zwischenmenschlich‹ (›interpersonal‹) und ›innerlich‹ (›inward‹) zugleich, wobei die erstgenannte Eigenschaft sich auf die sozialen Beziehungen in der Privatsphäre bezieht und die zweite auf die Identitätsprobleme in eben dieser Sphäre.«[40]

Diese komplexe Vorstellung mag dafür verantwortlich sein, daß
Privatisierung nicht nur in der Diskussion der Unsichtbaren Religion zum Schlüsselbegriff geworden ist, sondern auch wichtige
Untersuchungen geleitet hat, die sich meistenteils mit einzelnen
Aspekten der Privatisierung beschäftigten. So unterscheidet Hart
(1987) nicht weniger als 6 Phänomene, die als Privatisierung bezeichnet werden: a) Religion ohne Kirche; b) Kirche als freiwillige Vereinigungen; c) individuell-theologische Verantwortung;
d) religiöser Subjektivismus; e) Trennung von religiösen und öffentlichen Anliegen und f) zunehmende Marktorientierung. In
anderen Arbeiten wurden oft auch einzelne Aspekte herausgehoben und als Indizien für die Unsichtbare Religion angenommen
oder mit ihr sogar gleichgesetzt.
Matthes (1962), Mason (1975b) und Grassi (1978) z. B. verstehen
unter Privatisierung einen strukturellen Vorgang, nämlich die zunehmende Polarisierung zwischen privater und öffentlicher
Sphäre, die Trennung zwischen öffentlichen und privat-religiösen
Anliegen.[41] Die »privatisierte Religion« ist natürlich nicht wirklich »privat« im wortwörtlichen Sinne; es ist bloß so, daß ihre
intersubjektive »Resozialisierung« auf enge Grenzen stößt, die
strukturell genau diejenigen Ursachen haben, die auch zur Privatisierung führten.[42] Für andere Autoren bedeutet Privatisierung
gar die Einschränkung der Religion auf die Freizeitrolle (Hahn
1974). Auch über die Gestalt der Privatsphäre gibt es unterschiedliche Auffassungen. Meyer (1988, 269) betont, daß »Luckmann
einerseits den Abbau der traditionellen Institutionen in der Säkularisierung einräumen, den Übergang von dieser Sozial- in Individualformen aber nicht zugestehen« wollte. Ein Aspekt der »Subjektivationsthese« ist die »Schrumpfung« der Transzendenz.[43]
Die religiösen Inhalte entstehen nicht nur zusehends in der Privatsphäre, sie haben auch individuelle Probleme zum Inhalt.[44]
Zuweilen wird zwischen Subjektivierung und Privatisierung kein
Unterschied mehr erkenntlich.[45] Fürstenberg und Mörth (1979)
etwa reihen die Vorstellung der Privatisierung pauschal unter die
»Subjektivationsthese«, und Machalek und Martin (1976) spitzen
sie sogar zur Vereinzelung der Gläubigen zu. Privatisierung kann
schließlich auch als eine bloße Verlagerung der Entscheidung zur
Religion aufgefaßt werden. Religion wird nicht mehr verpflichtend vermittelt, sie erfordert allerdings auch keine »Dauerreflexion«, sondern macht eine Wahl erforderlich.[46]

Angesichts dieser Bedeutungsvielfalt überrascht es nicht, daß etwa Stauffer die »Privatisten« Luckmann und Fenn gleichsetzt und Privatisierung, bloß noch als strukturelle religiöse Orientierung verstanden, mit Pluralisierung vermischt (Stauffer 1973). Parallel zur Privatisierung entsteht ein religiöser Pluralismus, der sich insbesondere in der Formierung sekundärer Institutionen äußert, d. h. »organisierte religiöse Gruppen mit unterschiedlichen, nicht zu vereinbarenden Glaubenssystemen und religiösen Praktiken sind, innerhalb der Grenzen der (...) gleichen Gesamtgesellschaft, gezwungen zu koexistieren.«[47] Eine Folge der Privatisierung und Pluralisierung der Religion, den zwei Seiten derselben Medaille, ist die zunehmende Marktorientierung religiöser Organisationen. Das Marktmodell, ursprünglich von Karl Mannheim auf Weltanschauungen angewandt,[48] wurde später von Niebuhr, dann vor allem aber von Berger weiterentwickelt. Marktorientierung heißt auf der einen, pluralistischen Seite eine »Ausdifferenzierung« des religiösen Angebots, die sich in der internen Säkularisierung der Kirchen und in der Ausbildung der verschiedensten Synkretismen der sekundären Institutionen äußert. Auf der privatistischen Seite des Subjekts entspricht dem eine zunehmende Konsumorientierung. Das individuelle Verhalten in der Privatsphäre wird mehr und mehr von subjektiven Präferenzen bestimmt, die aus dem Angebot das »Passende« auswählen. Und dieses Auswählen wird immer unabhängiger von sozial determinierten Selektionskriterien. Religion wird in der Form und in dem Maße in Anspruch genommen, wie sie den Anforderungen der individuellen Forderungen nachkommt. Eine weitere Folge von Konsumorientierung und Pluralismus ist also auch die Tendenz zum Synkretismus. Die wechselhaften Anforderungen der privaten Bedürfnisse führen zu einer Durchmischung von Glaubensgehalten, die um so stärker wird, je mehr die großen religiösen Institutionen an Einfluß – und somit an Bedeutung als »offizielles Modell der Religion« – verlieren. In der neuen Sozialform der Religion vermischen sich die unterschiedlichen Traditionen. Schließlich werden im Zuge der Privatisierung auch die Inhalte des Religiösen nivelliert. Im Anschluß an Herberg und Aquaviva bedeutet die Verwurzelung religiöser Themen in der Privatsphäre auch für Luckmann in gewisser Weise die »Sakralisierung« individueller Bedürfnisse.

Die Unsichtbare Religion hat Folgen über den Bereich des Religiösen hinaus. Es entsteht eine *doppelte Autonomie:* Auf der einen Seite die Autonomie des Individuums, das nurmehr persönliche Ziele verfolgt, auf der anderen Seite die Autonomie der primären Institutionen, die an das Individuum nur noch formale, subjektiv nur noch wenig einsichtige Anforderungen stellen. Die Subjektivität menschlicher Existenz zieht sich aus der institutionellen Kontrolle in die Privatsphäre zurück. Das ist – bis zu einem gewissen Grad – die Freisetzung des einzelnen von sozialstrukturellen Determinanten. Während das Gewicht des Individuums in der Privatsphäre zunimmt, führt diese Entwicklung zugleich zu einer fortschreitenden Entmenschlichung der Sozialstruktur, die nur noch als formales Gehäuse dem rationalen Getriebe der Gesellschaft dient.

III. Auf der Suche nach der Unsichtbaren Religion

Die empirische Erforschung der Unsichtbaren Religion stieß verständlicherweise auf große Schwierigkeiten. Manche Autoren hielten die Thesen der Unsichtbaren Religion gar prinzipiell für nicht operationalisierbar, wie etwa Lemert (1975) oder Meyer (1988, 278). Während sich die deutschsprachige Religionssoziologie jedoch mit Überlegungen über die erwartbaren Schwierigkeiten zufrieden gab und wenig ergiebige theoretische Diskussionen anstrengte,[49] sind es, wie ich im folgenden zeigen will, gerade die empirischen Untersuchungen, die der Theorie der unsichtbaren Religion ihren bleibenden Wert verleihen.

Dabei scheint nicht einmal die Kritik an der damals »jüngeren« Religionssoziologie veraltet. Erst jüngst kritisierte Bourdieu (1987) die »Kirchenverbundenheit« der heutigen religionssoziologischen Forschung auf eine Weise, wie es Luckmann schon 20 Jahre zuvor getan hat.[50] Und auch methodisch hat sich wenig geändert. Nach wie vor werden nach Manier der Meinungsforschung bloße Trendanalysen angestellt, die wenig Aufschluß über den Stellenwert der Religion erlauben.[51] Mit solchen Daten greift die so verstandene »Kirchensoziologie« vor allem die sogenannte Marginalisierungsthese an. Zum einen wird eingewandt, die Typologie des Orts der Religion in der Gesellschaft überzeichne die »Gläubigkeit vormoderner Gesellschaften«. Diese Kritik war eigentlich schon von Le Bras, einem der Väter der Kirchensoziologie, vorweggenommen worden: »Pour être déchristianisé, il faut bien que [les populations] aient été un jour christianisé« (Le Bras n. Dobbelaere 1981). Zum anderen wurden Einwände gegen die Auffassung laut, daß sich die aktiven Mitglieder der Kirchen zunehmend aus randständigen Gesellschaftsgruppen rekrutierten. Koracevic (1988, 318 f.) etwa hält es nicht für vertretbar, »daß die kirchengebundene Religiosität heute durchschnittlich nicht zu erhalten ist und die Menschen sich so sorglos aus allem Möglichen einen Sinnzusammenhang ›zusammenbasteln‹«, und auch Mason (1975, 187) spricht von einem »premature requiem for church-oriented religion«. Allerdings hatte Luckmann die zunehmende Rekrutierung aus marginalen Sozialgruppen lediglich als ein Indiz angesehen. So bemerkt Zulehner (1979, 204) treffend, daß Luckmann durchaus »mit dem Überleben der institutionalisierten Religion und auch damit [rechne], daß sie möglicherweise für eine nicht vorhersehbare Zahl von Menschen Gesprächspartner bei der Konstruktion des persönlichen Sinnsystems (der privaten Religion) sein könnte«. Im großen und ganzen hält auch die in den 60er Jahren beobachtete Entwicklung der kirchlichen Religion an. Ein guter Teil selbst der konventionellen Forschung bestätigt anhaltende Tendenzen der Loslösung von institutioneller Religiosität.[52] Der Kirchenbesuch nimmt ebenso kontinuierlich ab wie das Interesse an kirchlichen Fragen, und die Kirchenaustritte nehmen zu. Wenn auch all diese Tendenzen abgeschwächt verlaufen, so stellte doch z. B. die Conference Internationale de Sociologie des Religions (CISR) erst 1988 fest, daß zwar nicht von einer Säkularisierung gesprochen werden könne, traditionelle Formen der Religion aber brächen zusammen oder nähmen völlig neue Formen an.[53] Kehrer (1988) faßt die Entwicklung der institutionellen Religion in den Begriff der »doppelten Zangenbewegung«: »Einerseits ist die Sinnerfüllung durch Autonomie und Privatheit (Gewissen und Familie sind hier die Stichworte) ohne religiöse und besonders ohne kirchliche Artikulationen nacherlebbar, und andererseits erweisen sich die spezifisch religiösen Vorstellungen (des Gottesbilds) als immer weniger organisationsbedürftig.«[54]

Selbst in der konventionellen Forschung zeichnen sich – wenn auch nur widerwillig konstatiert[55] – Tendenzen zur Privatisierung ab. Und auch der Synkretismus kann kaum übersehen werden.

Fürstenberg (1982) spricht von einer »vagabundierenden Religiosität«,[56] und Kehrer bemerkt: »Es kommt zu willkürlichen Kombinationen aus Elementen, die ein Erbe der traditionellen Religionen darstellen, mit modernen Themen der Selbstdarstellung, Selbstverwirklichung und Mobilität, die Ausdruck der Machtergreifung des Individualismus sind.«[57] Kehrer ist nicht der einzige, der auch auf die Nivellierung der Transzendenzen hinweist. Thung (1984) stellt ebenfalls fest, wie persönliche Werte, etwa Autonomie, Wohlergehen oder Gesundheit, die Funktion übernehmen, die einst von den großen Transzendenzen erfüllt wurde. Gerade an dieser Entwicklung erweist sich die Fruchtbarkeit eines so breiten Begriffs der Religion. Reduziert man die Aufgaben der Religionssoziologie nicht auf dogmatische Glaubensformen und rituelle Verrichtungen, so kann der Zusammenhang zwischen dem Verlust der Sichtbarkeit der Religion erst mit dem Wertewandel gesehen werden. Wie jüngst Seyfarth (1984) herausgestellt hat, folgt die Wandlung der Werte, der Verlust überkommener Wertorientierungen, der »proletarische Hedonismus« und der »spätbürgerliche Kult« der Selbstbestimmung und Autonomie den Spuren der Religion, die sich nicht in der Säkularisierung, sondern in der Privatsphäre verlieren. Auf diesen Zusammenhang zwischen »weltlichen« Werten und der Ausweitung der Religion zum Religiösen machte jüngst auch Ruth Meyer (1984) aufmerksam. Ihre in der Schweiz durchgeführte empirische Untersuchung bestätigt sowohl die Zweckrationalisierung und Pluralisierung der Werte als auch die Schrumpfung des Transzendenzniveaus, die utilitaristische Nutzung der Religion und die Privatisierungstendenzen. Die höheren Mächte der modernen Religion »transzendieren Raum und Zeit, sind aber nicht absolut vorgegeben, sondern vom personalen Bereich aus zu verorten und damit prinzipiell wandelbar«.[58] Eine ähnliche Loslösung von religiös institutionalisierten Werten beobachtet Hoge (1978) für die USA. Machalek und Martin (1976) fanden bei ihren Befragten, Familien der Mittelschicht, vor allem immanente Themen letzter Bedeutungen (»ultimate concerns«), die wenig mehr mit traditionellen religiösen Vorstellungen gemein haben. Immanente »ultimate concerns«, wie etwa »makro-humanistische« (26,1%) und mikrohumanistische (23,5%), haben eine größere Verbreitung als herkömmliche transzendente Glaubensüberzeugungen (18%). Ähnliche Ergebnisse erzielte die Nijmwegener Untersuchung für die Niederlande. Hier steht die christliche Weltanschauung nur noch an zweiter Stelle und ist im wesentlichen von traditionell bürgerlichen Werten durchsetzt.[59] Und auch für die Bundesrepublik zeigen sich Tendenzen »der zunehmenden Betonung von Autonomie im privaten Lebensalltag« (Meulemann 1984).[60] Danach versucht nur etwa ein Viertel der Befragten, religiöse Probleme mit Hilfe der formal organisierten Institutionen zu bewältigen.

»Privatisierung« wurde nicht nur theoretisch sehr eng gefaßt; auch empirisch leidet dieser Begriff oft unter der einseitigen Betonung einzelner Aspekte. Cottrell (1985) etwa sucht Vertreter einer unsichtbaren Religion, die sie als völlig isolierte Einzelgänger konzipiert, welche sich eigenhändig und völlig auf sich gestellt die religiöse Ware buchstäblich wie im Supermarkt aussuchen und zu individuellen Menues zusammenmischen. In ähnlicher Weise setzt auch Dobbelaere (1981, 103) zuweilen individuelle Religiosität mit Privatisierung gleich, wenn er etwa bezweifelt, daß eine »individual religiosity« als Sozialform der Religion bezeichnet werden könne (ähnlich auch Koracevic 1988, 248). Sehr viel genauer verfuhr, wie schon erwähnt, Hart, der unter Berücksichtigung der verschiedenen Aspekte der Privatisierung zu dem Schluß kommt, »daß es keine deutlichen Hinweise für eine kurzfristige Zunahme der Privatisierung gibt. Die Privatisierung ist vielmehr eine langfristige Entwicklung im amerikanischen Leben« (Hart 1987).

Untersuchungen von Yinger, Roof, Nelsen, Fenn u. a. zeigen nicht nur, daß Urbanisierung, Industrialisierung, Rationalisierung, Mobilität usw. zur Abnahme von kirchlicher Religiosität führen; sie bestätigen die Existenz einer sogenannten »nicht-dogmatischen« oder »unsichtbaren« Religion bei ca. 25% bis 50% der Bevölkerung, oft kombiniert mit quasi-wissenschaftlichen, mystischen Auffassungen (Dobbelaere 1981, 136ff.). Yinger z. B. sammelte Daten von College- und Universitätsstudenten in Japan, Korea, Thailand, Neuseeland, Australien, den Vereinigten Staaten und den Niederlanden, sowie von Schülern in England. Zwar fand er bei einem Drittel der Befragten eine religiöse Ausrichtung, d. h. den Glauben an eine hinter der alltäglichen Wirklichkeit liegende Sphäre. Doch war diese Ausrichtung unabhängig davon, ob und wie die Befragten in religiöse Institutionen eingebunden waren. Genauso wenig zeigte sich die Religiosität beeinflußt von Faktoren wie Geschlecht, sozialer Status, Nationalität oder religiöser Identität. Roof, der diese Untersuchungen fortführte, nimmt deshalb eine weite Verbreitung dieser »non-doctrinal religion« an.[61]

Einen besonderen Nachhall fand Luckmanns Arbeit in der italienischen Religionssoziologie. Cipriani etwa nahm sich vor, dem »caso Luckmann« auf den Grund zu gehen. Er erhebt die von Luckmann nur heuristisch genannten Themen des neuen Heiligen Kosmos (wie Sexualität und Familialismus u. ä.) in den Rang von Hypothesen. Wenn er abschließend feststellt, daß die Religion fortbesteht, so muß er doch einräumen, daß auch in Italien Privatisierung, Utilitarismus und Konsumismus nicht zu übersehen sind. »Zwischen der kirchlichen Struktur und dem Individuum entsteht eine Kluft der Verträglichkeit, die nicht nur die formalen Erscheinungsformen des kirchlichen Organismus auf eine harte Probe stellt, sondern den Glauben tout court« (Cipriani 1978, 70). Auch Quaranta (1982) untersuchte katholische Jugendgruppen und stieß auf einen stark subjektivistischen Synkretismus, der, auf der Basis einer erstaunlich stabilen Gruppenstruktur, eine überraschende Dauerhaftigkeit aufweist. Burgalassis Untersuchungen (1970) zeigen dagegen einen starken Rückgang der Anhänger des »offiziellen Modells«, und auch Scravaglieri (1978) kommt zu dem Ergebnis, daß nur noch 63% der Befragten in Italien eine »theologische Gottesvorstellung« besitzen.[62] Nesti (1982) bestätigt »den Rückzug des Religiösen aus der vereinnahmenden Umklammerung der kirchlichen Spezialisierung«.[63]

Während Cipriani die von Luckmann hypothetisch entworfenen »Topoi« des modernen Heiligen Kosmos operationalisierte, nahmen Machalek und Marty verschiedene Transzendenzniveaus zum Ausgangspunkt. Besonders der fragmentarische, unzusammenhängende Charaker der neuen Sozialform der Religion, von Luckmann auf den Begriff des »Fleckerlteppichs« gebracht, bereitet den Forschern große Schwierigkeiten, die einmal nach einer geschlossenen, kohärenten Weltansicht suchen,[64] oder eine Schließung erwarten (Cipriani 1989, 75).

Im Zusammenhang mit der Unsichtbaren Religion spielen Untersuchungen kommunikativer Vorgänge der Vermittlung nichtkirchlichen religiösen Wissens eine noch unbedeutende Rolle. Allein Ulmer (1988) hat am Beispiel von Erzählungen der Konversion in unterschiedliche Weltansichten gezeigt, wie sich für diese wichtige religiöse Erfahrung typische kommunikative Muster einspielen, mit denen die Transzendenzerfahrungen gewissermaßen sprachlich erst konstruiert werden.[65]

Wie an Begriffen wie »non-doctrinal«, »implicit« oder »hidden religion« gesehen werden kann, führten einzelne Arbeiten zu einer Erweiterung und Detaillierung des Konzepts der Unsichtbaren Religion. Besonders hervorzuheben ist hier ohne Zweifel Baileys Konzept der »impliziten Religion«, die – als bloß moralische Orientierung – auf der allgemeinen anthropologischen Funktion der Religion aufbaut (Bailey 1983). An diesem Konzept orientierten sich wiederum empirische Untersuchungen, wie etwa Nestis Untersuchung (1982) der magischen Bestände im traditionalen Glauben. Eine andere, speziell für die italienischen Verhältnisse zugeschnittene Weiterentwicklung stammt von Roberto Cipriani. »Die diffuse Religiosität findet ihren Ort im Zwischenbereich zwischen der von Krisen geschüttelten weltlichen Gesellschaft und der Wiederbemächtigung des Religiösen durch kirchliche Organisationen. Sie bleibt zu ›laienhaft‹, um die ausgefeilten Aspekte der kirchlichen Doktrin zu übernehmen, und dürstet doch noch zu sehr nach Sinn, als daß sie in einer Welt ohne Gott und Propheten überleben könnte.«[66] Gerade am Beispiel des katholischen Italien zeigt sich auch die synkretistische Flexibilität der »diffusen Religion«, in die regionale und historische Traditionen ebenso eingehen wie sie nach Klassenlage variiert.[67]

Hinweise gibt es auch auf eine neue Sozialform der Religion. Um es auf die Formel von Stark und Bainbridge zu bringen: »When religion declines, cults appear.«[68] In ähnlicher Weise stellt Drehsen für den deutschsprachigen Raum fest: »Je schwerfälliger sich die Kirchen auf die Privatisierungstendenzen einstellen, der die Religion unterliegen, desto rascher erscheinen Surrogat-Bewegungen auf dem Plan« (Drehsen 1975, 253). Solche Bewegungen sind die sekundären Institutionen, die sich – im Vergleich zu Kirchen und Denominationen – durch eine deutliche »Unterinstitutionalisierung« (Hummel 1988) auszeichnen.[69] Wie Berger zeigte, setzen sich selbst innerhalb der etablierten religiösen Institutionen (der »Main-Line-Mittelstandsdenominationen«[70]) Marktmechanismen durch, die, besonders in Gestalt der ökumenischen Bewegung, zu marginalen Differenzierungen der Zusatzleistungen religiöser Einrichtungen führen. Eine solche Marktorientierung zeigt sich nicht nur in den Kirchen, sondern auch in den religiösen Bewegungen, die ursprünglich mit Vorstellungen »alternativer Lebensformen« angetreten waren. Dies gilt für die neuen Religiösen Bewegungen, die, wie Wallis (1984) zeigt, sich mehr und mehr als »world-affirming«, marktmäßig organisierte Bewegungen formieren.[71] Ähnliches ist auch etwa bei der weniger rigide organisierten »Human Potential Movement« bzw. der »New-Age-Bewegung« oder dem modernen Okkultismus zu beobachten.[72] Doch damit betreten wir genau den Bereich, der von der Unsichtbaren Religion umschrieben wird.

IV. Neue Formen des Religiösen

Bis zu diesem Punkt könnte man den Eindruck gewinnen, als ginge es nur um eine graduelle Verschiebung des sozialen Orts der Religion, etwa als zunehmende Verlagerung der Religion aus den primären Institutionen oder als fortschreitende Befreiung des einzelnen von gesellschaftlichen Determinationen. Ein solcher Eindruck aber wäre trügerisch. Der besondere Reiz des Buches liegt darin, daß es Konturen religiöser Formen vorzeichnet, die erst später erkennbare Formen annahmen. Die Unsichtbare Religion ist der Titel für neue Sozialformen der Religion in einem ausgezeichneten Sinne. Religiöse Funktionen werden zunehmend von nicht-religiösen Strukturen getragen. Dies gilt nicht nur für solche Phänomene wie die »Medienreligiosität« der »elektronischen Kirche«, die dazu neigt, »die ständig zunehmende Privatisierung des christlichen Glaubens zu fördern«,[73] oder die von Mynarek (1983) in einer Umfrage erfaßte »neue Form der Religion«, die sich aus ökologischen und mystischen Elementen zusammensetzt und nur bei einem sehr geringen Prozentsatz (2% von 2000 Befragten) ein »vorbehaltloses Ja zu Kirche und Gott«[74] kennt. Hierzu zählen besonders jene Formen, die Colin Campbell (1971) in seiner »Soziologie des Irreligiösen« und Demerath (1974) als »cultic religion« behandeln.[75] Nicht nur politische Einstellungen und Protesthandlungen können religiöse Funktionen annehmen, wie schon Voegelin (1938)[76] und Bellah, bzw. die Diskussion um Zivilreligion[77] zeigten; auch neue Gemeinschaftsformen und Therapien stellen, wie Demerath betont, solche religiöse Möglichkeiten. Sprondel spricht von einem modernen Abdrängen der Religion in außerkirchliche Bereiche sekundärer Institutionen. Das Beispiel lebensreformerischer Bewegungen zeigt, wie die Privatsphäre eine »Weltfrömmigkeit« bzw. »Heils- und Identitätsrelevanz« gewinnt, indem wesentlich zu dieser Sphäre gehörende Handlungen sakralisiert werden.[78] Berger hatte – unter Berufung auf Luckmann – die religiösen Funktionen der Psychoanalyse zur Stützung des modernen Individualismus herausstellt;[79] in ähnlicher Weise entwickelte Demerath die Parallelen der Therapie-Bewegung zur Unsichtbaren Religion, insbesondere durch ihre Suche nach privatisiertem und persönlichem Sinn;[80] anhand der Spende haben Lau und Voß auf die »Vergöttlichung des innerweltlichen Subjekts« im Zusammenhang mit dem Verblassen kirchlich gebundener religiöser Vorstellungen hingewiesen.[81] Selbst Hexerei und Astrologie werden, wie Truzzi hervorhebt, mehr als »non-serious, leisure-time element of popular culture, not as spiritual search for cosmic meaning« betrieben.[82] Ein weiteres Indiz für die diesseitige Unsichtbare Religion ist die Sakralisierung des Körpers. Ganz abgesehen von medizinischen Ideologien spielt hier der Sport und seine identitätsstiftende Funktion eine Rolle. So hat etwa Honer das Bodybuilding als ein ausgegrenztes Sinnsystem rekonstruiert,[83] und sogar Aerobic kann religiöse Funktionen übernehmen.[84]

Diese neuen Sozialformen der Religion zeichnen sich vor allen Dingen durch einen *Verlust der Sichtbarkeit* auf verschiedenen Ebenen aus. Unsichtbare Religion ist weder eine »latente Kirche« (P. Tillich) noch eine »ecclesia vera atque invisibilis«. Unsichtbar ist die Religion nicht allein dadurch, daß sie im »Subjektiven« – als etwa im bloß privaten Ritual oder individuellen Gewissen – aufgeht, wie Robertson (1975) vermutet. Die Unsichtbarkeit liegt zum einen im Bedeutungsverlust der institutionalisierten Religion begründet (Prandi 1986). Das äußert sich im Rückzug religiöser Repräsentationen aus dem öffentlichen Leben. (Es ist noch die Frage, ob die im Westen marginalen fundamentalistischen Bewegungen oder die massenmediale Inszenierung der großen Kirchen dem entgegentreten.)[85] Luckmann »wollte damit ganz offensichtlich die vergleichsweise geringere Sichtbarkeit sozialer *Objektivationen* einer neuen Sozialform der Religion andeuten« (Mason 1975, 165). Unsichtbar ist die neue Sozialform der Religion auch, wie Demerath (1969, 203) bemerkt, aus der Sicht der Kirchen und Denomination: »Eine solche neue Religion mag zwar vom Herrgottswinkel aus gesehen unsichtbar sein, aber auf den Straßen, in

Studentenwohnheimen und in den Zentren der Macht ist sie doch sehr sichtbar.« Weder öffentliche Repräsentationen noch für die Allgemeinheit zugängliche Zeremonien; weder allgemein vermittelte religiöse Dogmen noch kollektiv zelebrierte Rituale.

Der Verlust der Sichtbarkeit beschränkt sich jedoch nicht nur auf den kulturellen Ausdruck der Religion. »Weit davon entfernt, zur bloß individuellen Angelegenheit zu werden, tritt Religion nun in einem ganzen Rattenschwanz sekundärer Institutionen auf; diese spielen im Leben des einzelnen jedoch eine Rolle, die etwa der Mitgliedschaft im Tennisklub entspricht« (Mason 1975). Die neue Sozialform der Religion ist strukturell dadurch gekennzeichnet, daß sie sich von den primären auf sekundäre Institutionen verlagert. Diese strukturelle Verlagerung kommt erst in jüngerer Zeit wieder in den Blick.

Als Rigby und Turner Anfang der 70er Jahre die Findhorn-Kommune, ein Hort der noch jungen »New Age-Bewegung«, untersuchten, erkannten sie darin ein Musterbeispiel der Unsichtbaren Religion. Sie meinten damit nicht nur die eigenartige Mischung unterschiedlicher Weltanschauungen; sie betonten vor allen Dingen den geringen Grad der Institutionalisierung dieses »Cults«. Wenn sie zur Bezeichnung dieser Sozialform den Begriff »Cult« verwenden, so reihen sie sich in eine hierzulande wenige bekannte Forschungstradition ein, die mit Troeltschs »mystischen Gemeinschaften« einsetzt.[86] Troeltsch, der die individualistischen »mystischen Gemeinschaften« schon für das Mittelalter nachgewiesen und ihr Aufblühen für das 20. Jahrhundert vorausgesagt hatte, kann als einer der sträflich übersehenen Vorläufer einer Theorie der Unsichtbaren Religion gelten.

Der Mystizismus nämlich wurde, unter dem Titel »Cult«, von Howard Becker in die angelsächsische Religionssoziologie zur Charakterisierung neuer religiöser Bewegungen eingeführt. Sowohl der moderne Spiritismus, die Theosophie, der moderne Okkultismus (z.B. die »Ufologie«) und die sogenannten »Jugendsekten« oder »Neuen Religiösen Bewegungen« nahmen die Form kleiner, gemeinschaftlich organisierter »Kulte« an. Im Mittelpunkt steht die persönliche Erfahrbarkeit der Transzendenz zu persönlichen Zwecken, »the invocation, or manipulation, of occult forces or powers for personal ends« (Wallis 1984, 102).

Waren es in den 60er und 70er Jahren insbesondere die »Jugendsekten« und »Neuen Religiösen Bewegungen«, die einen marktgängigen Synkretismus mit neuen Gemeinschaftsformen verbanden, so erweisen sich schließlich insbesondere »spirituelle«, »neognostische« und »esoterische« Bewegungen als durchsetzungsfähig. Diese Bewegungen nun verlängern die Tendenzen zur Unsichtbaren Religion, die oben aufgeführt wurden.[87] Sie finden ihren geradezu mustergültigen Ausdruck in den neueren religiösen und quasi-religiösen, »esoterischen«, »okkultistischen« oder mystischen Bewegungen. Es ist der vom Konsumenten »zusammengestückelte« Heilige Kosmos, zu dem der einzelne unmittelbar – und so »unsichtbar« – Zugriff hat.

Die »Neognosis« ist in gewisser Weise der deutlichste Ausdruck einer Sakralisierung des Ich, das nun – kraft verborgener Energien – die Einheit mit Natur und Kosmos erlangen kann. Die verschiedenen Elemente der Neognosis: das Bewußtsein kosmischer Einheit, die Vorstellung eines »höheren Ich«, die Ganzheitlichkeit, die Unbegrenztheit menschlicher Fähigkeiten, die Reinkarnation und Evolution und die Transformation durch Gnosis, stehen allesamt für eine neue, »postmoderne« Form der Religion.[88] Diese ist keineswegs geschlossen, sie ist auch nach außen gegen weltliche Ideologien, gegen eine »Neue Wissenschaft«, eine »ganzheitlich-ökologische Weltanschauung« usw. offen.[89] Neue Religionen und New Age erscheinen nur dann als Beispiele eines Gegentrends der Wiederverzauberung, wenn die Verlagerung des Religiösen als Säkularisierung verstanden wird. Setzt man dagegen diese Verlagerung als durchgängige Tendenz an, so setzen sie den Weg zu einer Unsichtbaren Religion recht geradlinig fort.[90] Sie verstärken die Subjektivierung der Religion, d. h. eine Verinnerlichung; die Individualisierung, d. h. die Entfernung vom öffentlichen Ritual, und die Vermarktung, die Religion an ihrem privaten Nutzen bemißt.[91] New Age und der Okkultismus bieten die passende Vorlage für eine privatistische Bewältigung der Transzendenzen im Alltag, der, wie Stenger (1989) zu zeigen versucht, durch Sakralisierung und »Verzauberung« selbst zum »okkulten Alltag« wird.[92]

Auch strukturell erweisen sich die »Kulte« als Musterbeispiel einer Unsichtbaren Religion:

»Seit einigen Jahren gibt es im außerkirchlichen religiösen Leben in der Bundesrepublik eine Veränderung. Während in den sechziger und vor allem in den siebziger Jahren ›neue Religionen‹ – in der Öffentlichkeit Jugendreligionen, Jugendsekten, bisweilen auch Psycho-Kulte oder destruktive Kulte genannt – mit ihren kleinen, aber relativ konstanten und meist auch wohlorganisierten Mitgliedschaften manche Kirchenvertreter und Politiker in Furcht und Schrecken zu versetzen schienen, ist seit Beginn der achtziger Jahre ein verstärktes Auftreten einzelner kultischer Veranstaltungen mit wechselnden Teilnehmern ohne organisatorischen oder mit allenfalls losem Zusammenhang zu verzeichnen. Die Gurus und Schamanen, Heiler, religiösen und spirituellen Therapeuten, Magier, oder wie sich die Organisationen und Kultführer auch nennen mögen (...) finden eine zahlreiche und zum großen Teil auch zahlungskräftige Kundschaft« (Zinser 1988, 274).

Nach dem Muster dezentraler Netzwerke bildete sich ein »kultisches Milieu« aus, das aus einer Großzahl privatwirtschaftlich organisierter magischer, religiöser und weltanschaulicher Gruppierungen besteht, die nur sehr lose verbunden sind.[93] Dies geht sogar soweit, daß Teile der Klientele in die Nähe des Idealtyps des privatisch-religiösen »Suchenden« geraten: »Der typisch okkult Suchende wird vielleicht ein Rosenkreuzer gewesen sein, der dann Mitglied von Mankind United und darauf Theosoph wurde, bis er schließlich zu vier, fünf kleineren Kulten wechselte«.[94]

Die Religion verliert jedoch noch aus einem weiteren Grund ihre Sichtbarkeit: In dem Maße, wie sie sich »privater« Themen annimmt und wie sie zugleich die herkömmliche Form religiöser Organisation aufgibt, ist sie weder inhaltlich noch strukturell als Religion überhaupt mehr erkennbar. Dies gilt nicht nur für den neuen Okkultismus, der Organisationsformen annimmt, die einmal Sekten, ein anderes Mal wissenschaftlichen Instituten oder privatwirtschaftlichen Betrieben ähneln können. Die Ganzheitlichkeit erstreckt sich in die verschiedensten kulturellen Bereiche (Medizin, Wissenschaft, Technik usw.) hinein und durchsetzt sie mit den Sinnfragen von »letzter Bedeutung«. Diese Durchmischung geht, wie Demerath (1969) zeigt, sogar soweit, daß ausdrücklich atheistische Vereinigungen ihrerseits Ähnlichkeiten zu religiösen Organisationen aufweisen.

In der »Unsichtbaren Religion« wurde mit der Ankunft neuer »Topoi« – als Kristallisationspunkte der Probleme letzter Bedeutungen – vor allem auf die Sakralisierung des Individuums bzw. der individuellen Autonomie hingewiesen. So kann der Verlust der Sichtbarkeit der Religion – als gesellschaftliche Struktur, wie als kultureller Inhalt – dazu führen, daß die persönliche Identität zur letzten Instanz der Organisation des Religiösen wird. Die individuelle Religiosität wird immer unabhängiger von den angebotenen »offiziellen« Modellen der Sinndeutung. Das Individuum bildet eigene »Sinnwelten« aus, quasi private Deutungen des eigenen Lebens, Handelns und der eigenen Wirklichkeit.[95] In der Biographieforschung wird diese Entwicklung unter dem Begriff der Individualisierung zusammengefaßt. Die fortschreitende strukturelle Differenzierung und sinnhafte Entleerung der institutionellen Kontexte des Handelns macht das Individuum selbst zur Institution, das sich in Form der Biographisierung dauerhaften Sinn verleiht.[96] Den Stoff für diese Konstruktionen bezieht es natürlich aus den existierenden Angeboten, die ihm auf dem Markt zugänglich sind und die er zu einem regelrechten »Flekkerlteppich« zusammenfügt.[97] Das muß jedoch nicht bedeuten, daß hier »Privatreligionen« entstehen. Zum einen können die verschiedensten diesseitigen Inhalte und Tätigkeiten eine religiöse Funktion übernehmen. Und zum anderen kann dies zu eigenen Formen der Vergesellschaftung führen. Am Horizont erscheint hier zweifellos eine anomische Gesellschaft der Gehlenschen Posthistorie, deren wesentlichste Integrationsform die gesellschaftliche Konstruktion persönlicher Identitäten in sich wandelnden Gemeinschaften ist.[98]

Die Tatsache, daß die neuen Formen der Religion sich scheinbar als durchsetzungsfähig erweisen und daß das Problem »proteischer Identitäten« – heute im Zeichen der »Postmoderne« – an Aktualität nichts verloren hat, begründet die Annahme, daß wir es heute nicht mit einer Epochenwende zu tun haben, sondern den Ausbau dessen beobachten können, was sich bereits in den 60er Jahren abzeichnete: die Unsichtbare Religion.

Anmerkungen

1 Bislang ist das Buch in deutscher, englischer, italienischer, spanischer und japanischer Sprache erschienen. Einzelne Kapitel und daraus entwickelte Aufsätze sind ins Niederländische, Slowenische und Norwegische übersetzt worden.
2 Vgl. Th. Luckmann, Vier protestantische Kirchengemeinden. Bericht über eine vergleichende Untersuchung, in: D. Goldschmidt, F. Greiner,

H. Schelsky (Hrsg.), Soziologie der Kirchengemeinde, Stuttgart 1960.
3 Th. Luckmann, Neuere Schriften zur Religionssoziologie (Sammelbesprechung), in: KZfSS 12 (1960), 315 ff. Vgl. dazu K.-F. Daiber, Einleitung, in: ders. und Th. Luckmann (Hrsg.), 1983, 14.
4 Rezensionen dazu in den Frankfurter Heften XIX/7 (1964), Kölner Zeitschrift für Soziologie und Sozialpsychologie 2 (1964), Revue des Sciences Philosophiques et Theologiques 49 (1965) usw. Vgl. E. Rosanna und C. Sartori (1973).
5 Vgl. M. Marty, Review of The Invisible Religion by Th. Luckmann, Christian Security 84 (März 1967), 346; Th. F. Hoult, Review of The Invisible Religion by Th. Luckmann, Social Forces 46 (1967), 302 f.
6 P. L. Berger und Th. Luckmann, Secularization and Pluralism, in: IJRS 2 (1966).
7 New York/Garden City 1967; engl.: The Social Reality of Religion, London 1969; dtsch.: Zur Dialektik von Religion und Gesellschaft. Elemente einer soziologischen Theorie, Frankfurt 1973.
8 K. Dobbelaere, CISR, An Alternative Approach to Sociology of Religion in Europe: ACSS and CISR Compared, in: Sociological Analysis 1989, 50:4, 377-387.
9 Man möge dem Übersetzer zugute halten, daß er die Arbeit nebenher und ohne jede finanzielle Unterstützung erledigte. Dankenswerterweise wurde er von Heidi Hoyermann, Susann Wach und – völlig selbstlos – Beatrice Rehmann unterstützt.
10 Die englische Fassung widmete der anthropologischen Funktion der Religion ein eigenes Kapitel; neu hinzugefügt wurde das Kapitel über moderne religiöse Themen.
11 Vgl. V. Drehsen, Ausgewählte Ergänzungsbibliographie zur gegenwärtigen Theoriebildung in der deutschsprachigen Religionssoziologie, in: K.-F. Daiber und Th. Luckmann (Hrsg.), Religion in den Gegenwartsströmungen der deutschsprachigen Soziologie, München 1983, 225 ff., bes. S. 235 ff.
12 Die Mißachtung dieser Form führte zu einigen Mißverständnissen in der Rezeption. Zum Essay vgl. H. Bude, Der Essay als Form der Darstellung sozialwissenschaftlicher Erkenntnisse, in: KZfSS 3 (1989).
13 O. Marquard nennt sie »eine Art von religionsphänomenologischem Minimalfunktionalismus«. Vgl. ders. (1985), 42.
14 Dies führt sogar dazu, eine Definition der Religion überhaupt zu vermeiden. Vgl. K. Gabriel, Religionssoziologie als Soziologie des Christentums, in: K.-F. Daiber und Th. Luckmann (Hrsg.), op. cit. 1983, 185.
15 Vgl. M. C. Mason (1975), 106, und G. Dux, Ursprung, Funktion und Gehalt der Religion, in: Internationales Jahrbuch für Religionssoziologie VIII, 7-67. Liest man allerdings die Unsichtbare Religion genauer (bes. Ende Kap. III), so zeigt sich, daß diese anthropologische Defini-

tion der Religion lediglich eine Seite der Luckmannschen Konzeption der Religion ist, an deren Seite die Theorie der Sozialformen der Religion sowie des »Heiligen Kosmos« gestellt werden muß.
16 P. L. Berger (1974).
17 Vgl. dazu Th. Luckmann, Theories of Religion and Social Change, in: The Annual Review of the Social Sciences of Religion 1 (1977), 1-28.
18 Vgl. dazu z. B. Kanon und Konversion, in: A. und J. Assmann (Hrsg.), Kanon und Zensur, München 1987, 38-46.
19 Eine erste Fassung findet sich in A. Schütz und Th. Luckmann, Strukturen der Lebenswelt Bd. 2, Frankfurt 1984, Kap. VIA. (Dazu auch das »Dritte Notizbuch aus Seelisberg« von A. Schütz, 303 ff.)
20 Zur kognitiven Verkürzung vgl. M. N. Ebertz und F. Schultheis, Einleitung: Populare Religiosität, in: dies. (Hrsg.), Volksfrömmigkeit in Europa. Beiträge zur Soziologie populärer Religiosität in 14 Ländern, München 1986.
21 Vgl. dazu A. Schütz und Th. Luckmann. Strukturen der Lebenswelt Bd. 1, Frankfurt 1979, Kap. IIIA.
22 Ich möchte hier nur auf die Arbeit von Ulmer verweisen, der »Konversionserzählungen« zum Gegenstand macht; B. Ulmer, Konversionserzählungen als rekonstruktive Gattung. Erzählerische Mittel und Strategien bei der Rekonstruktion eines Bekehrungserlebnisses, in: Zeitschrift für Soziologie 17/1 (1988), 19-33. Formen der magischen Erfahrung wurden von Knoblauch untersucht: H. Knoblauch, Unsichtbare Strahlenwelt. Pendel, Wünschelrute, Radiästhesie – Magie in der modernen Gesellschaft, Dissertation Konstanz 1988.
23 Vgl. Alfred Schütz und Thomas Luckmann, op. cit. (1979), 48 ff. Vgl. dazu vor allem Schützens »Viertes Notizbuch aus Minnewaska-New York«, in: A. Schütz und Th. Luckmann (1984), 343 ff.
24 Anstöße dazu gibt die Forschung zu »altered states of consciousness«. Vgl. dazu z. B. E. E. Bourguignon (Hrsg.), Religion. Altered States of Consciousness and Social Change, Columbia 1973; H. Cancik (Hrsg.), Rausch-Ekstase-Mystik. Grenzformen religiöser Erfahrung, Düsseldorf 1978; A. Dietrich, Ätiologie veränderter Bewußtseinszustände, Stuttgart 1985; R. Fischer, A Cartography of the Ecstatic and Meditative States, in: Science 174 (1971), 897-904; M. Greeley, The Sociology of the Paranormal, Beverly Hills 1975; D. Hay und A. Morrish, Report of Ecstatic, Paranormal and Religious Experience in Great Britain and the U.S.A.: A Comparison of Trends, in: Journal for the Scientific Study of Religion 17 (1978), Nr. 3.
25 Vgl. dazu schon A. Schütz, Symbol, Wirklichkeit und Gesellschaft, in: Gesammelte Aufsätze Bd. 1, Den Haag 1971, 237 ff.
26 R. S. Stark und W. S. Bainbridge, The Future of Religion. Secularization, Revival and Cult Formation, Berkeley 1985. Sie unterscheiden kleine, alltägliche Probleme lösende magische Praktiken von Ritualen,

die umfassende Lebensprobleme behandeln, und schließlich von den großen »jenseitigen« und die Biographie des einzelnen übersteigenden Entwürfen, wobei diese Transzendenzstufen mit einer Tauschtheorie verbunden werden.

27 Vgl. dazu besonders E. E. Lau, Interaktion und Institution. Zur Theorie der Institution und der Institutionalisierung aus der Perspektive einer verstehend-interaktionistischen Soziologie, Berlin 1978.
28 Das hat Luckmann selbst zu zeigen versucht. Vgl. Th. Luckmann, Über die Grenzen der Sozialwelt, in: Lebenswelt und Gesellschaft. Paderborn 1980, 56-92.
29 C. Y. Glock und T. Piazza (1983) unternahmen eine explorative Untersuchung zu Bergers und Luckmanns Konzept der reality structure, die der Weltansicht sehr nahekommt. Sie unterschieden dabei Typen von Weltauffassungen, nämlich individualistische, übernatürliche, kulturelle, umweltorientierte und verschwörungstheoretische.
30 Dies wurde ausgeführt in: Th. Luckmann, Gelebte Zeiten – und deren Überschneidungen im Tages- und Lebenslauf, in: R. Herzog und R. Koselleck (Hrsg.), Epochenschwelle und Epochenbewußtsein. Poetik und Hermeneutik XII, München 1987.
31 Persönliche Identität als evolutionäres und historisches Problem, in: Th. Luckmann, Lebenswelt und Gesellschaft, Paderborn 1980, 133.
32 J. Hach, Gesellschaft und Religion in der Bundesrepublik Deutschland. Heidelberg 1980.
33 Th. Luckmann (1986) op. cit., 31-39.
34 J. Hach (1980) op. cit., 38. Luckmann hatte den Begriff der »church-centered religiosity« schon in seiner Dissertation geprägt: Wenn Religiosität das Insgesamt religiösen Sinns umfaßt, dann ist Kirchlichkeit die spezifisch institutionelle Kristallisation der Religion in der westlichen Gesellschaft ein institutionalisiertes System religiösen Handelns, religiöser Sprache und religiöser Symbole. »Church-centered religiosity« ist das sozialpsychologische Korrelat dieses Komplexes im Individuum.
35 Vgl. F. Tenbruck, Geschichte und Gesellschaft. Berlin 1986. Das Modell weist im großen und ganzen Ähnlichkeiten zu Bellahs Entwurf auf, obwohl Luckmann alle evolutionistischen Anklänge zu vermeiden sucht. Vgl. R. N. Bellah, Religious Evolution, in: American Sociological Review 29 (1964).
36 K. Koracevic (1988) bemerkt, daß einmal drei, ein anderes Mal vier Typen unterschieden werden.
37 A. Gehlen, Urmensch und Spätkultur, Frankfurt 1977.
38 Th. Luckmann, Säkularisierung – ein moderner Mythos, in: Luckmann (1980) op. cit., 102.
39 P. Berger, Noise of Solemn Assemblies, Kirche ohne Auftrag.
40 P. L. Berger und Th. Luckmann, Secularization and Pluralism, (1966), 81.

41 J. Matthes (1969, 143) sieht dagegen in der Pluralisierung a) die Subjektivation der Bedeutungsgehalte und b) eine Sekundär-Institutionalisierung ihrer gesellschaftlichen Formen. Matthes folgt darin der Auffassung, die Berger und Luckmann 1966 formulierten. Secularization and Pluralism, in: International Yearbook for Sociology of Religion II (1967). »The definition of personal identity becomes irrelevant to the primary social institutions.« M. C. Mason (1975a), 11.
42 Th. Luckmann, op. cit. (1986), 37 f.
43 Vgl. I. Mörth (1978, bes. 89-92). H. Meyer, Religionskritik, Religionssoziologie und Säkularisation. Frankfurt/Main 1988.
44 Vgl. A. Kreier, Religionssoziologie zwischen Theorie, Apologie und Kritik der Religion, Frankfurt/Main 1986.
45 Dies gilt z. B. für M. Schibilsky, der in einer empirischen Untersuchung privatisierte Religion ein »subjektives Sinnsystem ohne interkommunikative Übertragbarkeit« nennt. Religiöse Erfahrung und Interaktion, Stuttgart 1976, 113.
46 Vgl. N. Luhmann, Die Funktion der Religion, Frankfurt 1982. Eine entsprechende Interpretation der Luckmannschen Privatisierungsthese nahm B. Wallisch-Prinz vor: Religionssoziologie. Eine Einführung, Stuttgart 1977.
47 G. Lenski, nach V. Drehsen (1975).
48 Die Bedeutung des Konkreten im Gebiet des Geistigen, in: K. Mannheim. Wissenssoziologie, Neuwied 1970.
49 Ein gutes Beispiel dafür bieten die Sammelbände von W. Fischer und W. Marhold (1978) und von K.-F. Daiber und Th. Luckmann (1983).
50 P. Bourdieu, Sociologie de la croyance et croyances de sociologie, in: Archives des Sciences Sociales de la Religion 63 (1987).
51 F.-X. Kaufmann, Nutzen und Vergeblichkeit empirischer Forschung in der Religionssoziologie, in: Loccumer Protokolle 8/84, 175-195.
52 Vgl. z. B. G. Kehrer, Das religiöse Bewußtsein der Industriearbeiter. Eine empirische Untersuchung, München 1967. P. M. Zulehner, Religion ohne Kirche? Das religiöse Verhalten von Industriearbeitern, Wien, Freiburg, Basel 1969. K.-F. Daiber, Religiöse Orientierungen und Kirchenmitgliedschaft in der BRD, in: F.-X. Kaufmann und B. Schäfers (Hrsg.), Religion, Kirchen und Gesellschaft in Deutschland. Gegenwartskunde SH 5 (1988), Opladen 1988, 61-74. Das Fehlen dieser langfristigen Perspektive zeigt sich noch bei G. Schmidtchen, Was den Deutschen heilig ist. Religiöse und politische Strömungen in der Bundesrepublik Deutschland, München 1979, der die »private Organisation der Religion« als bloße Zukunftszenario« auszeichnet und zugleich »zahlreiche Dimensionen nichtinstitutionalisierter Orientierungen und Erlebnisweisen«, »vom Ergriffensein bis zur Suche nach neuen religiösen Erfahrungen, von der Kosmologie bis

hin zum Ordnungsgefüge der Gesellschaft und der Theorien über die Kommensurabilität von Moral und persönlichem Schicksal« (S. 191) konstatiert.
53 Daiber, Secularization and Religion: The Persisting Tension. Acts of the CISR, Genf 1988. Der christliche Glaube, so erläutert K.-F. Daiber darin (Religious Orientation and Church membership, 191-200), werde nur noch von einer Minderheit, etwa 30% vertreten.
54 G. Kehrer, Die Kirchen im Kontext der Säkularisierung, in: G. Baadte und A. A. Rauscher (Hrsg.), Neue Religiosität und säkulare Kultur, Graz 1988, 9-24.
55 Vgl. R. Köcher, Wandel des religiösen Bewußtseins in der BRD, in: Gegenwartskunde SH 5 (1988), 145-158. Sie stellt fest, daß religiöse Überzeugungen mehr und mehr zum Bestandteil der Intimsphäre und zur Privatsache werden, obwohl sie sich zuvor stark gegen »Individualisierungsthesen« gewendet hatte.
56 F. Fürstenberg, Der Trend zur Sozialreligion, in: B. G. Gemper (Hrsg.), Religion und Verantwortung als Elemente gesellschaftlicher Ordnung, Siegen 1982, 271-284.
57 D. Hérvieu-Lèger, Faut-il definier la religion? Questions préalable à la construction d'une sociologie de la modernité religieuse, in: Archives de Sciences des Religions 63/1 (1987), 11-30.
58 R. Meyer, Konformität und Autonomie. Werte und Wertordnungen in der Schweizer Bevölkerung, Bern 1984, 154.
59 M. A. Thung, Religion und Wertewandel in empirischen Untersuchungen der Niederlande, in: Loccumer Protokolle 8/84, 57-95.
60 H. Meulemann, Religion und Wertewandel in empirischen Untersuchungen der B.R.D., in: Loccumer Protokolle 8/84, 97-113, 102.
61 W. C. Roof, Concepts and Indicators of Religious Commitment. A Critical Review, in: R. Wuthnow (Hrsg.), The Religious Dimension: New Directions in Quantitative Research, New York 1979.
62 S. Burgalassi, Le christianità nascoste. Bologna 1970; G. Scarvaglieri, La religione in una societa di transformazione, Lucca 1978.
63 A. Nesti, La fontane e il borgo. Il fattore religione nella societa italiana contemporanea, Rom 1982, 207.
64 H. Meulemann op. cit. (1984) sieht zwar eine »neue immanente Weltauffassung« im Entstehen, bemerkt aber, daß sie allerdings keine innere Geschlossenheit aufweise.
65 B. Ulmer op. cit. (1988). Vgl. auch M. Schibilsky, Konstitutionsbedingungen religiöser Kompetenz, in: W. Fischer und W. Marhold (1978), 73-100.
66 Vgl. C. Calvaruso und S. Abbruzese, Indagine sui valori in Italia. Dai postmaterilismi alla ricerca di senso, Turin 1985.
67 R. Cipriani, ›Diffused Religion‹ and New Values in Italy, in: J. A. Beckford und Th. Luckmann (Hrsg.), (1989), 24-48. Zuvor schon in

Roberto Cipriani, Religione e politica. Il caso italiano: La religione diffusa, in: Studi di Sociologia 21,3 (1983).

68 Vgl. auch D. Bell, Religion in the Sixties, Social Research 38 (1971), 447-497.
69 R. Hummel, Kult statt Kirche, in G. Baadte und A. Rauscher (Hrsg.), Neue Religiosität und säkulare Kultur, Graz 1988, 43-61.
70 P. L. Berger, Ein Marktmodell zur Analyse ökumenischer Prozesse, in: Internationales Jahrbuch für Religionssoziologie 1.
71 R. Wallis, The Elementary Forms of New Religious Life, London 1984.
72 Vgl. R. Wallis, Betwixt Therapy an Salvation. The Changing Form of the Human Potential Movement, in: R. K. Jores (Hrsg.), Sickness and Sectarianism, Aldershot 1985, 23-51.
73 Vgl. H. Schwarz, Die elektronische Kirche als Ausdruck amerikanischer Religiosität, in: K. M. Kodalle, Gott und Politik in den USA. Über den Einfluß der Religion, Frankfurt/Main 1988, 87-99. Daß diese Fernsehreligion mit einer Senkung der Transzendenz zur »Secular salvation« zusammenhängt, versucht S. M. Hoover zu zeigen, in: Mass Media Religion. The Social Sources of the Electronic Church, Newbury Park 1988.
74 H. Mynarek, Religiös ohne Gott? Neue Religiosität in Selbstzeugnissen. Eine Dokumentation, Düsseldorf 1983, 19.
75 N. J. Demerath III, A Tottering Transcendence: Civil vs. Cultic Aspects of the Sacred, Indianapolis u. New York 1974; C. Campbell, Toward a Sociology of Irreligion, London 1971.
76 E. Voegelin, Die politischen Religionen, Wien 1938.
77 Vgl. W. Schieder, Civil Religion. Die religiöse Dimension der politischen Kultur, Gütersloh 1987.
78 W. M. Sprondel, Kulturelle Modernisierung durch antimodernistischen Protest. Der lebensreformerische Vegetarismus, in: F. Neidhart, R. Lepsius u. J. Weiß (Hrsg.), Kultur und Gesellschaft (SB 27 d. KZfSS), Opladen 1986.
79 P. L. Berger, Sociology and Psychoanalysis, in: Social Research 32,1 (1965), 26-41.
80 N. J. Demerath III, op. cit. 1974, 35 f.
81 T. Lau und A. Voß, Die Spende – Eine Odysee im religiösen Kosmos, in: H.-G. Soeffner (Hrsg.), Kultur und Alltag, SB 6, Soziale Welt, Göttingen 1988. K.-W. Bühler, Der Warenhimmel auf Erden. Trivialreligion im Konsum-Zeitalter, Wuppertal 1973.
82 M. Truzzi, The Occult Revival as Popular Culture: Some Random Observations on the Old and the Nouveau Witch, in: Sociological Quarterly 13 (1972), 16-36.
83 A. Honer, Beschreibung einer Lebens-Welt. Zur Empirie des Bodybuilding. ZfS 14. Jg. 2/1985, 155-169; Bodybuilding als Sinnsystem.

Elemente, Aspekte und Strukturen, in: Sportwissenschaft 15.Jg., 2/ 1985, 155-169.
84 C. und B. Edgely, R. Turner, The Rhetorics of Aerobics: Physical Fitness as Religion, in: Free Inquiry in Creative Sociology Vol 10, 2/ 1982.
85 Deren Einordnung bedürfte noch eingehender Untersuchungen insbesondere der vernachläßigten Vorstellungen Voegelins (auf den sich Luckmann mehrfach bezieht) über »gnostische« Bewegungen und »politische Religionen«.
86 Auf diese Parallele weist vor allem Demerath III (1974) op. cit. hin.
87 Vgl. D. Hervieu-Leger (1987); H. Knoblauch (1989), beide op. cit. Luckmann selbst formuliert dies in »The New and the Old in Religion«, (Contribution to the Symposium on Social Theory and Emerging Issues in a Changing Society, University of Chicago, April 5-8, 1989).
88 Vgl. T. Peters, Post-Modern Religion, in: Up-date 8,1 (1984), 16-30.
89 C. Campbell, Some Comments on the New Religious Movements: The New Spirituality and Post-Indutrial Society, in: E. Barker (Hrsg.), New Religious Movements, New York 1982, 232-242.
90 Vgl. H. Knoblauch, Das unsichtbare neue Zeitalter, in: KZfSS 3 (1989), 504-525.
91 Vgl. R. Wallis, New Religions and the Potential for World-Re-Enchantment: Religion as a Way of Life, Preference and Commodity, in: CISR, 87-98.
92 H. Stenger, Der ›okkulte Alltag‹. Beschreibungen und wissenssoziologische Deutungen des ›New Age‹, in: ZfS 2 (1989), 119-135.
93 D. Jorgensen, The Esoteric Community. An Ethnographic Investigation of the Cultic Milieu, in: Urban Life, 4, 1982, 383-407.
94 T. Buckner, The Flying Saucerians: An Open Door Cult, in: M. Truzzi (Hrsg.), Sociology of everyday Life, Englewood Cliffs 1968.
95 C. Hennig identifiziert sehr anschaulich den ›romantischen Individualismus‹ als ein tragendes Motiv dieser Privatisierungstendenz, in: Die Entfremdung der Seele. Romantischer Individualismus in den deutschen Alternativkulturen, Frankfurt/Main 1989.
96 M. Kohli, Die Institutionalisierung des Lebenslaufs. Historische Befunde und theoretische Argumente, in: KZfSS 37 (1985), 1-29.
97 Vgl. R. Hitzler, Der ›begeisterte‹ Körper. Zur persönlichen Identität von Schamanen, in: Unter dem Pflaster liegt der Strand 11 (1982), 53-73; ders. Proteische Praxis: Eine Alternative zur Suche nach dem ›Selbst‹?, in: K. Adam (Hrsg.), Kreativität und Leistung – Wege und Irrwege der Selbstverwirklichung, Köln 1986, 213-215.; ders. und A. Honer, Reparatur und Repräsentation. Zur Inszenierung des Alltags durch Do-It-Yourself, in: H.-G. Soeffner (Hrsg.), Kultur und Alltag (SB 6 Soziale Welt). Göttingen 1988, 267-283.

98 W. Pannenberg übersieht genau diesen Aspekt in seiner Kritik an Luckmann. Vgl. Eschatologie und Sinnerfahrung, in: Kerygma und Dogma, 1 (1973), 39-52. Für einen theoretischen Entwurf solcher Identitäten vgl. M. Maffesoli, Le temps des tributs, Paris 1988.

Thomas Luckmann
Die Unsichtbare Religion

»Wie es auf diese Weise keine einheitlichen elementaren religiösen Emotionen zu geben scheint, sondern nur einen gemeinsamen Fundus von Emotionen, den religiöse Objekte in Anspruch nehmen können, so könnte es denkbarerweise auch Anhaltspunkte dafür geben, daß es keine spezifische und wesentliche Art religiöser Objekte und keine spezifische und wesentliche Art religiöser Akte gibt.«

William James, Die Vielfalt religiöser Erfahrungen.

Vorwort

Die Eigenständigkeit der Lebensführung ist eines der Hauptprobleme der Gegenwart. Ein Grund dafür ist die Befürchtung, daß die hochgradig organisierte, monolithische Gesellschaft immer tiefer die Bereiche unterdrückt, in denen der einzelne einst freies Spiel hatte. Die Sozialwissenschaften brauchen solche Befürchtungen zwar nicht für bare Münze zu nehmen, sie dürfen sich aber auch nicht vor der Möglichkeit verschließen, daß diese Befürchtungen Symptom eines wirklichen Problems sein könnten. Wenn sich die Sozialwissenschaften mittlerweile auch beinahe ausschließlich auf die Untersuchung sozialer »Systeme« konzentrieren, so dürfen sie doch das Schicksal des einzelnen in der Gesellschaft nicht vernachlässigen. Denn gerade die drängende Frage nach der Stellung des einzelnen Menschen in der gesellschaftlichen Ordnung kann heutzutage am besten von den Sozialwissenschaften beantwortet werden. Diese von der Philosophie geerbte Frage tritt in verschiedenen Bereichen der Sozialwissenschaften in jeweils unterschiedlichen Formen auf. Die Frage nach dem Verhältnis von Zwang und Freiheit, Ordnung und Anarchie zieht sich wie ein roter Faden durch die klassische Soziologie. Mit ihr gehen grundlegende Fragen einher, Fragen, die die Theorien der gesellschaftlichen Institutionen, des sozialen Wandels und der Sozialisation von Individuen berühren. Sie ist ferner eng verbunden mit den Problemen der Rollentheorie und der anthropologischen Erforschung von Kultur und Persönlichkeit. Die zentrale Bedeutung dieser Fragestellung für die Politikwissenschaften ist offenkundig; ebenso zentral – wenngleich auch weniger offensichtlich – ist sie für die Diskussion einiger grundlegender Axiome der ökonomischen Theorie. Diese Frage kann im Rahmen einer einzelnen Disziplin nicht beantwortet, ja nicht einmal richtig formuliert werden, geht sie doch mittelbar oder unmittelbar alle Sozialwissenschaften an.

Das Problem stellt sich heute mit neuer Dringlichkeit. Welchen Einfluß hat die moderne Gesellschaft auf die Lebensführung des einzelnen? Auf welche Weise kann eine Person ihre Autonomie in dieser Gesellschaft aufrechterhalten? Wie diese Fragen andeuten, ist das Problem nicht nur für die sozialwissenschaftliche

Theorie von Interesse; es ist auch für den heutigen Menschen von konkreter und bedrückender Bedeutung.

Zugegeben, die Denktraditionen, die die jüngere Soziologie beherrschen, haben sich dieses Problems nur sehr widerwillig angenommen. Die Begriffe »Individualismus« und »Massengesellschaft« haben sich bei den unterschiedlichsten »Gesellschaftskritikern« in einem Maße verbreitet, daß sie nahezu ihren Sinn verloren haben. Sie wurden so oft in Zusammenhang mit im wesentlichen romantischen Ansichten der traditionellen Gesellschaft gebracht, daß sie einer Disziplin, die sich selbst ihrer jüngst erworbenen Werturteilsfreiheit rühmte, notwendig verdächtig erscheinen mußten. Ein guter Teil des Gelehrtenstreits, der sich an »Massengesellschaft« und »Individualismus« entzündete, war deshalb außerhalb der geheiligten Hallen der akademischen Sozialwissenschaften beheimatet. Doch die allgemeine Resonanz dieses Streits und die durch ihn ausgelösten ernsthaften Überlegungen über das moderne Leben erregten selbst bei zurückhaltenderen Soziologen den Verdacht, daß dieser Streit letzten Endes einen doch nicht so trivialen Kern haben könnte.

Bei flüchtiger Betrachtung könnte das Problem vielleicht als eine Variante des allgemeineren soziologischen Problems der Sozialisation erscheinen, das von »Gesellschaftskritikern« und anderen zeitgenössischen Kassandras (unnötigerweise) mit einem gewissen Quantum Sensationslust versehen wurde. Doch selbst wenn diese Zuordnung zuträfe, müßte man einräumen, daß der Prozeß der Sozialisation in der modernen Gesellschaft weniger kohärent ist als in traditionellen Gesellschaften. Der schnelle soziale Wandel, die wachsende soziale Mobilitität, Veränderungen der Familienstruktur und ein hohes Maß an rationaler Organisation verschiedener gesellschaftlicher Institutionen erschweren, so könnte man argumentieren, die Eingliederung des einzelnen in die gesellschaftliche Ordnung. Solche objektiven Schwierigkeiten könnten dem einzelnen sehr wohl auch subjektiv als problematisch erscheinen und zwar um so mehr, als er für den subjektiven Eindruck, seine Probleme seien historisch einzigartig, auch noch Unterstützung in den literarischen Verdammungen der »Massengesellschaft« findet. Führt man den Gedanken aber zu Ende, so zeigt sich, daß all dies keineswegs eine grundlegende *theoretische* Neuorientierung erfordert. Die wichtigste Richtung der gegenwärtigen Soziologie, die Überlegungen in diese Richtung angestellt hat, der Strukturfunktionalismus, hält deshalb das in Frage stehende Problem auch für prinzipiell gelöst, wobei man durchaus einräumt, daß noch einige empirische Studien notwendig seien.

Erwägen wir nun eine andere Möglichkeit. Was wäre, wenn das Verhältnis zwischen Individuum und gesellschaftlichem Ordnungsgefüge mit dem Aufkommen der modernen Gesellschaft eine radikale Veränderung erfahren hätte? In diesem Fall wäre die Soziologie mit einem Problem konfrontiert, das nicht einfach durch die Anwendung »universaler« strukturfunktionaler Theorien der Sozialisation und des sozialen Wandels gelöst werden könnte. Im allgemeinen setzt die Theorie der Sozialisation identische Prozesse der Verinnerlichung kultureller »Inhalte« in einem gegebenen »sozialen System« voraus. Sie gründet auf der ahistorischen Vorstellung einer Beziehung zwischen »sozialen« und »psychischen« Systemen. Die Theorie des sozialen Wandels erklärt besondere institutionelle Veränderungen mit Hilfe eines funktionalen Modells des Gleichgewichts innerhalb des »sozialen Systems«. Ginge man von einer dialektischen Konzeption der Beziehung zwischen Einzeldasein und Gesellschaftsstruktur in der Geschichte aus, so müßte man bereit sein, die Möglichkeit zu erwägen, daß sich die »Verortung« des einzelnen in der sozialen Ordnung moderner Gesellschaften grundlegend gewandelt hat. Wenn diese Annahme der *Möglichkeit* einer solchen Veränderung zutrifft, dann erscheinen die Diskussionen um die Auswirkungen der »Massengesellschaft« auf den »Individualismus« in einem neuen Licht. Sie könnten als Anzeichen für die Neuverortung des einzelnen in der gesellschaftlichen Ordnung angesehen werden. Wenn es qualitativ unterschiedliche Muster der Verortung des einzelnen in der Gesellschaft gibt und wenn institutionelle Veränderungen zu qualitativ unterschiedlichen Formen von Gesellschaften führen, dann ist eine ahistorische Vorstellung von Sozialisation und von institutionellem Wandel nicht mehr angemessen. In diesem Fall sind von der Soziologie neue theoretische Anstrengungen gefordert.

Der folgende Essay soll zur Lösung dieser Aufgabe beitragen. Er verfolgt keine »gesellschaftskritischen« Absichten, wie sie z. B. im geläufigen Gebrauch eines Begriffes wie dem der »Massengesellschaft« zum Ausdruck kommen. Falls wir jedoch von der Annahme ausgehen, daß das Verhältnis zwischen individueller

Lebensführung und gesellschaftlichem Ordnungsgefüge historisch wandelbar ist, so bringen wir auch unsere Überzeugung zum Ausdruck, daß das Problem der individuellen Daseinsführung in der Gesellschaft heute einen kritischen Punkt erreicht hat. Wenn der Soziologe will, daß seine Theorien auch für seine Mitmenschen von Bedeutung sind, darf er es nicht ablehnen, in seinem wissenschaftlichen Kontext die Fragen zu stellen, die den Menschen im Alltag bewegen. Von den diversen Versionen der »Gesellschaftskritik« kann man zwar behaupten, daß sie das Problem wohl erkannt haben; es ist ihnen jedoch nicht gelungen, es unbefangen auf eine Weise darzustellen, in der es anhand empirischer Evidenzen überprüft werden könnte. Dies aber halten wir für eine der wichtigsten Aufgaben der Soziologie.

Eine einheitliche Perspektive auf das Problem der individuellen Lebensführung wird durch die soziologische Theorie der Religion eröffnet. Die wichtigsten Einsichten verdanken wir dem soziologischen Erbe Emile Durkheims und Max Webers. Beide zeigten großes Interesse am Schicksal des einzelnen in der modernen Gesellschaft. Beide erkannten, daß die Eigenarten der modernen Gesellschaft ernsthafte Folgen für den einzelnen mit sich bringen. Ihre Untersuchungen der Arbeitsteilung, der Bürokratisierung, des Selbstmordes usw. sind Ausdruck dieses Interesses. Bei aller Wertfreiheit ihrer Forschungsmethoden kommt in ihren Bemühungen um eine soziologische Theoriebildung und in ihrer intensiven Beschäftigung mit den gesellschaftlichen Bedingungen der individuellen Daseinsführung in der gegenwärtigen Gesellschaft deutlich ein ethisches Engagement zum Ausdruck. So verschieden die soziologischen Systeme Durkheims und Webers auch geartet sind, ist doch bezeichnend, daß beide den Schlüssel zum Verständnis des gesellschaftlichen Standorts des Individuums in der Erforschung der Religion suchen. Für Durkheim ist die symbolische Wirklichkeit der Religion der Kern der *conscience collective*. Als eine soziale Tatsache transzendiert sie den einzelnen. Sie ist die Vorbedingung für soziale Integration und für die Beständigkeit der gesellschaftlichen Ordnung. Diese objektive Wirklichkeit wird vom Subjekt aufgenommen, verinnerlicht und formt den einzelnen zum gesellschaftlichen, das heißt auch moralischen und eigentlich erst menschlichen, Wesen. Der Mensch ist in Durkheims Sicht ein *homo duplex*. Das Prinzip der Individuation ist notwendig gesellschaftlich. Durkheim betrachtet das Problem, mit dem wir uns hier beschäftigen, aus einer universell-anthropologischen Perspektive heraus, und er formulierte es auf eine entsprechend radikale Weise. Für Weber hingegen erscheint das Problem der gesellschaftlichen Bedingung von Individuation aus einem spezifischeren Blickwinkel, nämlich im sozialgeschichtlichen Zusammenhang einer gegebenen Religion und in ihrem Verhältnis zur Struktur einer historischen Gesellschaft. Bei der Frage nach dem einzelnen in der modernen Gesellschaft angelangt, zogen jedoch Weber wie Durkheim eine direkte Verbindungslinie zur Säkularisierung der modernen Welt. Man kann sagen, daß Weber und Durkheim entdeckten, was in diesem Essay vorausgesetzt wird: daß das Problem der individuellen Daseinsführung in der modernen Gesellschaft ein »religiöses« Problem ist. Wir behaupten also, daß sich die Relevanz der Soziologie für den heutigen Menschen in erster Linie aus ihrem Bemühen um ein Verständnis für das Schicksal des einzelnen in der Struktur der modernen Gesellschaft ableitet. Die heutige Soziologie braucht dabei über die »klassischen« Traditionen ihrer eigenen Disziplin nicht hinauszugehen, um Hilfe bei ihrer Bemühung zu finden. Denn die konvergierenden Einsichten von Durkheim und Weber in die grundsätzliche Bedeutung der Religion stellt für die Soziologie ein weit wichtigeres Erbe dar als der Methodenstreit um den »Historismus«, den »Funktionalismus«, das »Verstehen«, den ontologischen Status der sozialen Tatbestände und dergleichen mehr.

1. Religion, Kirche und die Soziologie

Mit gutem Recht kann man die Religionssoziologie als diejenige soziologische Disziplin ansehen, die das Problem, das uns hier beschäftigt, am ehesten in den Mittelpunkt des Interesses gestellt hat. Es wäre kaum mehr nötig, als die theoretischen Konvergenzen zwischen Durkheim und Weber, auf die wir oben hingewiesen haben, herauszuarbeiten, daraus Hypothesen über die »religiösen« Komponenten der Beziehung zwischen dem einzelnen und der gegenwärtigen Gesellschaft abzuleiten und diese dann durch empirische Forschung zu bestätigen oder zu widerlegen. Wirft man einen genaueren Blick auf die Veröffentlichungen in der neueren Religionssoziologie, so stößt man in der Tat auf eine wachsende Zahl von Untersuchungen über die Soziologie der Pfarreien, die Demographie der Kirchen, auf Statistiken über die Partizipation an kirchlichen Aktivitäten, auf zahlreiche Untersuchungen über Sekten, auf einige Monographien über kirchliche Organisationen und verschiedene, mit den Mitteln der Meinungsforschung durchgeführte Untersuchungen über religiöse Glaubensüberzeugungen. Die Religionssoziologie ist zu einem blühenden Unterfangen geworden, das nicht nur eine große Zahl an Untersuchungen leistet, sondern auch einen enormen Zuwachs an spezialisierten Zeitschriften, Konferenzen, Symposien und Instituten aufweist. Die gegenwärtige Religionssoziologie ist durchaus mit anderen modernen und gut ausgestatteten Zweigen der Sozialwissenschaften vergleichbar. Das ist um so erstaunlicher, als es sich um eine Entwicklung handelt, die erst nach dem Zweiten Weltkrieg einsetzte und sich im letzten Jahrzehnt beschleunigte.[1] Sucht man nach theoretisch bedeutsamen Beiträgen in der neueren Religionssoziologie, so wird man jedoch bald enttäuscht. Das äußerliche Wachstum der Disziplin wurde nicht von einem theoretischen Fortschritt begleitet. Ganz im Gegenteil ist das theoretische Niveau der neueren Religionssoziologie in den meisten Fällen eher gesunken, gemessen an Webers und Durkheims Ansätzen, die in der Religion den Schlüssel zum Verständnis der Gesellschaft sahen. Die klassischen Positionen wurden weitgehend aufgegeben, die Religionssoziologie verengte sich thematisch und wurde über weite Strecken trivial. Beziehungen zu Durkheims oder Webers Religionssoziologie wurden bestenfalls noch oberflächlich gepflegt. Das Bewußtsein von der zentralen Bedeutung der Religionssoziologie für die soziologische Theorie ging verloren und zwar sowohl in der Religionssoziologie als auch in anderen Zweigen der Soziologie. Die neue Religionssoziologie erstellt fast nur noch Beschreibungen des Niedergangs kirchlicher Institutionen, die dem engen Blickwinkel der Pfarrsoziologie verhaftet sind. Die Definition der Forschungsprobleme und -programme läßt sich für gewöhnlich von den institutionellen Formen der traditionellen Kirchenorganisation leiten. Die neuere Religionssoziologie hat ihre theoretisch wichtigste Aufgabe, die sich wandelnde soziale – nicht unbedingt nur institutionelle – Basis der Religion zu untersuchen, sträflich vernachlässigt. Wenn wir die These überprüfen wollen, ob das Problem der individuellen Daseinsführung in der soziologischen Theorie vor allem eine Frage der gesellschaftlichen Form der Religion ist, können wir mit wenig direkter Hilfe von Seiten der neueren Religionssoziologie rechnen. Immerhin kann man aber mit einer kritischen Überprüfung der theoretischen Annahmen und einer Interpretation der Ergebnisse jener Disziplin einen Anfang machen.

Es scheint auf den ersten Blick paradox, daß das unübersehbare Aufblühen der Religionssoziologie in den letzten Jahrzehnten von einem Niedergang ihrer theoretischen Bedeutung begleitet wurde. Das Paradox klärt sich, wenn man die wichtigsten ökonomischen, ideologischen und institutionellen Umstände berücksichtigt, die zu dieser scheinbaren Renaissance geführt haben. Nach der »klassischen« Periode der soziologischen Auseinandersetzung mit Religion verlagerte sich der Schwerpunkt der soziologischen Forschung nach Amerika. Religion wurde zunehmend aus der Perspektive des sozialen Evolutionismus – einer Form des historischen Reduktionismus – betrachtet oder aus der Perspektive des psychologischen Reduktionismus, wie er vom Behaviorismus und Positivismus vertreten wird. Die Religion nahm keine wichtige Stellung in der soziologischen Theorie mehr ein. Unter den wenigen Sozialwissenschaftlern, die sich noch mit der Erforschung der Religion beschäftigten, befanden sich vor allen Dingen Kulturanthropologen. Und selbst sie neigten dazu, die Religion nur im Zusammenhang mit primitiven und traditionellen

Gesellschaften für wichtig zu halten. So übersahen sie zumeist ihre Bedeutung für die allgemeine soziologische Theorie.
Soweit sich das Interesse an der »klassischen« Religionssoziologie erhalten hatte, blieb es vorwiegend historisch und exegetisch. Max Webers Religionssoziologie wurde als eine großartige Leistung in der Geschichte der Soziologie angesehen, aber ihre Bedeutung für Webers allgemeine Gesellschaftstheorie blieb weitgehend unbeachtet. Ähnlich erging es der Religionssoziologie Durkheims, die hauptsächlich als eine Theorie über den Ursprung der Religion interpretiert wurde. Hatte man die Bedeutung dieser Theorie erst einmal auf primitive Gesellschaften eingeengt, so konnte man beginnen, sie wegen ihrer ethnologischen Mängel anzufechten. Es überrascht keineswegs, daß die Verwandtschaft zwischen Durkheim und Weber unbeachtet blieb. Die europäische Soziologie war gekennzeichnet durch ein beinahe vollständiges Fehlen von Kommunikation zwischen der französischen und der deutschen Tradition soziologischer Theorie. Doch selbst vom unabhängigeren Standpunkt der amerikanischen Soziologie aus wurde die Ähnlichkeit in den Religionssoziologien von Weber und Durkheim im allgemeinen übersehen. Nur Talcott Parsons erkannte diese Ähnlichkeit.[2] Aber Parsons – dessen großes Verdienst es ist, sowohl Durkheim als auch Weber dem Hauptstrom der amerikanischen Soziologie zugeführt zu haben – gelang es nicht, die theoretischen Möglichkeiten, die sich aus dieser Verwandtschaft ergaben, auf eine angemessene Weise zu nutzen. Das mag wohl daran liegen, daß er vor allem daran interessiert war, Durkheims »funktionalistischen« Begriff der religiösen Repräsentationen und Webers Theorie der Institutionen seinem eigenen strukturfunktionalistischen Theoriesystem einzuverleiben, in welchem Religion eine eher unbedeutende Rolle im Sinne eines institutionellen Subsystems mit besonderer, integrierender Funktion spielt.
Noch verblüffender ist das völlige Versäumnis der amerikanischen Soziologie, die Möglichkeiten auszuschöpfen, die in Durkheims Begriff des *homo duplex* und George Herbert Meads Theorie über den Ursprung des Selbst angelegt sind. Beide Theorien kehren das Verhältnis zwischen Individuum und Gesellschaft, wie es traditionell verstanden wurde, vollkommen um. Wurde das Individuum im allgemeinen als etwas unzweifelhaft Gegebenes angesehen, das sich mit anderen vereinigt, um eine »Gesell-

schaft« zu bilden – wobei Vertrag, Macht, sozialer »Instinkt« usw. als Erklärungsprinzipien für diese Vereinigung angeführt wurden –, so setzten Durkheim und Mead hingegen die Gesellschaft als das primär Gegebene voraus, und zwar einmal als »Tatbestand«, ein andermal als »Prozeß«. Darin sahen sie die notwendige Vorbedingung für die Individuation beziehungsweise für die Ausbildung des Selbst. Die Radikalität dieser Umkehrung sowie ihre Folgen für die soziologische Theorie wurden oft übersehen; ihre Bedeutung für ein Verständnis des Verhältnisses zwischen Gesellschaft, Religion und Person muß erst noch begriffen werden.

Die 30er und 40er Jahre waren unfruchtbare Jahre für die Religionssoziologie. Eine ganze Soziologengeneration wuchs in einem intellektuellen Klima auf, in dem Religion als ein System von Glaubensüberzeugungen angesehen wurde, das in primitiven Gesellschaften – wenn nicht sogar bloß während einer prähistorischen Phase in der Evolution der menschlichen Vernunft – bestimmte integrative Funktionen erfüllt hatte und dessen institutioneller Fortbestand in der gegenwärtigen Gesellschaft wenig Forschungsinteresse bei den Soziologen erwecken konnte.

In den Nachkriegsjahren wurde die Soziologie dann von den Kirchen »entdeckt«. In zunehmendem Maße übte sie eine merkwürdige Faszination auf die kirchlichen Verwaltungsexperten und Organisatoren sowie auf Pastoraltheologen, Professoren der Sozialethik usw. aus. Bald fand sich eine ausreichend große Zahl an Soziologen, mit denen von diesem Interesse geleitete Forschungsunternehmungen personell ausgestattet werden konnten. So wurde die Religionssoziologie wieder zum Leben erweckt, diesmal aber im wesentlichen als angewandte Wissenschaft oder Hilfswissenschaft. Ihre Probleme wurden von den institutionellen Interessen religiöser Organisationen bestimmt. Die meisten Untersuchungen wurden den Anforderungen der Geldgeber angepaßt. Doch sogar in, organisatorisch gesehen, unabhängigen Untersuchungen nahm man die pragmatischen Forschungseinschränkungen, die durch die Allianz zwischen Kirchenorganisatoren und Soziologen zustande gekommen waren, im allgemeinen als selbstverständlich hin.

Eine weitere Folge dieser Allianz war ein starker Hang der Religionssoziologie zur konfessionellen Blickrichtung. Dies galt besonders für Europa, wo eine katholische und in geringerem Maße

auch eine protestantische Religionssoziologie ins Leben gerufen wurde. In den Vereinigten Staaten ist der Hang zur Ausbildung katholischer, protestantischer und jüdischer Religionssoziologien weniger ausgeprägt, er ist aber auch hier keinesfalls unbedeutend. Freilich kann die Arbeitsteilung entlang konfessioneller Linien zur Erforschung der historisch differenzierten religiösen Institutionen sehr nützlich sein. Doch blieb die Perspektive, trotz der Bemühungen einiger ökumenischer Konferenzen und »unabhängiger« Religionssoziologen, auf den eigenen »Kirchturm« beschränkt. Dies ist um so schwerwiegender, als die systematische Theorie der Religionssoziologie nur wenig vorankam. Denn es ist kaum möglich, Forschungsergebnisse zu vergleichen und zu interpretieren, die größtenteils im Rahmen von Begrenzungen auf einen konfessionellen Bereich zustande gekommen sind.
Überdies hat die Nachfrage nach brauchbaren Forschungsergebnissen von Seiten der kirchlichen Institutionen und das Fehlen von Theorien schwerwiegende Folgen für die Methodologie der neuen Religionssoziologie. Die Ausklammerung von Fragen des »Glaubens« aus der Forschung, die pragmatische Orientierung der meisten Untersuchungen und der Mangel an Theorie vor allem bei der Definition von Forschungsproblemen trugen dazu bei, daß »handliche« – aber für die Erforschung der Religion nicht unbedingt angemessene – Forschungsmethoden Anwendung fanden. Auf diese Weise wurden z. B. Methoden, die zur Analyse auch anderer Institutionen dienen, ohne große Bedenken auf die Kirchenorganisation übertragen. Noch charakteristischer für die neuere Religionssoziologie war indes der unkritische und bisweilen laienhafte Gebrauch von Techniken der Meinungsforschung. So überraschend es klingen mag: Kaum eine andere soziologische Disziplin ist so vollständig von einer engen positivistischen Methodologie beherrscht wie die neuere Religionssoziologie.
Es soll jedoch hinzugefügt werden, daß sich diese Bemerkungen auf die als Disziplin organisierte Religionssoziologie beziehen. Die Geschichte der Religion verlief weiterhin auf Wegen, die die historischen und theologischen Traditionen des 19. Jahrhunderts eingeschlagen hatten. Zudem ging der Einfluß des Werks von Durkheim auf die Kulturanthropologie in Frankreich und, vielleicht in einem geringeren Ausmaß, auch in den Vereinigten Staaten nie völlig verloren. Diese Entwicklungen brauchen hier nicht

im Detail ausgeführt zu werden. Es soll genügen, auf die Arbeiten von Rudolf Otto, Gerard van der Leeuw, Mircea Eliade, Roger Callois, Joachim Wach, William Lloyd Warner und anderen hinzuweisen, deren historische und anthropologische Untersuchungen der Religion den Beweis dafür erbringen, daß diese Disziplinen nicht demselben Trend zur Trivialität folgten, durch den sich die neuere Religionssoziologie auszeichnet. Andererseits sind historische und ethnologische Analysen der Religion kein Ersatz für eine systematische soziologische Theorie der Religion. Das muß gesagt werden, obwohl diese Disziplinen wertvolle empirische Materialien und theoretische Ansätze beigesteuert haben. Die mittels vergleichender Studien gefundenen Konstanten der primitiven Mythologie, die Phänomenologie der religiösen Erfahrung u. ä. sind wichtige Schritte in Richtung auf eine soziologische Theorie der Religion. Ihre Nützlichkeit wird indes geschmälert durch den Mangel an sozialstrukturellen Analysen – eine Tatsache, die ein Grund für manche historizistische oder psychologistische Fehlinterpretationen in diesen Untersuchungen ist.
Wenden wir uns wieder der neueren Religionssoziologie zu, von der wir sagen können, daß sie ihrem Gegenstand auf theoretischer Ebene keineswegs gerecht wird. An die Stelle der fehlenden systematischen Theorie trat ein ganzes Gebäude stillschweigender Annahmen, die die Funktion einer Theorie übernehmen. Diese Annahmen sind ziemlich einheitlich – und die Einheitlichkeit der Annahmen überrascht um so mehr, als sie in einer Disziplin zustande gekommen sind, die zur Konfessionalität neigt, die noch immer einen eher nationalen als internationalen Charakter hat und deren Forschung durch sehr unterschiedliche Grade technischer Fähigkeiten gekennzeichnet ist. Daß stillschweigende Annahmen faktisch die Funktion einer Theorie übernehmen, kann man schwerlich als legitim erachten. Die Befürchtung ist nicht unbegründet, daß sie – zu einer wissenschaftlichen Ideologie versteinert – den vorurteilsfreien Blick auf das Problem der Religion in der modernen Gesellschaft verstellen. Es kann unserer Analyse nur dienen, diese Annahmen einmal näher zu betrachten.
Die wichtigste Annahme – die auch die schwerwiegendsten Folgen für die Forschung und Theorie der Religionssoziologie hat – besteht in der Gleichsetzung von Kirche und Religion. Zuweilen wird diese Annahme als methodologisches Prinzip formuliert: Was immer Religion auch sei, der wissenschaftlichen Analyse ist

sie nur insoweit zugänglich, als sie organisiert und institutionalisiert ist. Die meisten weiteren Annahmen stehen in engem Zusammenhang mit dieser Hauptannahme, oder sie sind unmittelbar aus ihr abgeleitet. Religion wird zum sozialen Tatbestand, entweder als Ritual (institutionalisiertes religiöses Verhalten) oder als Doktrin (institutionalisiertes religiöses Wissen). Häufig wird auch angenommen, daß den religiösen »Bedürfnissen« des Individuums objektive soziale Tatbestände von Religion entsprechen, die diese »Bedürfnisse« auf irgendeine Weise befriedigen. Offen bleibt, ob die historischen Varianten religiöser Institutionen, wie etwa Kirchen und Sekten, jeweils unterschiedliche individuelle »Bedürfnisse« befriedigen, ob gewisse soziohistorische Umstände zu unterschiedlichen Organisationen führen und ob die Religion die Summe all dessen ist oder der gemeinsame Nenner.

Die Gleichsetzung von Kirche und Religion paßt zu dem vorherrschenden Verständnis von Soziologie, nach welchem sie eine Wissenschaft von den gesellschaftlichen Institutionen ist (wobei der Begriff Institutionen in einem engen Sinne verstanden wird). Sie deckt sich auch mit der theoretischen Position des Positivismus. Gemäß der traditionellen positivistischen Sichtweise ist Religion das institutionelle Konglomerat bestimmter irrationaler Glaubensvorstellungen. Von diesen wird wiederum angenommen, daß sie aus der Konfrontation von Individuen und Gesellschaften mit einer kognitiv noch nicht bewältigten Wirklichkeit entstanden sind. Es ist wohlbekannt, daß gemäß der ursprünglichen positivistischen Auffassung die These vertreten wurde, daß die Wissenschaft eines Tages möglicherweise an die Stelle der Religion – als eines primitiven Stadiums in der Evolution der menschlichen Vernunft – treten würde.

Überbleibsel dieser Auffassung sind in das Verständnis – oder Mißverständnis – des Säkularisierungsbegriffs eingegangen, das von der jüngeren Religionssoziologie vertreten wird. Mangels einer wohlbegründeten Theorie hält man die Säkularisierung für einen Vorgang der religiösen Pathologie, die einfach an der zurückgehenden Reichweite der Kirchen abzulesen ist. Da dieses institutionelle Vakuum nicht von einer Gegenkirche ausgefüllt wird, wie noch Comte angenommen hatte, kommt man schnell zu dem Schluß, daß die moderne Gesellschaft unreligiös sei. Es ist nur von geringer Bedeutung, daß dieser Prozeß von jenen Religionssoziologen negativ bewertet wird, die den Kirchen innerlich oder beruflich verpflichtet sind, denn auch ihr Deutungsmodell leitet sich aus der positivistischen These ab. Die Kirchen bleiben dann gleichsam Inseln des Religiösen (oder der Irrationalität) in einem Meer des Unglaubens (oder der Vernunft). Dem Soziologen bleibt nur noch die Aufgabe, die nationalen oder die Klassenunterschiede im Prozeß des Niedergangs der Religion, d. h. der zurückgehenden Reichweite der Kirchen, aufzuzeigen. Vor diesem Hintergrund braucht sich niemand zu wundern, wenn der historische und ethnologische Horizont der neueren Religionssoziologie insgesamt äußerst beschränkt ist.

Ein solches aus der vorherrschenden soziologischen Lehrmeinung über Religion abgeleitetes Verständnis von Säkularisierung verträgt sich mit den gängigen Theorien über die zunehmende Spezialisierung der Institutionen und institutionellen Bereiche in der modernen Gesellschaft. Religiöse, d.h. kirchliche, Institutionen haben eine hochspezialisierte Rolle im gesellschaftlichen Gefüge. Der beobachtbare Strukturwandel religiöser Institutionen wird häufig durch Veränderungen in anderen Bereichen des gesellschaftlichen Systems erklärt. Die Ursachen für die schrumpfende Reichweite der Kirchen werden im Prozeß der Verstädterung und der Industrialisierung gesucht, der, so wird argumentiert, auch andere traditionelle Institutionen allmählich ausgehöhlt hat. Nur wenn man Kirche und Religion gleichsetzt, kann man darüber hinwegsehen, daß diese Erklärung eine Antwort auf die Ausgangsfrage schuldig bleibt. Es ist wichtig anzumerken, daß die Gleichsetzung von Kirche und Religion – welche historischen oder soziologischen Gründe auch immer für sie sprechen mögen – wohl einzig und allein den Kirchen ohne Einschränkung akzeptabel erscheint. Eine institutionelle Deutung der Religion kommt dem Verständnis nahe, das die Kirchen im allgemeinen, ungeachtet aller theologischen Argumente über die sichtbare und unsichtbare Kirche, von sich selbst haben. Eine funktionalistische Auffassung der institutionalisierten Religion könnte als willkommene, wenn auch nicht beabsichtigte Unterstützung für die institutionellen Ansprüche auf das religiöse Monopol gesehen werden, die zwar für die Gegenwart offensichtlich nicht mehr der Wirklichkeit entsprechen, die aber immerhin theoretische Unterstützung für eine romantische Sichtweise der Vergangenheit leisten.

Die Gleichsetzung von Kirche und Religion hat den Vorteil, daß sie die Übertragung von Techniken der Institutionenanalyse auf die Erforschung von Religion indirekt rechtfertigt und damit alle methodologischen Überlegungen über die Besonderheit des Problems aus dem Weg räumt. Eine wichtige Folge dieser Situation ist die Konzentration der Forschung auf Pfarreien und Kirchengemeinden. Die obengenannte Gleichsetzung hatte zur Folge, daß die Verwaltungsorganisationen der Kirchen die Bereiche festlegen, die auch der wissenschaftlichen Forschung als wirklicher sozialer Tatbestand »Religion« zu gelten haben. In jedem Fall ist ein Großteil der neueren Religionssoziologie eine Soziologie der Pfarreien.

Die Annahme, daß Kirche und Religion identisch seien, ist mit Vorstellungen über die individuelle Religiosität verknüpft. Man nimmt von dieser individuellen Religiosität an, daß sie auf psychologische »Bedürfnisse« zurückzuführen sei, die maßgeblich von den spezialisierten religiösen Institutionen – kurz: der Kirche – strukturiert und »befriedigt« würden. In dieser Annahme sind eine Reihe verschiedener Axiome des psychologischen und soziologischen Funktionalismus miteinander vermengt. Obwohl sich diese Vermengung nicht auf die Religionssoziologie beschränkt, hat sie doch speziell für sie ernsthafte Folgen. Sie schafft eine Ausgangslage, die dem Verständnis der Beziehung zwischen dem einzelnen, der Religion und der Gesellschaft völlig unangemessen ist. Selbstverständlich kann individuelle Religiosität nicht ohne Bezug auf eine bestimmte historische und institutionelle Wirklichkeit mit ihren jeweils spezifischen Ritualen und Glaubensüberzeugungen verstanden werden. Man könnte annehmen, daß sich diese Wirklichkeit als solche der subjektiven Verinnerlichung sozusagen anbietet. Jedoch ist die Anerkennung des historischen Charakters der Sozialisation nicht verträglich mit der Annahme religiöser »Bedürfnisse«, und sie kann auch die Gleichsetzung von Religiosität und kirchlich orientierter Religiosität nicht rechtfertigen. Es ist ohnehin ein fragwürdiges Unterfangen, dieses verzwickte sozialpsychologische Phänomen, das bestenfalls im analytischen Modell eines hypothetischen *homo psychologicus* seinen Platz fände, mit dem Etikett »Bedürfnis« zu versehen.

Man muß betonen, daß die Annahmen, die hier besprochen werden, kein *explizites* Gebäude von Grundannahmen bilden. Sie können lediglich aus der Haltung herausgelesen werden, die einem großen Teil der neueren Religionssoziologie zugrunde liegt.

Diese Haltung manifestiert sich in der Definition von Forschungsproblemen, in den Richtlinien für die Forschungsverfahren und gelegentlich auch in den *ad hoc*-»Theorien«, mit denen die Ergebnisse interpretiert werden. Die Unterscheidung zwischen der »objektiven« und »subjektiven« Dimension von Religiosität spielt eine wichtige Rolle, und zwar sowohl für die Methodologie als auch für die *ad hoc*-»Theorien«. Die »objektive« Dimension wird zumeist als äußerlich wahrnehmbares »Verhalten« verstanden. Praktisch führt das dazu, daß die »objektive« Dimension von Religiosität anhand verschiedener Beteiligungsindizien gemessen wird. Besonders beliebt sind Gottesdienstbesuchszahlen. Der Gottesdienstbesuch ist natürlich für den, der kirchenorientierte Religiosität zu untersuchen hat, eine wichtige Form sozialen Handelns. Es ist aber irreführend, anzunehmen, daß ein eindeutiges Verhältnis besteht zwischen der »objektiven« Erfüllung einer institutionell gegebenen Norm und der kirchengebundenen Religiosität als einem sozialpsychologischen Phänomen in seiner ganzen subjektiven Bedeutung. Die Schwierigkeiten werden vergrößert, wenn man Besuchszahlen isoliert, während andere (ganz nebenbei gesagt, ebenso mehr oder weniger »meßbare«) Komponenten der kirchenorientierten Religiosität vernachlässigt werden; mit anderen Worten, wenn man die Kirchenbesuchszahlen als wichtigsten Hinweis für Kirchenreligiosität betrachtet. Es ist vollkommen unzulässig, auf Besuchszahlen der Gottesdienste Interpretationen über das Vorhandensein oder Fehlen von Religiosität *tout court* zu stützen – eine Versuchung, der nicht alle Untersuchungen in der neueren Religionssoziologie erfolgreich widerstehen konnten.

Die »subjektive« Dimension der Religiosität wird fast durchweg mit religiösen Meinungen oder Einstellungen gleichgesetzt. Vor diesem Hintergrund werden dann standardisierte Verfahrensweisen und Techniken der Meinungsforschung für die Erforschung der Religiosität eingesetzt, und zwar ohne daß große Bedenken über ihre Angemessenheit aufkämen. In machen Fällen wurden etwas entwickeltere Techniken der Einstellungsforschung verwendet; hinsichtlich der eingesetzten Forschungsverfahren erreichen jedoch nur die wenigsten Untersuchungen innerhalb der jüngeren Religionssoziologie (vor allem in Europa) das gewohnte technisch-analytische Niveau der neueren Meinungsforschung. Gegenstand der Interviewfragen oder der Items von Fragebögen sind institutionell festgelegte Dogmen und theologische Positionen. Die institutionell vorgegebenen Kirchendogmen spielen die Rolle der Meinungsfragen, und der Befragte kann seine Zustimmung oder seine Ablehnung zu diesen Fragen ankreuzen oder sich sogar seinen Ort auf einer Meinungsskala aussuchen. Für manche Forschungszwecke wird Religiosität gelegentlich sogar noch naiver durch die Einstellung »für« oder »gegen« eine bestimmte Kirche, Konfession definiert. Allzu leicht führt die Gleichsetzung von Religiosität und Kirche zu einer meist technisch begründeten Einengung dessen, was Religion ist. Diese Einengung besteht darin, daß lediglich voneinander isolierte individuelle Einstellungen zu kirchlichen Dogmen abgefragt oder »affektive Ladungen« in bezug auf eine bestimmte kirchliche Organisation quantitativ gemessen werden usw. Der Versuch, Religion zu messen, verleitet allzuleicht zur Hypostasierung vereinzelter »religiöser« Meinungen und kann sogar zur Verwechslung der religiösen Meinung mit der Einstellung zur Kirche führen.

Wir brauchen nicht weiter ins Detail zu gehen, um die neuere Religionssoziologie zu charakterisieren. Was schon gesagt wurde, muß genügen, um die Gründe für die vorherrschende Oberflächlichkeit dieser Disziplin zu veranschaulichen. Selbstverständlich wird dieser kurze Abriß den wenigen, theoretisch entwickelteren und technisch fähigeren Arbeiten in der Religionssoziologie nicht gerecht. Die Beschreibung hatte zugegebenermaßen polemische Absichten. Dennoch ist sie kaum übertrieben, wenn man das Feld in seiner Gesamtheit überblickt. Man kann mit gutem Recht sagen, daß die Religionssoziologie zum gegenwärtigen Zeitpunkt die zentralen Problemstellungen der Gesellschaftstheorie aus den Augen verloren hat. Die den meisten Untersuchungen zugrundeliegenden Annahmen bauen auf der Gleichsetzung von Religion mit ihrer vorherrschenden, vollständig institutionalisierten Form auf. Die Disziplin akzeptiert also die Selbstinterpretationen – und die Ideologie – religiöser Institutionen als gültige Definition ihres Gegenstandsbereiches. Die meisten, wenn nicht sogar alle Untersuchungen arbeiten mit einer Methodologie, die Techniken aus anderen Bereichen übernimmt und die die Beschränkung auf das bloße Auszählen beobachtbarer institutionalisierter Handlungsverrichtungen und das schlichte Auflisten voneinander isoliert definierter Meinungsitems ohne Bedenken hinnimmt. Offenkundig beschäftigt sich die neuere Religionssoziologie ausschließlich mit kirchenorientierter Religiosität. Man mag sich fragen, ob sie überhaupt über die theoretischen und methodologischen Mittel verfügt, wenigstens dieses Phänomen auf eine angemessene Weise zu analysieren und zu interpretieren. Dies ist jedoch eine Frage von untergeordneter Bedeutung im Vergleich dazu, daß die Disziplin die zentrale Frage der Religionssoziologie vollkommen außer acht läßt – die Frage nämlich, die zugleich für die gesamte soziologische Gesellschaftstheorie von Bedeutung ist: Unter welchen Bedingungen werden »transzendente«, übergeordnete und »integrierende« Sinnstrukturen gesellschaftlich objektiviert? Zweifellos verdienen es die Kirchen, als spezialisierte religiöse Institutionen, von den Soziologen sorgfältig untersucht zu werden. Sicherlich gibt es wenig Gründe dafür, sich gegen eine angewandte Auftragsforschung zu wenden, nur weil sie aus theoretischer Sicht trivial ist. Es ist jedoch bedauerlich, daß es der neueren Religionssoziologie nicht gelungen ist, die Tradition der klassischen Religionssoziologie fortzusetzen, und daß sie den Charakter einer eher eng konzipierten Soziographie der Kirchen angenommen hat. Nimmt die Religionssoziologie unkritisch erst einmal wie selbstverständlich an, daß Kirche und Religion dasselbe seien, so beraubt sie sich selbst ihres wichtigsten Problems. Sie hat die Frage im voraus entschieden, ob in der modernen Gesellschaft andere sozial objektivierte Sinnstrukturen als die der traditionellen institutionalisierten religiösen Dogmen die Funktion der Integration alltäglicher Routinen und der Legitimation ihrer Krisen erfüllen. Sie versäumt es deshalb, sich mit den wichtigsten, wesentlich religiösen Aspekten der Verortung des einzelnen in der Gesellschaftsordnung auseinanderzusetzen.

11. Kirchlichkeit am Rande der modernen Gesellschaft

So kritisch man auch über den Stand der neueren Religionssoziologie urteilen mag, die Kritik wurde nicht bloß um ihrer selbst willen geübt. Es sollte vielmehr gezeigt werden, daß die Unfähigkeit der neueren Religionssoziologie, die Bedeutung der Religion in der modernen Industriegesellschaft zu klären, zum Teil in ihrer theoretischen Verarmung und zum Teil in ihren methodologischen Unzulänglichkeiten begründet liegt. Es wäre jedoch falsch, diese Kritik zum Anlaß zu nehmen, die neuere Religionssoziologie für unfähig, unbedeutend und nebensächlich zu erklären. Es stimmt zwar, daß Kirchlichkeit nur ein – und vielleicht nicht einmal das wichtigste – Merkmal ist, das die Situation kennzeichnet, in der sich die Religion in der modernen Gesellschaft befindet. In Ermangelung brauchbarer Untersuchungen über diese Situation *in toto* wäre es jedoch unklug, die Unmengen von Daten außer acht zu lassen, die in neueren religionssoziologischen Forschungsarbeiten über die kirchengebundene Religiosität in der gegenwärtigen Industriegesellschaft erhoben wurden. Im Bemühen um eine Theorie der Religion in der modernen Gesellschaft kann man sich den Luxus nicht leisten, so emsig gesammeltes Material beiseite zu schieben – auch wenn es, wie bereits angedeutet, nur eine Seite der Medaille zeigt. Deshalb wollen wir mit einer zusammenfassenden Übersicht und Interpretation dieses Materials beginnen.

Während der letzten Jahrzehnte, insbesondere aber in den letzten zehn Jahren haben sich viele Untersuchungen über Kirchen, Sekten und Konfessionen angesammelt. Die meisten dieser Untersuchungen stammen aus den Vereinigten Staaten, Deutschland, Frankreich, Belgien, England und den Niederlanden und einige wenige aus Ländern wie etwa Italien und Österreich. Die europäischen Untersuchungen konzentrierten sich mit wenigen Ausnahmen auf den Katholizismus und die etablierten oder quasi-etablierten protestantischen Kirchen. In den Vereinigten Staaten wurde den Sekten die größte Aufmerksamkeit geschenkt, was jedoch nicht zur Folge hatte, daß der Judaismus, der Katholizismus und die wichtigsten protestantischen Konfessionen völlig vernachlässigt worden sind.[3]

Trotz dieser großen Anzahl von Untersuchungen stößt man bei dem Versuch, verallgemeinerbare Aussagen über die Kirchlichkeit in der modernen Industriegesellschaft zu machen, auf einige Schwierigkeiten. Man könnte, etwas übertrieben formuliert, sagen, daß der Reichtum an Daten – bei fehlendem theoretischem Hintergrund – eher hinderlich als vorteilhaft ist. Da sich die meisten Untersuchungen auf soziographische Einzelheiten beschränken, lassen sich lokale, regionale, nationale und dogmatische Eigenheiten der Kirchen leichter ausmachen als allgemeine soziale Merkmale der Kirchlichkeit. Eine weitere Schwierigkeit entsteht dadurch, daß einige Autoren Vorlieben für bestimmte Theologien haben oder gar kirchlichen, manchmal religiösen Ideologien verhaftet sind. Es ist deshalb bisweilen vonnöten, die Daten aus einer gewissen Befangenheit der Deutungen herauszulösen. Der Umstand, daß wir hier nicht alle Ergebnisse im Detail wiedergeben können, vermehrt die Schwierigkeiten zusätzlich. Wenn uns daran liegt, ein umfassendes Bild von der Kirchlichkeit in der modernen Gesellschaft zu gewinnen, um einen ersten Schritt in Richtung auf ein Verständnis der Religion in der heutigen Welt zu unternehmen, dann müssen wir uns der Gefahr einer Übersimplifizierung aussetzen. Um diese Gefahr möglichst gering zu halten, sollen nur solche Verallgemeinerungen angeführt werden, die sich mehr auf miteinander verträgliche Ergebnisse stützen als auf isolierte Einzelargumente. Es muß jedoch eingeräumt werden, daß die Verallgemeinerungen keinesfalls als absolut gesichert angesehen werden können. Immerhin aber werden nur die Folgerungen gemacht, die sich auf der Grundlage aller verfügbaren Belege am ehesten stützen lassen.[4]

In Europa ist es ein Gemeinplatz, daß die ländliche Bevölkerung »religiöser« ist als die städtische. Das wird im allgemeinen von den Ergebnissen religionssoziologischer Untersuchungen bestätigt. Von der Anzahl der Kirchenbesuche bis hin zu der Anzahl kirchlicher Begräbnisse weisen die unterschiedlichsten Statistiken, die hier für die Kirchlichkeit stehen können, durchweg für ländliche Gebiete höhere Durchschnittswerte auf als für städtische. Auf der Grundlage solcher Statistiken kann nur ein kleiner Teil der Stadtbevölkerung als religiös bezeichnet werden. Es ist aber wichtig anzumerken, daß sich auch in ländlichen Regionen eine langfristige

Tendenz zur Abnahme der Kirchlichkeit abzeichnet. Demnach ist das Stadt-Land-Gefälle in bezug auf die Kirchlichkeit zwar nicht vollkommen ausgeglichen, aber doch weniger kraß als noch vor einigen Jahrzehnten. Man braucht kaum hinzuzufügen, daß es sich hierbei nur um einen Teil eines umfassenderen Vorgangs handelt. Diese Veränderungen der Kirchlichkeit stehen in Verbindung mit der zunehmenden ökonomischen Verflechtung von Stadt und Land, der vermehrten Technisierung der Landwirtschaft, der Verbreitung städtischer Kultur auf dem Land durch die Massenmedien usw. Sie verlaufen jedoch, so muß bemerkt werden, keineswegs gleichmäßig. Denn neben den wirtschaftlichen und politischen Bedingungen auf lokaler und regionaler Ebene können spezifisch »religiöse« historische Traditionen einer Region oder Gemeinde die Entwicklung beschleunigen oder bremsen.

Einem weiteren Gemeinplatz des Allgemeinwissens zufolge sind Frauen »religiöser« als Männer und junge und alte Menschen »religiöser« als andere Altersgruppen. Gewisse Forschungsergebnisse deuten an, daß solche Auffassungen wenigstens zum Teil revidiert werden müssen. In der Tat fallen die Ergebnisse der Frauen bei den verschiedenen Merkmalen für die Kirchlichkeit höher aus als die der Männer, und für die Generation im mittleren Alter ist tatsächlich charakteristisch, daß sie hinsichtlich der Beteiligung am Gemeindegeschehen und am Kirchenbesuch geringere Raten aufweist als Junge oder Alte. Es ist jedoch bezeichnend, daß im Hinblick auf die Kirchlichkeit die Kategorie der Frauen, die im Arbeitsprozeß stehen, den Männern sehr viel ähnlicher ist als das z. B. bei Hausfrauen der Fall ist. Entsprechend kann auch die Behauptung, daß Frauen, Kinder und alte Menschen eine natürliche Anlage zur Kirchlichkeit haben, kaum aufrechterhalten werden. Die Ergebnisse bieten weniger Hinweise auf die Psychologie von Alter und Geschlecht, als daß sie einen wesentlichen Gesichtspunkt in der gesellschaftlichen Verteilung der Kirchlichkeit herausstellen. Allgemein gesagt korreliert der Grad der Beteiligung am Arbeitsprozeß der modernen Industriegesellschaft negativ mit dem Grad der Involviertheit in die kirchliche Religion. Es gilt im allgemeinen, daß die Kategorie der im Arbeitsprozß stehenden Personen, ob Männer oder Frauen, einen geringeren Anteil an Kirchlichkeit aufweist als der Rest der Bevölkerung. Natürlich ist die jeweilige Einbindung in solche Prozesse wiederum von Alters- und Geschlechtsrollen abhängig.

Die Beteiligung der arbeitenden Bevölkerung an der kirchlichen Religion ist zwar niedriger als die der restlichen Bevölkerung, sie ist aber auch noch in sich selbst auf beachtenswerte Weise differenziert. Unter den verschiedenen Berufsgruppen können, bezüglich ihrer Beteiligung, wichtige Unterschiede festgestellt werden. Die Ziffern fallen bei landwirtschaftlichen und einigen freien Berufen sowie bei Angestellten im allgemeinen etwas höher aus. Diese Unterschiede decken sich zumTeil mit der Differenzierung der Kirchlichkeit nach Gesellschaftsklassen. Die Bauern, die Mittelschicht und innerhalb dieser vor allem diejenigen Gruppen, die im Grunde Überbleibsel des traditionellen Bürgertums und des Kleinbürgertums sind, zeichnen sich durch eine Beteiligung an der kirchlichen Religion aus, die unverhältnismäßig höher ist als die der Arbeiterklassen.

Einige neuere religionssoziologische Arbeiten beschäftigten sich nicht nur mit Kirchgang und spezifisch »religiösen« Meinungen, sondern auch mit der Beteiligung an nichtrituellen kirchlichen Aktivitäten, die von Jugendclubs bis zu Wohltätigkeitsveranstaltungen reichen. Aus diesen Arbeiten geht hervor, daß sich in Europa nur ein kleiner Teil der Kirchenmitglieder an Aktivitäten beteiligt, die außerhalb der rituellen Aufgaben der Kirchen liegen. Zwar handelt es sich bei denen, die an solchen Aktivitäten teilnehmen – und die wir allesamt zum Ritualkern einer Kirchengemeinde zählen können – nur um einen kleinen Teil der nominellen Mitglieder der Pfarrei, sie sind jedoch zahlreicher als jene, die anderweitig in Kirchenangelegenheiten aktiv sind. Die Größe dieser Gruppe, d.h. der »harte Kern« der aktiven Mitglieder, schwankt von Gegend zu Gegend und von einer Konfession zur anderen. Man kann wohl sagen, daß die ökologische Struktur der Gemeinde und die Verteilung der sozialen Klassen sowie Berufsgruppen innerhalb der Pfarrei die wichtigsten Faktoren sind, die für diese Unterschiede verantwortlich gemacht werden können. Diese Faktoren spielen jedoch weniger eine Rolle in der Selektion des Gemeindekerns aus den Gemeindemitgliedern als in der Rekrutierung der Gemeindemitglieder aus dem Reservoir der nur nominellen Mitglieder.

Auch wenn einige Aspekte der Beziehung zwischen Gesellschaft und Kirchlichkeit zum Allgemeinwissen zählen, so beschreiben doch die Ergebnisse der neueren Religionssoziologie diese Beziehung für die Industrieländer Westeuropas zweifellos weitaus exakter. Sie stellen eine klare Verbindung zwischen Kirchlichkeit und demographischen sowie anderen, soziologisch relevanten, Variablen her. Die wichtigsten davon sind oben beschrieben worden. Wir müssen jedoch darauf aufmerksam machen, daß die Angaben von Land zu Land und von Konfession zu Konfession schwanken. Bekanntlich sind die Prozentzahlen für Kirchlichkeit im Katholizismus höher als im Protestantismus. Ein Teil dieser Unterschiede kann auf den unterschiedlichen Stand der Industrialisierung in katholischen und protestantischen Gebieten, auf das Vorhandensein oder Fehlen einer Tradition eines militanten Sozialismus, auf unterschiedliche Formen der Beziehung zwischen Kirche und Staat und auf andere Faktoren zurückgeführt werden. Gleichzeitig gibt es aber auch beträchtliche nationale und regionale Unterschiede, die nicht direkt demographischen, ökonomischen oder politischen Faktoren zugeschrieben werden können. Im Falle des Anglikanismus etwa ist das Maß der Beteiligung an der kirchlichen Religion außergewöhnlich gering. Es gibt aber auch – um ein anderes Beispiel anzuführen – bedeutende Unterschiede der Beteiligungszahlen in verschiedenen französischen Diözesen, die teilweise durch soziologisch eher unzugängliche historische Traditionen erklärt werden können. Dazu muß hier auf einen weiteren, in der bisherigen Zusammenfassung bislang vernachlässigten Faktor aufmerksam gemacht werden, der durchaus in einen Zusammenhang mit der Verteilung von Kirchlichkeit gebracht werden kann: der Anteil einer Konfession an der Gesamtbevölkerung. Von einigen Ausnahmen abgesehen, zeichnen sich die sogenannten Diaspora-Gemeinden durch verhältnismäßig hohe Besuchs- und Beteiligungsziffern aus.

Mit diesen Anmerkungen sollte aber nicht der überragende Einfluß ökonomischer, politischer und Schichtungsfaktoren für die Bestimmung der Verteilung kirchlicher Religion im heutigen Westeuropa abgeschwächt werden. Bevor wir weitergehen und Schlüsse über die Religion in der modernen Gesellschaft ziehen, muß zuerst noch das europäische Datenmaterial mit den Ergebnissen der Religionsforschung in den Vereinigten Staaten verglichen werden.

Ein solcher Vergleich ist aus verschiedenen Gründen schwierig. Zum einen ist die große Vielfalt institutioneller Erscheinungsformen von Religion in Amerika bis jetzt noch nicht gründlich und systematisch untersucht worden, obgleich man wenigstens ihren wichtigsten und typischsten Ausprägungen sowie einigen Sekten, aus welchen Gründen sie die Soziologen auch immer faszinierten, Aufmerksamkeit gewidmet hat. Zum zweiten waren einige der durchgeführten Untersuchungen von einer ausgeprägten positivistischen Voreingenommenheit. Drittens und noch wichtiger ist die einzigartige Sozial- und Kirchengeschichte der Vereinigten Staaten. Insbesondere aus diesem Grunde ist Vorsicht angebracht, wenn man die Kirchlichkeit in Amerika zusammenfassend charakterisieren oder gar einen Vergleich mit den Ergebnissen aus Europa anstellen will. Für eine beträchtliche Reihe von Entwicklungsprozessen und Bedingungsfaktoren der europäischen Sozialgeschichte lassen sich dort keine Parallelen finden. Dazu könnte man zählen: das Fehlen eines Feudalismus in der Vergangenheit und das Fehlen eines eigentlichen Bauernstandes, das eigenartige Erfahrungssyndrom, das unter dem Namen »Frontier experience« bekannt ist (und mit der Besiedelung des Westens zu tun hat), die aufeinanderfolgenden, ethnisch und konfessionell unterschiedlichen Einwanderungswellen und -schichten, der rasende und schubartige Prozeß der Verstädterung und Industrialisierung, das Problem der Schwarzen und die frühe Etablierung einer vorherrschend mittelständischen Weltanschauung und Lebensart. Die Religionsgeschichte des Landes weist ähnliche Besonderheiten auf: die puritanische Periode, die frühe Trennung von Kirche und Staat, gefolgt von einer beständigen und besonders innigen Beziehung zwischen Politik und Religion, das Zeitalter der Erweckungsbewegungen, die erstaunliche Entwicklung der Sekten und die Verwandlung von Sekten in Denominationen.

Wenn man die Forschungsergebnisse zur kirchlichen Religion vor diesem historischen Hintergrund betrachtet, so überrascht es, daß sie so viel Ähnlichkeit mit dem europäischen Datenmaterial aufweisen. Sicher, diese Ähnlichkeit ist nicht auf den ersten Blick ersichtlich. Nimmt man den europäischen Begriff der nominellen Mitgliedschaft zum Ausgangspunkt, so ergibt der Vergleich, daß weniger Menschen kirchlich zu sein scheinen als in Europa. Im Gegensatz dazu sind – ganz gleich, welche Kriterien man auch heranzieht – die Zahlen für Beteiligung und Verbundenheit für die Vereinigten Staaten weit höher. Dieser Unterschied ist beim Protestantismus besonders auffallend, da die Beteiligungsraten der Katholiken auch in Europa relativ hoch sind.

Wenn auch diese Partizipation Unterschiede aufweist, so zeigt sich doch bei genauerem Hinsehen, daß die jeweilige soziale Einbettung von Kirchlichkeit letztlich durch die gleichen Faktoren bestimmt wird. Die Beteiligungsziffern sind wiederum beim Katholizismus höher als beim Protestantismus, insbesondere wenn man dabei eher die großen protestantischen Denominationen als die kleineren Sekten betrachtet. Und wiederum findet man Unterschiede zwischen Stadt und Land. In den Vereinigten Staaten ist der Gegensatz zwischen Stadt und Land komplizierter geartet als in Europa, er fällt auch – vor allem wegen des gehäuften Vorkommens von Katholiken in vielen großstädtischen Bereichen – nicht so kraß aus. Das trifft auch für die Unterschiede der Religiositäten zwischen Männern und Frauen zu, sehen wir von den besonderen Verhältnissen der jüdischen Gemeinden ab. Auch diese Unterschiede sind weniger scharf ausgeprägt als in Europa. Die Generationsunterschiede in der Kirchlichkeit folgen dem europäischen Muster nur zum Teil. Hier führt eine Reihe von Faktoren, z. B. der Druck der Sonntagsschulkinder auf die Eltern, insbesondere in Vorstädten, zu einem verwickelterem Grundmuster.

Die Ergebnisse zur Kirchenbeteiligung verschiedener Berufsgruppen lassen kein einheitliches Bild entstehen. In jedem Falle ist das Material zu spärlich, als daß es Verallgemeinerungen erlauben würde. Man darf annehmen, daß in diesem Punkt Abweichungen vom europäischen Muster vorliegen. Bezogen auf die Religion sind zumindest die Klassenunterschiede weniger ausgeprägt als in Europa. Dies könnte teilweise darauf zurückgeführt werden, daß Klassenunterschiede überhaupt, trotz einiger struktureller Ähnlichkeiten in der sozialen Schichtung der westeuropäischen Länder und der Vereinigten Staaten, im allgemeinen weniger ausgeprägt und auf jeden Fall weniger deutlich erkennbar sind. Obwohl die wichtigsten Kirchen und Denominationen zumindest mittelständisch sind, existiert dennoch keine sehr große Kluft zwischen einem kirchlichen Mittelstand und einer nichtkirchlichen Arbeiterklasse. Das ist sicherlich nicht besonders überraschend, zumal sich die Arbeiter beinahe unbemerkt in ihrer Weltanschauung, Lebensart und in ihrem religiösen Muster in einem viel größeren Ausmaß an die Mittelklasse angeglichen haben als in Europa (obgleich es auch hier einige Hinweise auf ein »Embourgeoisement« der europäischen Arbeiterklasse gibt). Die bestehenden Unterschiede in der Rekrutierung der Kirchenmitglieder und in der Kirchenbeteiligung werden überlagert von der spezifisch amerikanischen Differenzierung nach dem Prestige einzelner Denominationen. Diese Unterschiede finden in der Mitgliederzusammensetzung der jeweiligen Denominationen ihren Ausdruck. Bezeichnenderweise werden die Statusunterschiede in der Mitgliedschaft der Denominationen vom Volksmund stark übertrieben. In diesem Zusammenhang verdient auch die in den protestantischen Kirchen und Gemeinden bestehende Kluft zwischen Schwarzen und Weißen Erwähnung. Für eine soziale Schicht, nämlich für das ländliche und städtische Proletariat, haben diese Beobachtungen jedoch keine Gültigkeit, wobei der Begriff »Proletariat« hier nicht im marxistischen Sinn verstanden werden soll. Diese Schicht setzt sich größtenteils aus Schwarzen, Puertoricanern und Mexikanern zusammen. Sie ist gesellschaftlich beinahe unsichtbar und kaum in die Kirche integriert. Sogar der Katholizismus, der offenbar auf die Arbeiterklasse im allgemeinen einen stärkeren Einfluß hat als der Protestantismus, scheint seine Anziehungskraft für diese Schicht verloren zu haben oder gerade zu verlieren. Aber diese Schicht ist nicht Teil der mittelständisch orientierten Arbeiterschaft, und ihre nichtkirchlichen Teile fühlen sich stark zu Sekten hingezogen, die – sowohl theologisch als auch in ihrer gesellschaftlichen Orientierung – am Rande des Protestantismus angesiedelt sind.

In der amerikanischen Religionsgeschichte haben Immigrantenkirchen bzw. -gemeinden eine bedeutende Rolle gespielt. Heutzutage ist besonders der Einfluß von Immigrantenkirchen europäischer Provenienz im Schwinden begriffen oder ganz aufgehoben. Nur Kirchen der ethnischen Minderheiten haben auf der religiösen Szenerie Bestand. Ihre Funktion hängt natürlich von der Stellung ab, die die jeweiligen Minderheiten in der amerikanischen Gesellschaft innehaben.

Eine der wichtigsten Entwicklungen in der amerikanischen Kirchenreligion ist die ideologische Nivellierung zwischen den Denominationen. Man kann guten Gewissens behaupten, daß die dogmatischen Unterschiede innerhalb des Protestantismus für die Mitglieder der wichtigsten Konfessionen eigentlich bedeutungslos geworden sind. Sogar für die Inhaber geistlicher Ämter scheinen die traditionellen theologischen Unterschiede mehr und mehr an Bedeutung zu verlieren. Bemerkenswerter ist aber die kontinuierliche ideologische Nivellierung zwischen Katholizismus, Protestantismus und Judentum. Dieser Vorgang sollte jedoch trotz der Tendenz zur inneren Säkularisierung nicht als das Ergebnis eines ernsthaften theologischen »rapprochements« verstanden werden. Vielmehr bestehen zwischen dem Katholizismus und anderen religiösen Körperschaften auf verschiedenen Gebieten – vor allem in öffentlichen Angelegenheiten – weiterhin ziemlich große Reibungsflächen. Zweifellos unterlagen aber Katholizismus, Protestantismus und Judentum gleichgearteten strukturellen Veränderungen: in Richtung auf eine Bürokratisierung nach dem Vorbild rational organisierter Betriebe und einer Anpassung an die »weltliche« Lebensart.

Aufgrund des historischen Zusammenhangs, der zwischen diesem Lebensstil und der protestantischen Ethik besteht, ist der Protestantismus, wie er durch seine wichtigsten Denominationen verkörpert wird, in dieser Anpassung vielleicht weiter gediehen als die anderen religiösen Körperschaften. Der Unterschied scheint eher an der Oberfläche zu liegen.[5] Trotz der Tendenz zur Nivellierung ideologischer Unterschiede und der zunehmenden Bedeutungslosigkeit von Dogmen für die Mitgliedschaft spielen die *sozialen* Unterschiede in den Traditionen des Protestantismus, des Katholizismus und des Judentums weiterhin eine große Rolle. Einigen Forschungsergebnissen zufolge können sie durch Endogamie für alle Ewigkeit bestehen bleiben. Der Lebensstil und die soziale Basis einiger wichtiger Bereiche der subjektiven Identifikation bleiben deshalb weiterhin an Subkulturen gebunden, die nach wie vor religiös geprägt sind.[6]

Die hier angestellten Betrachtungen können folgendermaßen zusammengefaßt werden. Es gibt einige Aspekte der amerikanischen Kirchenreligion, die entweder einzigartig oder im Vergleich zu den europäischen Verhältnissen zumindest deutlich andersartig sind. Mit einer Ausnahme – der relativ starken Beteiligung der Amerikaner an der Kirchenreligion – scheint es aber insgesamt mehr Ähnlichkeiten als Unterschiede zu geben. Die Beziehungen zwischen verschiedenen Indikatoren für die Beteiligung an der Kirchenreligion einerseits und demographischen, ökologischen Variablen sowie sozialen Rollen und Statuskonfigurationen andererseits weisen in den europäischen und den amerikanischen Forschungsergebnissen ein ähnliches Muster auf. Dieses Muster spiegelt die soziale Verortung der Kirchenreligion in den westlichen

Industrieländern wider. Wenn wir diese Länder als beispielhaft ansehen dürften, würde das Muster den Schluß nahelegen, daß die kirchliche Religion eine Randerscheinung in der modernen Gesellschaft geworden ist.

Dieser Schluß ist jedoch aufgrund der eben erwähnten Abweichung vom Muster nicht unproblematisch. Das am meisten »modernisierte« Land, die Vereinigten Staaten, weist den höchsten Grad der Beteiligung an der Kirchenreligion auf. Um die Schwierigkeiten noch zu vermehren: Die hohen amerikanischen Zahlen zur öffentlichen Beteiligung stellen mit sehr großer Wahrscheinlichkeit eine recht junge, aufwärts tendierende Entwicklung und nicht ein Absinken von einem noch höheren Niveau dar. Angesichts dieser Tatsache sollte es klar sein, daß eine einfache und eindimensionale Theorie der »Säkularisierung« in der modernen Gesellschaft nicht aufrechterhalten werden kann.

Das Problem ist nur zu offensichtlich. Um es zu lösen, braucht man nur einen Blick auf die Wesensunterschiede der Kirchenreligion in Europa und Amerika zu werfen. In Europa machte die Kirchenreligion keine radikalen inneren Veränderungen durch und charakterisiert nur noch einen Bruchteil der Bevölkerung. Da sie stets das traditionelle Universum religiöser Ideen repräsentierte und vermittelte, schrumpfte ihre soziale Grundlage bezeichnenderweise auf jenen Teil der Bevölkerung zusammen, der selbst sozusagen am Rande der modernen Gesellschaft steht: die Bauern, die Überbleibsel des traditionellen Bürgertums und des Kleinbürgertums innerhalb der Mittelschicht, die nicht – oder nicht mehr oder noch nicht – in die typischen Arbeitsprozesse der industriellen und städtischen Gesellschaft Eingegliederten (oder die aus dem Arbeitsprozeß schon Ausgeschalteten usf.).[7]

In den Vereinigten Staaten ist die Kirchenreligion dagegen in der Mittelklasse stark verbreitet. Die Mittelklassen sind *in toto* alles andere als am Rand der modernen industriellen Gesellschaft angesiedelt. Die Verteilung der Kirchenreligion in Amerika kann aber nicht als Indiz für die Umkehrung des Trends zur »Säkularisierung« angesehen werden, d. h. für das Wiederaufleben der traditionellen Kirchenreligion. Sie ist vielmehr das Ergebnis einer radikalen inneren Wandlung der amerikanischen Kirchenreligion. Diese Wandlung erklärt sich aus der Übernahme einer *weltlichen* Version der protestantischen Ethik seitens der Kirchen, die natürlich nicht die Folge einer konzertierten Aktion der Kirchen ist, sondern das Ergebnis einer einzigartigen Konstellation von Faktoren in der amerikanischen Sozial- und Religionsgeschichte.[8] Während ursprünglich religiöse Ideen eine wichtige Rolle in der Ausgestaltung des »amerikanischen Traums« spielten, dringen heute weltliche Ideen jenes Traums in die Kirchenreligion ein. In Anbetracht des Bildes, das die Kirchen traditionellerweise von sich selbst hatten, würde man die kulturellen, sozialen und psychologischen Funktionen der Kirchen für die gesamte amerikanische Gesellschaft wie auch für ihre sozialen Gruppen, Klassen und Individuen eher »weltlich« als »religiös« nennen.[9] Berücksichtigt man die europäischen und amerikanischen Forschungsergebnisse zur sozialen Verortung der Kirchenreligion sowie die Wesensunterschiede der Kirchenreligion zwischen den europäischen Gesellschaften und der amerikanischen, so liegt der Schluß nahe, daß die traditionelle Kirchenreligion in Europa an den Rand des »modernen« Lebens gedrängt wurde, während sie in Amerika immer »modernere« Züge annimmt – da sie einen Vorgang der inneren Säkularisierung durchmachte. Diese Feststellung macht weitere Erläuterungen erforderlich.

Die für die symbolische Wirklichkeit der traditionellen Kirchenreligion konstitutive Sinnstruktur scheint in keiner Beziehung zur Kultur der modernen Industriegesellschaft zu stehen. Es ist zumindest sicher, daß die Internalisierung der symbolischen Wirklichkeit traditioneller Religion durch die Sozialstruktur der modernen Gesellschaft im Normalfall weder erzwungen noch gefördert wird. Dieser Sachverhalt allein genügt schon, um zu erklären, warum sich die traditionelle Kirchenreligion an den Rand der modernen Gesellschaft bewegt hat. Die Ergebnisse widersprechen der Auffassung, daß die offene Herausforderung durch antikirchliche Ideologien dabei eine große Rolle spielt. Wenn die Kirchen ihren institutionellen Anspruch auf die Repräsentation und Vermittlung des traditionellen religiösen Sinnuniversums aufrechterhalten, so überleben sie vor allem in Verbindung mit den sozialen Gruppen und Schichten, die weiterhin an den Werten vergangener sozialer Ordnungen orientiert sind. Wenn sich die Kirchen andererseits an die herrschende Kultur moderner Industriegesellschaften anpassen, übernehmen sie notwendigerweise die Funktion, diese zu legitimieren. In der Erfüllung dieser Aufgabe verliert jedoch das herkömmlich von der Kirche repräsentierte Sinnuniversum zunehmend an Bedeutung. Kurz: der sogenannte Prozeß der Säkularisierung hat entweder den sozialen Ort der Kirchenreligion oder ihr inneres Sinnuniversum entscheidend verändert. Diese Alternativen scheinen sich, so wie wir sie formuliert haben, gegenseitig auszuschließen. Das ist aber nur bei hypothetischen Grenzformen der Fall. In der Realität können weniger radikale Veränderungen des sozialen Orts und des Sinnuniversums der Kirchenreligion gleichzeitig vorkommen.

Die Randständigkeit der herkömmlichen kirchengebundenen Religion in modernen Gesellschaften wirft zwei unterschiedliche, wenn auch miteinander verbundene Fragen auf, die von der Soziologie beantwortet werden müssen. Da sich beide Fragen auf das Problem der Säkularisierung – den Begriff in seiner gängigen Bedeutung verstanden – beziehen, mag es nützlich sein, sie getrennt zu formulieren. Zuerst ist es notwendig, die Ursachen zu bestimmen, die die traditionelle kirchengebundene Religion an den Rand der modernen Gesellschaft gedrängt haben und diesen Vorgang mit den Mitteln der allgemeinen soziologischen Theorie zu erklären. Zum zweiten muß man fragen, ob vielleicht etwas anderes, das man im Rahmen der soziologischen Analyse als Religion bezeichnen könnte, an die Stelle der traditionellen kirchengebundenen Religion in der modernen Gesellschaft getreten ist.

Es ist unbestreitbar, daß sich die Religionssoziologie bis auf den heutigen Tag nur mit der ersten Frage beschäftigt hat. Es wurde bereits erwähnt, daß sich die Religionssoziologie ernsthaften theoretischen Schwierigkeiten ausgesetzt sieht, wenn sie die Säkularisierung zu erklären versucht. Ausgehend von der Prämisse, daß Religion und Kirche im Grunde dasselbe seien, kam diese Disziplin aufgrund ihrer Ergebnisse zu dem Schluß, daß Religion – im allgemeinen Verständnis des Wortes – in der modernen Gesellschaft zu einem Randphänomen wird, es sei denn, sie hört überhaupt auf, »Religion« im herkömmlichen Sinne des Wortes zu sein. Die Logik dieser Argumentation machte es erforderlich, nach umfassenden Ursachen für diese Veränderung zu suchen. Da wir die Prämisse nicht teilen, geraten wir nicht in eine solch mißliche Lage. Wir brauchen nicht nach globalen Ursachen zu suchen, um das Schicksal zu beschreiben, das das Sinnuniversum einer besonderen, historischen und sozialen Institution erlitt. Wenngleich das Problem theoretisch eingegrenzter ist als gemeinhin angenommen wird, so ist es doch noch weit wichtiger als z. B. die Entwicklung von der Groß- zur Kernfamilie – zumindest wenn man diese Entwicklung isoliert betrachtet. Zudem steht das Problem im Zusammenhang mit der zweiten, wichtigeren Frage, die wir stellten. Dies soll nun im folgenden näher betrachtet werden.

Wenn nach den Ursachen für die Säkularisierung gesucht wird, genügt es nicht, die Industrialisierung und Verstädterung anzuführen, als ob diese Vorgänge automatisch und notwendig die Werte der traditionellen kirchengebundenen Religion unterhöhlten. Andererseits ist es ebensowenig angemessen, das Schwinden der kirchengebundenen Religion als einen Rückzug vor den historischen Bugwellen feindlicher Ideologien und Wertsystemen, wie etwa den verschiedenen Arten des »Glaubens« an die Wissenschaft zu deuten. Von einer diesem »Glauben« innewohnenden – wenn vielleicht auch nur pragmatischen – Überlegenheit auszugehen, wäre aus soziologischer Sicht ausgesprochen naiv. Man steht eher im Einklang mit der allgemeinen soziologischen Theorie, wenn man die Industrialisierung und Verstädterung als spezifische soziohistorische Entwicklungen ansieht, die zu umfassenden Veränderungen in der gesamten Sozialstruktur geführt haben. Hat man diese Veränderungen einmal besser verstanden, wird es möglich sein, die dadurch herbeigeführten Veränderungen der Muster individueller Lebensführung – und die abnehmende Rolle der traditionellen Kirchenreligion, die diesen Mustern Sinn verleiht – genauer zu bestimmen. Oft wurde übersehen, daß die Beziehung zwischen Industrialisierung und Säkularisierung nur mittelbar ist. Die entsprechenden Erklärungsschemata sind deshalb strukturell viel zu eng gefaßt: Entweder leiten sie die Veränderung einer Institution aus Veränderungen anderer, angeblich »grundlegenderer« Institutionen ab, oder sie bleiben auf die Ideengeschichte beschränkt und deuten den Vorgang als Ersetzung eines Wertsystems durch ein anderes, angeblich »wirksameres«.

Wenn wir davon ausgehen, daß zwischen Industrialisierung und Säkularisierung nur eine mittelbare Beziehung besteht, können wir den Vorgang aus einer anderen Perspektive betrachten. Die Werte, die von der kirchengebundenen Religion ursprünglich institutionalisiert wurden, waren keine Normen eines besonderen Handlungssystems. Anders ausgedrückt: die ursprünglich der Kirchenreligion zugrundeliegenden Werte waren keine institutionellen Normen, sondern solche, die dem gesamten Leben eines

Individuums Bedeutung verleihen sollten. Als solche waren sie den Normen aller Institutionen übergeordnet, die das Verhalten der Individuen in den verschiedenen Bereichen des Alltagslebens bestimmten, und sie erstreckten sich über ihre ganzen Lebensläufe. Die Industrialisierung und die Verstädterung waren Vorgänge, die die Tendenz zur institutionellen Spezialisierung verstärkten. Die institutionelle Spezialisierung wiederum »befreite« die Normen der unterschiedlichen institutionellen Bereiche vom Einfluß der ihnen ursprünglich übergeordneten »religiösen« Werte. Wie wir später zu zeigen versuchen, nahm die Bedeutung dieser Werte für den einzelnen in dem Maße ab, wie sie für seine wirtschaftlichen, politischen und anderen Handlungen an Wichtigkeit einbüßten. Mit anderen Worten: Die Wirklichkeit des religiösen Kosmos schrumpfte im selben Maße wie ihre sozialen Grundlagen – die spezialisierten religiösen Institutionen. Werte, die ursprünglich für die Dauer eines ganzen Lebens Gültigkeit hatten, fanden nun nur noch auf einzelne Lebensabschnitte Anwendung. Insgesamt kann das Schrumpfen der traditionellen kirchengebundenen Religion als eine Folge der abnehmenden Bedeutung derjenigen in der Kirchenreligion institutionalisierten Werte angesehen werden, die für die Integration und Legitimation des Alltagslebens in der modernen Gesellschaft wichtig sind.

Falls die hier vorgeschlagene Antwort auf die erste, zum Problem der Säkularisierung gestellte Frage stimmt, hat die Religionssoziologie die Aufgabe, das begrenzte und veränderte Fortbestehen der Kirchenreligion in der modernen Gesellschaft zu erklären. Diese Aufgabe kann – zumindest teilweise – als gelöst angesehen werden. Die Forschungsergebnisse der neueren Religionssoziologie zeigen, daß die traditionelle kirchengebundene Religion zunehmend von sozialen Gruppen und Schichten getragen wird, die gewissermaßen Überbleibsel einer vergangenen sozialen Ordnung in der modernen Gesellschaft sind.[10]

Der Schwund der Kirchenreligion ist jedoch nur eine – und die soziologisch weniger interessante – Seite des Problems der Säkularisierung. Für die Analyse der gegenwärtigen Gesellschaft sind andere Fragen viel wichtiger. Welches sind die dominierenden Werte, die sich durch die gegenwärtige Kultur ziehen? Welche sozial-strukturelle Grundlage haben diese Werte, und welche Funktion erfüllen sie im Leben der heutigen Menschen? Der Soziologe kann sich nicht mit der nichtssagenden Auffassung zufriedengeben, daß es sich bei der Säkularisierung um einen Rückzug der Religion vor dem Ansturm des Materialismus, des modernen Heidentums und ähnlichem gehandelt habe. Er muß vielmehr fragen, was die Säkularisierung im Hinblick auf den sozial objektivierten Sinnkosmos bewirkt hat. Das Überleben traditioneller Formen der kirchengebundenen Religion, das Fehlen einer institutionalisierten Gegenkirche im Westen und die alles überragende Bedeutung des Christentums für die Entwicklung der westlichen Welt verstellen – zusammengenommen – die Sicht auf die Möglichkeit, daß eine neue Religion im Entstehen sein könnte. Wir werden versuchen, diese Möglichkeit von der Ebene einer reinen Spekulation auf die Ebene einer fruchtbaren Hypothese für die soziologische Theorie der Religion zu heben.

III. Die anthropologische Bedingung der Religion

Man versteht leicht, warum Religion gemeinhin mit einer ihrer besonderen Formen verwechselt wird, nämlich mit der Form, die wir aus der Geschichte der abendländischen Gesellschaften kennen. Denn in dieser Form ist die Religion zu einer viele Generationen prägenden, vertrauten Wirklichkeit geworden. Und noch wichtiger ist, daß die Religion hauptsächlich in dieser Form zum Gegenstand vieler theologischer und philosophischer Überlegungen wurde. Würden wir diese Gleichsetzung akzeptieren, könnten uns die Ergebnisse der jüngeren Religionssoziologie glauben machen, daß die Religion zu einer Ausnahmeerscheinung in der Gesellschaft geworden ist. Diese Auffassung deckt sich tatsächlich mit der christlichen, besonders der protestantischen Theologie. Um zwischen »Naturreligionen« und dem Christentum zu unterscheiden, ordnet man die »Naturreligionen« der Welt zu, während andererseits der Ausnahmecharakter des christlichen Glaubens betont wird. Der christliche Glaube sieht sich aus theologischen Gründen in einem Gegensatz zur Gesellschaft. Eine solche Auffassung wird am entschiedensten von der neoorthodoxen Theologie vertreten. Sehen wir einmal für einen Augenblick von dem Zusammenhang ab, in dem sie auftreten, so sehen wir zu unserer Überraschung, daß die verschiedensten dialektischen und positivistischen Philosophien der Geschichte zu einer ähnlichen Auffassung kommen. Trügen sie dem historischen und ethnologischen Material Rechnung, dann würden sie der Religion in den Gesellschaften vergangener Epochen, die sich auf einer früheren Stufe der »sozialen Evolution« befinden, eine breitere soziale Grundlage zugestehen; sie würden aber kaum an der Sonderstellung der Religion in der modernen Gesellschaft zweifeln. So unterschiedlich diese Auffassungen auch sein mögen, sie sind sich darin einig, daß die Entstehung der modernen Welt mit einem Schwund der Religion oder einem Rückschritt hin zu einer »Naturreligion« gekennzeichnet ist.
Unter dem Eindruck einer besonderen historischen Form der Religion kam eine irreführende allgemeine Definition von Reli-

gion auf. Diese Definition ist eher substantiell als funktional. Aus diesem Umstand erklären sich die überraschenden Ähnlichkeiten ansonsten so unterschiedlicher Positionen. Sicher, der substantielle Charakter der Definition führt wiederum zu sehr unterschiedlichen Bewertungen. Es spielt jedoch keine Rolle, ob die derart definierte Religion positiv oder negativ, implizit oder explizit bewertet wird. Die Definition entscheidet im voraus über das Phänomen auf eine Art und Weise, die man am besten als kurzsichtig und außerordentlich »ethnozentrisch« bezeichnet. Wie groß auch immer die theologischen und philosophischen Verdienste solcher Auffassungen sein mögen, sie beruhen doch auf einer Definition, die für die Soziologie wertlos ist.

Wenn wir einen Vergleich anstellen, bemerken wir, daß zum gegenwärtigen Zeitpunkt kaum jemand ernsthaft bezweifeln würde, daß wirtschaftliche oder politische Phänomene universale Elemente des gesellschaftlichen Lebens sind; sie finden sich – in empirisch beschreibbaren und analysierbaren Formen – selbst in solchen Gesellschaften, in denen wirtschaftliche und politische Phänomene, die denen der Marktwirtschaft oder der Staatsnation vergleichbar sind, fehlen – und sogar in solchen Gesellschaften, in denen voll entwickelte wirtschaftliche und politische Institutionen überhaupt nicht existieren. In diesem Fall aber müssen wirtschaftliche und politische Phänomene eher durch funktionale als durch substantielle Kriterien bestimmt werden. Einige der Schwierigkeiten der Religionssoziologie sind auf den Umstand zurückzuführen, daß diese Vorgehensweise nicht allgemein auf die Religion angewendet wurde. Ist Religion erst einmal substantiell definiert, dann kann man – ängstlich oder voller Hoffnung – die Frage aufwerfen, ob sie eine Ausnahmeerscheinung ist oder geworden ist. Wenn wir den Vorschlag, den Durkheim gemacht hat oder der doch zumindest in seinem Werk enthalten ist, aufnehmen und Religion durch ihre universale soziale Funktion definieren, wird diese Frage sinnlos. Um jedoch für die soziologische Theorie von Nutzen zu sein, muß dieser Vorschlag genauer ausgeführt werden. Das wirft einige Schwierigkeiten auf, die wir zu überwinden versuchen werden. Eines aber kann hier zuversichtlich behauptet werden: Eine funktionale Definition der Religion umgeht sowohl die übliche ideologische Befangenheit wie die »ethnozentrische« Enge der substantiellen Religionsdefinitionen.

Der Begriff der Funktion wird in den verschiedenen Wissenschaften vom Menschen in unterschiedlichen Bedeutungen verwendet. Wir sollten die Erörterung deshalb damit beginnen, genauer anzugeben, was wir mit diesem Begriff meinen. Es braucht wohl kaum besonders hervorgehoben zu werden, daß wir nicht den Erklärungsweisen des psychologischen Funktionalismus folgen wollen. Es wäre wenig gewonnen, entdeckte man, daß die Religion einige innerpsychische Funktionen erfüllt, wenn man nicht zuerst die Konstitution der sozialen Tatsache erklärt, die in der Lage ist, solche Funktionen für das Individuum zu erfüllen. Religion aus einigen angeblichen innerpsychischen Mechanismen eines hypothetischen *Homo psychologicus* abzuleiten, wäre ein offenkundiger Widersinn. Der begriffliche Rahmen des soziologischen Funktionalismus beantwortet unsere wichtigste Frage aber genausowenig. Wir könnten vielleicht darauf zurückkommen, wenn wir nach Erklärungsmodellen für die Erforschung solcher Gesellschaften suchen, die spezialisierte religiöse Institutionen kennen. Man sollte sich der Möglichkeit nicht von Anbeginn an verschließen, daß eine struktur-funktionale Analyse die Beziehung zwischen wirtschaftlichen, politischen und religiösen Institutionen in einigen Gesellschaften erhellen könnte. Leider setzt jedoch der soziologische Funktionalismus, wie er uns heute in Gestalt des Strukturfunktionalismus begegnet, genau das voraus, was hier zur Debatte steht. Religiöse Institutionen sind nicht universal; universal sind vermutlich die den religiösen Institutionen zugrunde liegenden Phänomene oder, um es anders auszudrücken: die Phänomene, die dem Religiösen analoge Funktionen für das Verhältnis des einzelnen zur gesellschaftlichen Ordnung erfüllen. Wir müssen deshalb genau das in Frage stellen, was dem soziologischen Funktionalismus als Selbstverständlichkeit gilt. Welches sind die allgemeinen anthropologischen Bedingungen für das, was als Religion institutionalisiert werden kann? Welche Realität hat Religion als soziale Tatsache, noch bevor sie institutionalisiert wird? Wie bildet sie sich heran, bevor sie eine der verschiedenen historischen Formen religiöser Institutionen annimmt? Lassen sich die Bedingungen angeben, unter denen sie zur Institution wird?

Das sind Fragen von beträchtlicher Allgemeinheit. Und doch sollten sie, wie man bald sehen wird, in einen Zusammenhang mit noch allgemeineren theoretischen Problemen gestellt werden. Die uns bekannten Formen der Religion, mit Namen wie Stammesreligion, Ahnenkult, Kirche, Sekte usw., sind spezifische institutionelle Ausformungen symbolischer Universa. Symbolische Universa sind sozial objektivierte Sinnsysteme, die sich einerseits auf die Welt des Alltags beziehen und andererseits auf jene Welt, die als den Alltag transzendierend erfahren wird.[11] Um unsere Ausgangsfrage beantworten zu können, müssen wir deshalb zuerst in Erfahrung bringen, wie symbolische Universa im allgemeinen und ein religiöser Kosmos im besonderen sozial objektiviert werden. In einem zweiten Schritt müssen wir dann untersuchen, unter welchen Bedingungen die soziale Grundlage eines religiösen Kosmos institutionalisiert wird. Solche Überlegungen führen eindeutig hin zu den allgemeinen Problemen der Theorie der Institutionen und der Wissenssoziologie und geleiten uns endlich aus dem Bereich der eigentlichen soziologischen Theorie hinaus auf das Feld der philosophischen Anthropologie. Wie werden subjektive Vorgänge gesellschaftlich objektiviert? Wie werden sozial objektivierte Phänomene institutionalisiert, und welche Funktionen erfüllt die Institutionalisierung? Wie wirken Institutionalisierung und Objektivierung, haben sie einmal Wirklichkeit erzeugt, auf die subjektiven Vorgänge zurück, in denen die Institutionalisierung und Objektivierung wurzelt?

Die Erörterung solcher allgemeiner Probleme würde die Grenzen dieses Essays bei weitem überschreiten. Um jedoch das Argument entwickeln zu können, das eine Antwort auf die eingangs gestellten Fragen geben soll, ist es unumgänglich, daß wenigstens einige Gesichtspunkte dieser allgemeinen Probleme geklärt werden. Das soll nun in der gebotenen Kürze geschehen.[12]

Wir hatten schon festgestellt, daß symbolische Universa objektivierte Sinnsysteme sind, die alltägliche Erfahrungen mit einer »transzendenten« Wirklichkeitsschicht in Beziehung setzen. Andere Sinnsysteme weisen nicht über die Welt des Alltags hinaus, d. h., sie beinhalten keinen »transzendenten« Bezugspunkt. Die besondere Bedeutung von Symbolwelten wird später genauer erörtert werden. Zunächst betrachten wir eine Eigenschaft, die allen Sinnsystemen gemeinsam ist: sie sind aus Objektivierungen konstruiert.

Objektivierungen sind die Ergebnisse subjektiver Handlungen, die – als Bestandteile einer gemeinsamen Welt – sowohl ihren Produzenten wie auch anderen Menschen zur Verfügung stehen.[13] Während wir zum Ausdrucksverhalten nur in Face-to-Face-Situationen Zugang haben, dienen Objektivierungen als Anzeichen für einen solchen Sinn, der die engen Begrenzungen von Raum und Zeit überschreitet. Objektivierungen sind wesentlich soziale Gebilde. Da die Konstruktion von Symbolwelten als Sinnsysteme mit Hilfe von Objektivierungen geschieht, ist es klar, daß wir sie nicht als Summe voneinander getrennter subjektiver Vorgänge ansehen können. Überdies beruht die Aufrechterhaltung der Symbolwelten über die Generationen hinweg (wodurch sie zum Kernstück sozialer Traditionen werden) auf Vorgängen der gesellschaftlichen Vermittlung von Wissen. Doch hat die Aussage, daß Symbolwelten wesentlich gesellschaftlich sind, Geltung in einer weiteren und sehr viel grundlegenderen Hinsicht. Die Objektivierung der Symbolwelt als eines Sinnsystems setzt voraus, daß die Erfahrungen, die in die Konstruktion eines solchen Sinnsystems eingehen, selbst mit Sinn ausgestattet sind. Die Sinnhaftigkeit subjektiver Erfahrungen indessen ist ihrerseits ein Ergebnis sozialer Vorgänge.

Die subjektive Erfahrung ist, für sich betrachtet, auf die schlichte Gegenwart beschränkt und bar jeden Sinns. Sinn ist nicht eine subjektiven Vorgängen innewohnende Eigenschaft, sondern wird erst in deutenden Akten konstituiert. Dabei wird ein subjektiver Vorgang rückblickend erfaßt und in Deutungsschemata eingeordnet. Dieser »Sinn«, der der fortlaufenden Erfahrung auferlegt werden kann, ist aus vorangegangenen, möglicherweise habitualisierten deutenden Akten abgeleitet. Mit anderen Worten: der Sinn einer Erfahrung hängt strenggenommen vom »Stehenbleiben und Nachdenken« ab, d. h. von den Akten, durch die subjektive Vorgänge einem Deutungsschema zugeordnet werden. Das Deutungsschema ist nicht notwendigerweise identisch mit fortlaufenden Erfahrungen. Wenn wir den Begriff in seiner grundlegenden Bedeutung verwenden, können wir sagen, daß das Deutungsschema die fortlaufende Erfahrung »transzendiert«.

Deutungsschemata entstehen aus sedimentierten vergangenen Erfahrungen. Das Verhältnis zwischen Erfahrung, ihrem Sinn und den Deutungsschemata ist wechselseitig und dynamisch. Der Sinn der Erfahrung leitet sich aus der Beziehung zwischen dem ablaufenden Prozeß und dem Deutungsschema ab. Umgekehrt verändern ablaufende Erfahrungen die Deutungsschemata. Diese Möglichkeit, daß aufeinanderfolgende Erfahrungen in einem

Schema abgelagert werden, das sich von jeder aktuellen Erfahrung unterscheidet, beruht auf einer gewissen Fähigkeit zur Abstraktion oder Ablösung. Eine solche Abstraktion kann ihren Ursprung nicht in der einfachen Abfolge voneinander isolierter subjektiver Vorgänge haben. Es ist wohl richtig, daß ein vollkommen isolierter subjektiver Vorgang nicht unvorstellbar ist, doch jede ablaufende Erfahrung hat zumindest einen zeitlichen Horizont vergangener und vorentworfener Erfahrungen.[14]

Die feingliedrige Verschachtelung subjektiver Vorgänge kann die Grundlage für elementare Prozesse bieten, in denen ablaufende, vergangene und vorentworfene Erfahrungen in bewußten Akten zueinander in Beziehung gesetzt werden. Wie der Ausdruck »Stehenbleiben und Nachdenken« andeutet, setzen solche Akte voraus, daß sich der einzelne von der Gegenwärtigkeit und Unmittelbarkeit ablaufender Erfahrungen ablösen und sich – über die »kleinen« Transzendenzen von Raum und Zeit hinweg – vergangenen oder vorentworfenen Erfahrungen zuwenden kann. Eine solche Ablösung kann jedoch kein auf sich selbst gestellter menschlicher Organismus erreichen. Organismen sind mit einer bestimmten instinktiven Ausstattung in eine (natürliche) Umwelt gestellt. Das Verhalten des Organismus wird vom Zusammenspiel von Umwelt, Instinkt und Lernen determiniert. Dies ist aber bekanntlich nicht ausreichend, um menschliches Verhalten zu erklären – wenn nicht der biologische Begriff der Umwelt unrechtmäßig so ausgeweitet wird, daß er letzten Endes sogar »Gesellschaft« und »Kultur« miteinschließt, und der Begriff des »Instinkts« so weit, daß er vage Begriffe wie »Triebe« und »Bedürfnisse« umfaßt. Ein streng aus biologischer Perspektive betrachteter menschlicher Organismus würde sozusagen in der Unmittelbarkeit seiner ablaufenden Erfahrungen völlig aufgehen. Er würde zwar aus vergangenen Erfahrungen lernen, doch könnten die Erfahrungen nicht in Deutungsschemata abgelagert werden. Mit anderen Worten: ein menschlicher Organismus könnte sich nicht – für sich allein – über die ablaufenden Erfahrungen erheben und sie im Lichte vergangener Erfahrungen deuten. Genausowenig könnte er zukünftige Handlungen planen und zwischen Handlungsmöglichkeiten wählen, da dies ebenfalls eine Ablösung von der »Scheingegenwart« voraussetzen würde. Obwohl er einen Körper mit einem »Innenleben« besitzt, das ihn von der Umwelt unterscheidet, und obwohl er in einem höheren Maße als

Tiere fähig ist, zu lernen, würden dem auf seine bloß biologischen Ressourcen zurückgeworfenen menschlichen Organismus die zeitlichen Dimensionen fehlen, um die ablaufenden Erfahrungen mit Sinn zu versehen. Er hätte weder eine klare und erinnerliche Vergangenheit noch eine »offene« Zukunft mit verschiedenen Handlungsmöglichkeiten. Sein Leben könnte keine zusammenhängende Gestalt als Biographie annehmen. Oder anders ausgedrückt: Er würde sich nicht zu einem individuellen Selbst entwickeln.

Der Gang dieser Überlegungen sollte zeigen, daß wir uns hier nicht mit der phylogenetischen Frage beschäftigen, wie »Kultur« ursprünglich entstanden ist. Die Beantwortung müßte eine große Palette biologischer und physiologischer Bedingungen in Betracht ziehen, z. B. die Evolution der Hand und des aufrechten Gangs, besondere Entwicklungen, wie etwa die »Erfindung« der Werkzeuge, sowie einer Rekonstruktion der konkreten Formen des gesellschaftlichen Lebens der ersten Menschen.[15]

In diesem Zusammenhang soll lediglich betont werden, daß die Individuation des menschlichen Bewußtseins allein in gesellschaftlichen Vorgängen realisiert wird. Wenn wir zum Hauptstrang unseres Arguments zurückkehren wollen, können wir sagen, daß soziale Vorgänge die Grundlage für die Ablösung sind; diese wiederum ist eine Voraussetzung für die Konstruktion von Deutungsschemata, die den Fluß der unmittelbaren Erfahrung transzendieren. Nun müssen wir noch zeigen, warum dies so ist.[16]

Die Ablösung aus dem Strom der eigenen Erfahrung ergibt sich aus der Anteilnahme an den Erfahrungen eines Mitmenschen. Das wird in der Face-to-Face-Situation möglich, in der die subjektiven Vorgänge eines Partners ihren Ausdruck in Ereignissen in der gemeinsamen Zeit und im gemeinsamen Raum finden und so für den anderen Partner beobachtbar werden. In der gemeinsamen »Begegnung« werden die subjektiven Prozesse beider Partner Schritt für Schritt synchronisiert.[17] Von besonderer Bedeutung für unsere Überlegungen ist, daß die Anteilnahme an den subjektiven Vorgängen des Mitmenschen durch Ereignisse in Zeit und Raum vermittelt wird. Die Anteilnahme schließt die Deutung dieser Vorgänge mit ein und ist somit von einem gewissen Grad an Ablösung geprägt. Ursprünglich ist eine gewisse Abstraktion ein Kennzeichen für die vermittelte Erfahrung eines anderen Menschen, der nicht selbst dem Strom der eigenen unmittelbaren Erfahrung gegeben ist. Überdies sind die Ereignisse, durch die die subjektiven Vorgänge eines anderen Menschen vermittelt werden, »objektiver« als die eigenen »inneren« Erfahrungen. Die Erfahrungen von anderen, die man jetzt in der Face-to-Face-Situation hat, sind abgestimmt mit den eigenen »inneren« Erfahrungen – wenn auch in gewisser Distanz zu ihnen. Mit anderen Worten: sie sind Deutungen dieser Erfahrungen aus einem unabhängigen Blickwinkel. Im synchronisierten Strom der geteilten Erfahrung tun sich diese Deutungen ihrerseits dem anderen Partner kund und werden ihm verfügbar. Dadurch wird ihm eine unabhängige, quasi-objektive Perspektive auf seine eigenen Erfahrungen eröffnet.

Zusammenfassend kann gesagt werden: Zwar kann der Abstand vom Strom der unmittelbaren Erfahrungen nicht von selbst entstehen, doch kann er in Gestalt eines »äußeren« Blickwinkels »importiert« werden. Man beginnt, sich selbst mit den Augen eines Mitmenschen zu sehen. Das ist ursprünglich nur in den wechselseitigen sozialen Vorgängen der Face-to-Face-Situation möglich.[18]

Distanz ist die wichtigste Voraussetzung für die Konstruktion des grundlegendsten, Vergangenheit, Gegenwart und Zukunft verbindenden Deutungsrahmens. Dieser kann eine Unzahl besonderer, unterschiedlicher Deutungsschemata beherbergen. Ist einmal ein gewisses Niveau der Individuation des Bewußtseins und der entsprechenden Beherrschung der Sprache erreicht, dann können sozial vorgefertigte Deutungsschemata *en bloc* eingeführt werden. Andererseits wird die Distanz, eigentlich eine Undenkbarkeit für den isolierten einzelnen, zu einem zentralen Bereich der persönlichen Identität, über die der einzelne außerhalb und unabhängig von sozialen Vorgängen bestimmen kann. Somit *kann* der einzelne nun selbst Sinn erzeugen.

Eine weitere wichtige Dimension der persönlichen Identität ist die Integration des subjektiven Vorgangs der Erinnerung und des Zukunftsentwurfs in die moralische Einheit einer Biographie. Wie auch schon der Abstand vom Strom der ablaufenden Erfahrungen, ist auch diese Integration gesellschaftlichen Ursprungs. Während die Distanz bis in die Struktur von Face-to-Face-Situationen zurückverfolgt werden kann, kommt die Integration von Erinnerungen kraft der Dauerhaftigkeit sozialer Beziehungen im

Leben des einzelnen zustande. In der Abfolge von Face-to-Face-Situationen und weniger unmittelbarer Beziehungen zu Mitmenschen trifft der einzelne auf Zeugen seines vergangenen wie auch auf potentielle Zeugen seines zukünftigen Verhaltens. Immer wieder wird er an die Vergangenheit erinnert. Er kann sogar für Handlungen verantwortlich gemacht werden, die er schon wieder vergessen hat.[19]

Der einzelne muß genauso vorhersehen, daß er für sein gegenwärtiges Verhalten verantwortlich gemacht werden könnte. Die subjektiven Vorgänge der Erinnerung und des Entwurfs sind in der Struktur eines Gedächtnisses verwoben, das die Erinnerungen und Entwürfe anderer Individuen enthält. Wenn die subjektiven Vorgänge Teil eines solchen Musters werden, stabilisieren sie sich; sie haben an der »objektiven« Wirklichkeit teil. Das Verhalten des einzelnen wird nicht nur erinnert, sondern von anderen beurteilt; es wird zu einer Folge bestimmter, unwiderrufbarer Handlungen. Das Verhalten des einzelnen wird Teil einer »objektiven« und moralischen Wirklichkeit. Mit anderen Worten: Subjektive Erfahrungen und individuelle Handlungen sind, im Verlauf einer beständigen sozialen Beziehung, in eine bestimmte und mehr oder weniger zusammenhängende Biographie integriert, für die der einzelne verantwortlich zeichnet.

Diese Überlegungen können wie folgt zusammengefaßt werden: Die Ablösung von der originären Erfahrung hat ihren Ursprung in der Begegnung mit Mitmenschen in der Face-to-face-Situation. Sie führt zur Individuation des Bewußtseins und ermöglicht die Konstruktion von Deutungsschemata und letzten Endes von Sinnsystemen. Die Ablösung von der aktuellen Erfahrung findet ihre Entsprechung in der Möglichkeit, Vergangenheit, Gegenwart und Zukunft in eine sozial definierte, moralisch relevante Biographie zu integrieren. Diese Integration geschieht im Rahmen fortlaufender sozialer Beziehungen und führt zur Ausbildung eines Gewissens. Die Individuation dieser zwei komplementären Aspekte des Selbst basiert auf sozialen Vorgängen. Der Organismus – für sich betrachtet nichts anderes als der isolierte Pol eines »sinnlosen« subjektiven Prozesses – wird zum Selbst, indem er sich mit den anderen an das Unternehmen der Konstruktion eines »objektiven« und moralischen Universums von Sinn macht. Dabei transzendiert er seine biologische Natur.

Es deckt sich mit einer elementaren Bedeutungsschicht des Religionsbegriffs, wenn man das Transzendieren der biologischen Natur durch den menschlichen Organismus ein religiöses Phänomen nennt. Wie wir zu zeigen versuchten, beruht dieses Phänomen auf der funktionalen Beziehung zwischen Selbst und Gesellschaft. Nebenbei bemerkt: diese Ansicht tut der Etymologie dieses Begriffs keinerlei Gewalt an. Es kann natürlich aus einer theologischen und »substantiellen« Position heraus eingewendet werden, daß Religion nach dieser Auffassung zu einem alles umfassenden Phänomen würde. Wir behaupten, daß dieser Einwand nicht begründet ist. Das Transzendieren der biologischen Natur *ist* ein universales menschliches Phänomen. Ein anderer Einwand sollte dagegen ernster genommen werden. Wenn man den Vorgang, der zur Herausbildung eines Selbst führt, religiös nennt, vermeidet man vielleicht eine soziologische Gleichsetzung von Gesellschaft und Religion, aber man scheitert ebenso daran, die »objektiven« und institutionellen Formen der Religion in der Gesellschaft zu erklären. Wir erklären uns dieser Anklage für schuldig. Doch behandelte die bisherige Untersuchung bislang lediglich die allgemeine Quelle, aus der die historisch differenzierten Formen der Religion entsprangen. Wir würden zu bedenken geben, daß dies notwendigerweise der erste Schritt zu einer soziologischen Theorie der Religion ist. Indem wir die religiösen Eigenschaften der sozialen Vorgänge aufzeigten, durch die Bewußtsein und Gewissen individualisiert werden, kann die universale und dabei spezifisch anthropologische Bedingung der Religion definiert werden.

IV. Die gesellschaftlichen Formen der Religion

In der soziologischen Theorie der Religion ist es üblich, sobald bestimmte Ideen (zum Beispiel solche, die ihrem Inhalt nach »Übernatürliches« zu erfassen suchen) als religiös bezeichnet werden, auch die Gruppen und Institutionen als religiös zu etikettieren, die sich mit der Kodifizierung, Erhaltung und Verbreitung dieser Ideen beschäftigen. Wir haben die Gründe dargelegt, warum uns dieses Verfahren theoretisch kurzschlüssig und mitunter unzulässig erscheint. Um diesen Fehler zu vermeiden, mußten wir daher mit der Untersuchung der allgemeinen anthropologischen Bedingungen der Religion beginnen, bevor wir uns der Frage zuwenden konnten, wie Religion gesellschaftlich objektiviert und damit zu einem festen Bestandteil der gesellschaftlichen Wirklichkeit wird. Zu diesem Zweck haben wir einen kurzen Abriß des gesellschaftlichen Ursprungs von Sinnsystemen in allgemeinen und der Symbolwelten im besonderen gegeben. Es stellte sich heraus, daß die Konstruktion von Sinnsystemen mit der Fähigkeit zur Abstraktion und Integration von Deutungsmustern zusammenhängt und daß dies wiederum auf der Reziprozität der Face-to-Face Situation und der Dauerhaftigkeit sozialer Beziehungen beruht. Die formale Beschreibung der Struktur gesellschaftlicher Vorgänge, in denen Sinnsysteme entstehen, erlaubte es uns, die Bedingungen für die Individuation des Bewußtseins und des Gewissens zu bestimmen. Sie führte zum gleicherweise formalen Schluß, daß ein Organismus zur Person wird, indem er mit anderen einen objektiv gültigen, aber zugleich subjektiv sinnvollen, innerlich verpflichtenden Kosmos bildet. Wir sagten, daß der Organismus zur Person wird, indem er seine Natürlichkeit transzendiert. Daraus folgerten wir, daß es sich um einen grundlegend religiösen Vorgang handelt.

Nun erscheint es notwendig, diese Schlußfolgerung zu überprüfen. Da wir zunächst die Bedingungen klären mußten, unter denen Sinnsysteme entstehen können, blieb unsere Analyse auf die konstitutiven Elemente der gesellschaftlichen Vorgänge beschränkt, in denen Bewußtsein und Gewissen individuiert und

Sinnsysteme aufgebaut werden. Daher blieb bisher außer acht, daß die Sinnsysteme »historisch« jedem konkreten menschlichen Organismus vorgegeben sind.

Eben deshalb ist die Schlußfolgerung, zu der uns die vorangegangene formale Analyse geführt hat, nur auf der Ebene einer allgemeinen anthropologischen Diskussion gültig. Der Grund für diese Beschränkung ist offensichtlich. Die geschichtliche Gegebenheit der Sinnsysteme ist das Ergebnis der Leistungen von Generationen von Handelnden, die den kollektiven Kosmos erzeugten.[20] Hätten wir mit der Feststellung begonnen, daß Sinnsysteme geschichtlich vorgegeben sind, wäre unsere Analyse in einen unendlichen Regreß gemündet. Die formale Analyse auf der allgemeinen anthropologischen Ebene hatte also den Zweck, einen solchen Regreß zu vermeiden. Nun sind wir aber an einem Punkt angelangt, an dem wir diese ursprünglich freiwillig auferlegte Beschränkung aufgeben und unsere Aufmerksamkeit einer empirischen Gegebenheit zuwenden, der wir uns bislang kaum widmen konnten.

Es ist eine empirische Tatsache, daß menschliche Organismen einen »objektiven« und verbindlichen Kosmos nicht jeweils von neuem erzeugen; sie werden vielmehr hineingeboren. Menschliche Organismen schaffen also im konkreten Fall ihre Natürlichkeit nicht neu, sondern transzendieren sie durch die Aneignung eines geschichtlich vorgegebenen Sinnsystems. Das bedeutet des weiteren, daß schon in den sozialen Vorgängen, die für die Entfaltung der Person am wichtigsten sind, ein menschlicher Organismus nicht anderen menschlichen Organismen, sondern »fertigen« Personen entgegentritt. Während wir bisher nur die formalen Strukturen der sozialen Vorgänge beschrieben haben, in denen sich eine Person ausbildet, müssen wir nun hinzufügen, daß diese Vorgänge schon immer einen »Inhalt« haben. Mit anderen Worten: ein menschlicher Organismus wird in konkreten Sozialisierungsprozessen zur Person. Diese Prozesse, deren formale Struktur oben beschrieben wurde, vermitteln *zugleich* eine geschichtlich vorgegebene gesellschaftliche Ordnung. Wir sagten vorhin, daß das Transzendieren der Natürlichkeit ein grundlegender religiöser Vorgang ist. Wir können nun hinzufügen, daß Sozialisation, also der Vorgang, in dem solches Transzendieren konkret stattfindet, grundsätzlich einen religiösen Charakter hat. Sozialisation beruht auf den anthropologischen Bedingungen der

Religion, der Individuation des Bewußtseins und des Gewissens in gesellschaftlichen Vorgängen, und aktualisiert sich in der subjektiven Aneignung des Sinnzusammenhangs, der einer geschichtlichen Ordnung innewohnt. Diesen Sinnzusammenhang nennen wir eine Weltansicht.

Unter bestimmten Umständen kann die Weltansicht eine weitere Stufe der Transzendenz erreichen. Da die Gesellschaftsordnung ohne Rücksicht auf Person, Ort und Situation als gültig und verpflichtend erfahren wird, kann sie als Manifestation einer universalen und transzendenten Ordnung angesehen werden, als ein *Kosmion*, das einen Kosmos reflektiert.[21] Das Verfahren, durch das einem solchen Kosmos der Status der Allgemeingültigkeit und Transzendenz gegenüber einer Gesellschaftsordnung ausdrücklich zugeschrieben wird, erlangt zugleich größere Bedeutung für die Legitimierung einer etablierten Ordnung.[22]

Weil die Weltansicht eine gesellschaftlich objektivierte und geschichtliche Wirklichkeit ist, erfüllt sie eine entscheidende Funktion für den einzelnen. Das Vorhandensein eines Sinnreservoirs enthebt den einzelnen der so gut wie unlösbaren Aufgabe, aus eigener Kraft ein – wie auch immer rudimentäres – Sinnsystem zu erzeugen. Die Stabilität der Weltansicht einer gesellschaftlich objektivierten Wirklichkeit ist unvergleichlich größer als die eines einzelnen Bewußtseinstromes. Die Weltansicht hat – als transzendenter Kosmos – einen objektiv verpflichtenden Charakter, wie er in dem unmittelbaren Zusammenhang davon isolierter sozialer Beziehungen auch nicht annähernd erreicht werden könnte.

Die individuelle Existenz schöpft ihren Sinn aus dem objektiven Sinnzusammenhang einer transzendenten Weltansicht. Die Stabilität der Weltansicht ist die Voraussetzung dafür, daß der einzelne eine Reihe von ursprünglich unzusammenhängenden Situationen als ein sinnvolles biographisches Ganzes begreift. Die Weltansicht als ein historischer Sinnzusammenhang überspannt die Lebensdauer des einzelnen und erstreckt sich über die Dauer von Generationen hinweg. Die Tatsache also, daß eine Weltansicht dem Individuum historisch vorausgeht, bildet somit die empirische Grundlage für das »erfolgreiche« Transzendieren der biologischen Natur durch den menschlichen Organismus, für seine Ablösung von der unmittelbaren Lebensumwelt und für seine Integration als Person in eine zusammenhängende Sinntradition. Deshalb können wir behaupten, daß die Weltansicht als eine »objektive« historische und gesellschaftliche Wirklichkeit eine elementare religiöse Funktion erfüllt. Sie läßt sich bestimmen als die *grundlegende Sozialform der Religion*, eine Sozialform, die in allen menschlichen Gesellschaften zu finden ist.

Die Weltansicht ist ein übergreifendes Sinnsystem, in dem Kategorien von gesellschaftlicher Relevanz, wie etwa Zeit, Raum, Kausalität und Zweck, den spezifischeren Deutungsschemata übergeordnet sind, durch die die Wirklichkeit in Segmente aufgegliedert wird und die solche Segmente miteinander verknüpft. Mit anderen Worten: Sie hat das Gepräge sowohl einer »natürlichen« Logik wie auch einer »natürlichen« Taxonomie. Sowohl die Logik als auch die Taxonomie enthalten eine pragmatische und eine sittlich verbindliche Dimension. Wir nennen die in einer Weltansicht enthaltene Logik und Taxonomie dann »natürlich«, wenn sie in ihrer Gesamtheit selbstverständlich und unangezweifelt gilt. Nur einzelne Bestandteile, Einzelheiten der Taxonomie, können während der Lebenszeit eines Einzeldaseins zweifelhaft werden. Solange die Sozialstruktur und die gesellschaftliche Ordnung bestehen bleiben, wird zumindest die Logik über viele Generationen hinweg aufrechterhalten. In stabilen Gesellschaften erscheinen die »Logik« und die »Taxonomie« einer Weltansicht als dauerhaft und verpflichtend.

Die Sozialisation besteht, das sollte betont werden, in der Aneignung der gesamten Weltansicht als einer umfassenden Sinnstruktur. Zu dieser Aneignung gehört natürlich auch das bewußte Erlernen einzelner Bestandteile des Inhalts einer Weltansicht. Im Unterschied dazu kommt die Aneignung des umfassenden Sinnzusammenhangs einer Weltansicht nicht in derselben Weise zu Bewußtsein. Sie läßt sich bloß als Formierung eines individuellen Denk- und Handlungs»stils« beobachten, der nicht von den Eigenheiten der jeweiligen Situation abhängt und den man deshalb nur dem »Charakter« einer Person zuschreiben kann.

Die Weltansicht findet in den verschiedenen Gesellschaften einen jeweils unterschiedlichen Ausdruck. Einige gesellschaftlich anerkannte und bedeutungsvolle Weisen, sich in Natur und Gesellschaft zu orientieren, können die Form stilisierter Bewegungen, Gesten und Ausdrücke annehmen, die von einer Generation an die nächste weitergegeben werden. Moralische Vorstellungen von großer gesellschaftlicher Bedeutung werden auf verschiedenste Art symbolisiert, z. B. als Flaggen, Ikonen, Totems. Die bei weitem wichtigste Form der sozialen Objektivierung einer Weltansicht ist indessen die Sprache. Bevor wir diese Feststellung näher erläutern, wird es nützlich sein, eine Bemerkung über das Verhältnis von Weltansicht und Sozialstruktur einzufügen.

Man ist zuerst versucht, die Sozialstruktur in ihrer Gesamtheit als eine Objektivierung der Weltansicht anzusehen. Nun ist es in der Tat so, daß die Sozialstruktur dort, wo sie gewissermaßen »in die Tat« umgesetzt wird, ihre Orientierung von der Weltansicht erhält. Aber diese »Taten« sind Handlungen einzelner Individuen, und deshalb sollte man nicht übersehen, daß sie auf einer Reihe »sinnloser« physiologischer Vorgänge, biologischer Bedürfnisse usw. aufbauen. Zugleich werden diese Taten aber auch mittelbar oder unmittelbar durch Institutionen kontrolliert. Zweifellos spiegelt die institutionelle Kontrolle die jeweilige Konfiguration von Sinn wider, die der Weltansicht zugrunde liegt; doch können Normen auch völlig unabhängig davon, ob sie dem einzelnen subjektiv sinnvoll erscheinen oder nicht, in Kraft gesetzt werden, was tatsächlich ja auch geschieht. Aus diesem Grund wäre es nicht nur ungenau, sondern auch irreführend, würde man behaupten, die Sozialstruktur wäre »einfach« eine Objektivation der Weltansicht. Die Weltansicht steht in einer dialektischen Beziehung zur Sozialstruktur. Sie entsteht aus menschlichen Handlungen, die wenigstens zum Teil institutionalisiert werden. Sie wird über Generationen hinweg weitergegeben, und zwar auf Wegen, die zumindest teilweise von den Institutionen festgelegt sind. Umgekehrt sind sowohl Taten als auch Institutionen davon abhängig, daß die Weltansicht kontinuierlich internalisiert wird.

Wir sagten vorhin, die wichtigste Objektivierung der Weltansicht sei in der Sprache zu finden. Eine Sprache enthält das umfassendste und zugleich differenzierteste System von Deutungsschemata. Im Prinzip kann sich jedes Gesellschaftsmitglied dieses System aneignen, und alle Erfahrungen aller Gesellschaftsmitglieder können in diesem System verortet werden. Die Logik und die Taxonomie, die der Weltansicht zugrunde liegen, sind in der Syntax und der semantischen Struktur der Sprache verfestigt. Betrachtet man die objektivierende Funktion der Sprache, so ist offensichtlich die semantische und syntaktische Sprachebene von größerer Bedeutung als die phonetische. Ebenso klar ist aber auch, daß die Deutungsschemata erst durch die Verkörperung von Bedeutungen in Form von Lautzeichen festgelegt und so verfestigt werden, daß sie fortwährend und gewohnheitsmäßig verfügbar sind.

Wir sagten vorhin, daß die Sozialisation konkret darin besteht, spezifische »inhaltliche« Bestandteile eines umfassenden Bedeutungszusammenhangs zu erlernen und sich subjektiv anzueignen. Analog dazu ist das Erlernen spezifisch sprachlicher Elemente (eigentlich der einzige Vorgang, der bewußt und unmittelbar erfaßbar ist) der Internalisierung dessen untergeordnet, was wir – in Anlehnung an Wilhelm von Humboldt – die innere Sprachform nennen.[23]

Die ausdrücklich formulierbaren Sprachregeln und Kodifizierungen, was also ungefähr den »Phänotypen« der Sprachwissenschaft entspricht, sind natürlich Objektivierungen im strengen Sinne des Wortes. Mindestens ebenso wichtig sind aber die kontextuellen Elemente der linguistischen Analyse der Wirklichkeit, die »Kryptotypen«. Die ausdrücklich formulierbaren und die kontextuellen Elemente bilden zusammen die innere Sprachform, die gewissermaßen ein umfassendes Modell des Universums darstellt.[24]

Sowie der einzelne seine Muttersprache zu sprechen beginnt und sich ihre innere Form aneignet, übernimmt er die »natürliche« Logik und Taxonomie einer geschichtlichen Weltansicht. Die Weltansicht, ein Reservoir vorgefertigter Problemlösungen und eine Matrix von Verfahren zur Lösung neuer Probleme, verleiht dem Gedächtnis des einzelnen, seinem Denken, Verhalten, sogar seinen Wahrnehmungen, eine Stabilität und Routine, die ohne die Vermittlerrolle der Sprache undenkbar wäre. Vermittels der Sprache wird die Weltansicht dem einzelnen zur Ressource von Sinn, der ständig verfügbar ist – und zwar innerlich und gesellschaftlich.

Wir haben die Weltansicht als die soziale Grundform der Religion definiert. Diese Definition beruht auf zwei Annahmen, die wir in der vorangegangenen Analyse zu untermauern suchten: Die Weltansicht erfüllt eine wesentlich religiöse Funktion und ist ein Teil der gesellschaftlich objektivierten Wirklichkeit. Eine Schwierigkeit, die man in diese Definition hineinlesen könnte, muß jedoch noch geklärt werden. Als ein umfassendes Sinnsystem enthält die Weltansicht Typisierungen, Deutungsschemata und Verhaltensschemata auf verschiedenen Ebenen der Allgemeinheit. Auf niedrigem Niveau beziehen sie sich auf Routineprobleme und alltägliche Angelegenheiten (wie etwa »Westwind bringt Regen«, »Man soll kein rohes Schweinefleisch essen«). Für sich alleine betrachtet, scheinen sie zu trivial, als daß sie die Bezeichnung »religiös« verdienten. Aber nichts in unserer Analyse, jedenfalls soweit sie bis jetzt gediehen ist, erlaubt die Annahme, daß irgendein einzelner Bestandteil der Weltansicht – ob trivial oder nicht – für sich genommen »religiös« ist. Nicht einzelne Deutungsschemata erfüllen eine religiöse Funktion. Es ist vielmehr die Weltansicht als ganze, als einheitliche Sinnmatrix. Sie bildet den historischen Rahmen, in dem menschliche Organismen Identität ausbilden und dabei ihre biologische Natur transzendieren.

Wenn man die Weltansicht als eine Sozialform der Religion definiert, muß man ausdrücklich daran erinnern, daß sie grundlegend und *unspezifisch* ist. Es mag überflüssig sein, darauf hinzuweisen, daß die mangelnde Spezifität der Weltansicht – als soziale Grundform der Religion – mit einem schon früher erwähnten Umstand zusammenhängt. Die Weltansicht ist universal für alle menschlichen Gesellschaften, und sie hat keine eindeutig ausgrenzbare institutionelle Grundlage. Die Weltansicht steht statt dessen in einem dialektischen Verhältnis zur gesamten Sozialstruktur. So wichtig es auch war, die religiöse Funktion und die gesellschaftliche »Objektivität« der Weltansicht herauszustellen, so kann sich eine soziologische Theorie der Religion damit nicht zufriedengeben, da sie sich für spezifische Formen der Religion in der Gesellschaft interessiert. Wir müssen uns deshalb nun der Frage zuwenden, welche zusätzlichen und deutlicher bestimmbaren Formen Religion in der Gesellschaft annehmen kann und wie sich diese Formen aus der grundlegenden und unspezifischen Objektivation von Religion als Weltansicht ableiten lassen.

Zwar haben wir soeben gesagt, daß die Weltansicht insgesamt eine religiöse Funktion erfüllt und daß kein einzelner Bestandteil der Weltansicht für sich genommen als religiös bezeichnet werden kann. Wir müssen diese Feststellung nun aber einschränken. Innerhalb der Weltansicht kann sich durchaus ein Sinnbereich herauskristallisieren, der zu Recht »religiös« genannt wird. Dieser Bereich enthält Symbole, die eine wesentliche, »strukturelle« Eigenschaft der ganzen Weltansicht widerspiegeln: ihre innere Bedeutungshierarchie. Allein der Umstand, daß dieser Bereich stellvertretend für die religiöse Funktion der gesamten Weltansicht steht, berechtigt uns, ihn religiös zu nennen.

Die Typisierungen, Deutungsschemata und Verhaltensmodelle, die eine Weltansicht umfaßt, sind ja nicht voneinander isolierte, sondern in Bedeutungshierarchien eingeordnete Sinneinheiten. Die Bedeutungshierarchie ist, formal gesehen, ein wesentliches »strukturelles« Merkmal der Weltansicht. Wie die Elemente jeweils in bestimmten historischen Weltansichten angeordnet sind, unterscheidet sich empirisch von einer historischen Weltansicht zur anderen. Der außerordentliche empirische Reichtum und die Vielfalt geschichtlicher Bedeutungshierarchien verbieten eine ins Detail gehende Analyse. Wir müssen uns mit einem formalen Abriß dieser These begnügen und uns darauf beschränken, sie durch einige Beispiele zu illustrieren, anstatt sie hier systematisch zu belegen.

Auf der untersten Ebene der Weltansicht finden sich Typisierungen konkreter Gegenstände und Ereignisse in der alltäglichen Lebenswelt (»Bäume«, »Steine«, »Hunde«, »gehen«, »laufen«, »essen«, »grün«, »rund« usw.). Diese vertrauten Typisierungen werden gewohnheitsmäßig im Ablauf unproblematischer Erfahrung angewandt. Auf diese Weise helfen sie zwar, die Erfahrung mitzugestalten, sie verleihen ihr aber wenig Bedeutung. Die Deutungsschemata und Handlungsanweisungen der nächsthöheren Stufe bauen zwar auf den Typisierungen der ersten Stufe auf, enthalten aber außerdem bedeutungsvolle, pragmatische *und* moralische Elemente (»Wo Aloe wächst, wächst kein Mais«, »Schweinefleisch ist schlechtes Fleisch«, »Man soll keine Cousinen ersten Grades heiraten«, »Wenn du zum Essen eingeladen wirst, bringe Blumen für die Dame des Hauses mit«). Solche Schemata und Handlungsrezepte kommen im alltäglichen Leben zwar als unangezweifelte Orientierungen zur Anwendung; sie sind aber auch mit einer Bedeutung versehen, die weit über die Einzelerfahrung hinausreicht und als »Motiv« fungieren kann. Dieser Ebene sind allgemeinere Deutungsschemata und Handlungsmodelle übergeordnet, die – vor einem Hintergrund möglicherweise problematischer Handlungsentscheidungen – dem Denken und Handeln eine moralisch bedeutsame Richtung geben können (z. B.: »Morgenstund' hat Gold im Mund«, »Ein Indianer kennt keinen Schmerz«, »Eine Dame raucht nicht in der Öffentlichkeit«). Die Anwendung dieser Modelle und Deutungsschemata auf konkrete Situationen setzt ein gewisses Maß an Reflexion – wie gering es auch immer sein mag – voraus, was typischerweise dazu führt, daß sich der einzelne der »moralischen« Dimension der Handlung oder des Denkens bewußt wird. Solche Modelle und Deutungsschemata sind eng verbunden mit Wertungen und Vorschriften, die sich auf weitreichende biographische Kategorien beziehen (»Er lebte und er starb wie ein Mann«, »Das war ein ganzer Kerl«). Diese sind wiederum mit übergeordneten Deutungsebenen verbunden, auf denen gesellschaftliche und geschichtliche Einheiten ins Spiel kommen (wie etwa die gerechte und soziale Ordnung, der »Biberklan« u. ä.), die auch eine Geltung für das Verhalten des einzelnen beanspruchen.

Bewegt man sich so von den unteren zu den höheren Sinnschichten, so sieht man, daß die Weltsicht an Vertrautheit und Bestimmtheit verliert, während die Modelle zugleich routinemäßiger, verpflichtender werden und somit weniger Reflexion verlangen als die konkreten Modelle, zu deren Anwendung es einer »Entscheidung« bedarf. Diese vielschichtige Bedeutungshierarchie ist, wie gesagt, ein »strukturelles« Merkmal der Weltansicht, das jedoch grundsätzlich einen objektiven Ausdruck finden kann. Ein solcher Ausdruck ist notwendigerweise mittelbar: die der Weltansicht zugrundeliegende Bedeutungshierarchie nimmt in *spezifischen* Repräsentationen Gestalt an. Diese Repräsentationen hängen implizit mit dem umfassenden Sinn der Weltansicht zusammen, explizit aber beziehen sie sich auf einen anderen Wirklichkeitsbereich – jenen Bereich, in dem die »letzte Bedeutung« angesiedelt ist. Auf diese Weise wird ein »strukturelles« Merkmal der Weltansicht zu ihrem »Inhalt«. Die Gewohnheiten des täglichen Lebens erhalten ihren Sinn durch ihre Einbettung in verschiedene biographische, gesellschaftliche und geschichtliche Sinnschichten. Der Sinn des täglichen Lebens wird erfaßt, indem er den Sinnschichten zugeordnet wird, die den Alltag transzendieren. Alltägliche Gewohnheiten sind Teil einer vertrauten Welt, einer Welt, in der man sich durch gewöhnliches Handeln zurechtfinden kann. Ihre »Realität« kann mit Hilfe der gewöhnlichen Sinneswahrnehmung gewöhnlicher Menschen erfaßt werden. Es handelt sich um eine Wirklichkeit, die konkret, unproblematisch und, wie wir nun sagen können, »profan« ist. Die Bedeutungsschichten hingegen, auf die sich das alltägliche Leben letztlich stützt, sind weder konkret noch unproblematisch. Ihre Realität manifestiert sich auf verschiedene Weise, öffnet sich dem Alltagsverstand aber nur unvollständig. In dieser Wirklichkeit kann man nicht gewohnheitsmäßig handeln, sie entzieht sich überhaupt der Kontrolle gewöhnlicher Sterblicher. Der Wirklichkeitsbereich, der die alltägliche Welt transzendiert, wird als geheimnisvoll und andersartig erfahren. Wenn das tägliche Leben »profan« ist, so erscheint die transzendente Wirklichkeit als »heilig«.

Die Beziehung zwischen der alltäglichen Welt und dem heiligen Wirklichkeitsbereich ist indirekt. Dazwischen liegen viele abgestufte Sinnschichten, die die trivialen und »profanen« Routinen an die »letzte Bedeutung« einer Biographie, einer historischen Tradition u. a. vermitteln. Es gibt allerdings auch eine ganz andere Art von Erfahrung, die sich dann einstellt, wenn die Routinen des täglichen Lebens zusammenbrechen. Solche Erfahrungen reichen von der Hilflosigkeit im Angesicht unkontrollierbarer natürlicher Ereignisse bis zum Wissen um den Tod. Sie werden regelmäßig von Angst oder Ekstase (oder einer Mischung aus beidem) begleitet. Erfahrungen dieser Art werden in aller Regel als unmittelbare Äußerungen der Wirklichkeit des sakralen Bereichs aufgefaßt. Sowohl der »letzte Sinn« des Alltagslebens wie auch der Sinn außergewöhnlicher Erfahrungen haben also ihren Ort in diesem »anderen«, »heiligen« Wirklichkeitsbereich. Wenn diese beiden Bereiche auch zwei entgegengesetzte Pole bilden, so werden sie doch notwendig als aufeinander bezogen und sogar als miteinander in Verbindung stehend wahrgenommen. Diese Verbindung umfaßt eine Bandbreite, die von einer verhältnismäßig großen Kluft zwischen der profanen Welt und dem Heiligen Kosmos bis zu einem hohen Maß an Überlappung reicht. Animismus, Totemismus und Eschatologie sind Beispiele dafür, wie diese unterschiedlichen Verbindungen historisch systematisiert wurden.

Da man annimmt, daß sich der Heilige Kosmos auf irgendeine Weise im profanen Wirklichkeitsbereich offenbart, besteht kein unüberwindliches Hindernis für eine Artikulierung des transzendenten Bereichs im alltäglichen Leben. Die Artikulierung hängt jedoch von den beschränkten »objektiven« Ausdrucksmöglichkeiten ab, die dem weltlichen Bereich zur Verfügung stehen. Das macht verständlich, daß man solche Artikulierungen gerne als letzten Endes unzureichend ansieht. Auch dazu findet sich wiederum eine Reihe von mehr oder minder systematisierten Standpunkten. Sie reichen von der Ansicht, der Heilige Kosmos manifestiere sich in sichtbaren und unsichtbaren Enklaven in der profanen Welt, bis zu ausgeklügelteren Theorien über die Rolle, die der Sprache, den Ikonen und ähnlichem im Veräußerlichen des Unsagbaren zukommt.

Die Behauptung, daß die Artikulation des Heiligen Kosmos von den Ausdrucksmöglichkeiten der gewöhnlichen Erfahrung abhängt, bedarf näherer Erläuterungen. Sie gilt nämlich nur in einem rein formalen Sinn: Der Heilige Kosmos wird natürlich mit denselben Mitteln sozial objektiviert wie die Weltansicht insgesamt: in Verhaltensmustern, Bildern und Sprache. Rein formal gesehen sind Rituale Verhaltensmuster, sind heilige Ikonen Bilder, göttliche Namen Worte. Dennoch gibt es da einen Unterschied. Profane Verhaltensweisen, wie etwa die Art zu essen oder Pflanzen anzubauen, verkörpern ohne Zweifel einen Aspekt der Weltansicht. Der Sinn solcher Verrichtungen ist jedoch vorrangig pragmatisch. In der Welt des Alltags verfolgen sie direkt einen Zweck, während sie mit Sinnschichten »höherer« Ebenen nur sehr mittelbar in Verbindung stehen. Rituelle Handlungen dagegen, die einen direkten Bezug zum Heiligen Kosmos haben, sind im unmittelbaren Kontext des alltäglichen Handelns genaugenommen sinnlos. Ihr Zweck ist *unmittelbar* auf den Heiligen Kosmos bezogen. Opferriten, »Rites de passage«, Trauerriten und dergleichen repräsentieren letzte Bedeutungen, ohne daß sie einer vermittelnden Übersetzung in den profanen Kontext alltäglicher Routine bedürfen. Mutatis mutandis kann dasselbe auch auf die Sprache angewandt werden, dem wichtigsten Mittel zur Objektivation der Weltansicht im allgemeinen wie auch des Heiligen Kosmos. Die Ausformulierung von Deutungsschemata und Verhaltensmodellen beruht hauptsächlich auf der referentiellen Funktion der Sprache. Die sprachliche Artikulierung des Heiligen Kosmos baut dagegen auf dem symbolischen Vermögen der Sprache auf, das in der Personifizierung von Ereignissen, der Erschaffung von Götternamen, der Erzeugung »anderer« Wirklichkeiten mit Hilfe der metaphorischen Substitution usw. zum Tragen kommt.[25] Im Unterschied zum alltäglichen Gebrauch der Sprache wird ihre symbolische Verwendung üblicherweise durch ekstatische Elemente geprägt und regelmäßig zu einer Theorie der Eingebung erweitert.

Zusammenfassend können wir sagen, daß Sprache, rituelle Akte und Ikonen der Artikulation des Heiligen Kosmos dienen. Die bekanntesten Beispiele für solche objektivierten Artikulationen sind heilige Kalender, heilige Orte, rituelle Inszenierungen der sakralen Tradition sozialer Gruppierungen oder der Rituale, in denen dem Lebenslauf des einzelnen ein sakraler Sinn verliehen wird. Andere Ausprägungen des Heiligen Kosmos sind die thematisch schon sehr eng gefaßten Verdichtungen kritischer Probleme des einzelnen Lebens in Gestalt von Tänzen, Epen und Dramen. Die Verkörperungen des Heiligen Kosmos, die wir im folgenden religiöse Repräsentationen nennen wollen, versehen das einzelne Leben aus eigener Kraft mit Sinn. Diese Eigenmächtigkeit religiöser Repräsentationen läßt sich nicht aus dem Inhalt eines einzelnen, aus seinem Gesamtzusammenhang gerissenen »heiligen« Themas ableiten. Sie beruht vielmehr auf der gesamten Bedeutungshierarchie der Weltansicht, besonders auf ihren transzendierenden Eigenschaften. Zwar wird die integrierende Funktion der gesamten Weltansicht in den konkreten Vorgängen der Sozialisation von spezifisch religiösen Repräsentationen erfüllt. Wie wirksam jedoch spezifisch religiöse Topoi das einzelne Bewußtsein formen und der Biographie des einzelnen Sinn zu geben vermögen, ist nicht abhängig von dem ausdrücklichen, historisch je veränderlichen Gehalt der Topoi, sondern von der Bedeutungshierarchie, die sich aus diesen Themen aufbaut. Die explizit artikulierte Transzendenz des Heiligen Kosmos steht im selben Verhältnis zur Welt des Alltagslebens wie die Transzendenz der gesellchaftlich objektivierten Weltansicht zum subjektiven Bewußtseinsstrom. Dementsprechend stehen die spezifisch artikulierten religiösen Topoi im Sozialisationsprozeß für den gesamten, während der Sozialisation stattfindenden religiösen Vorgang der Personwerdung.

Das läßt sich folgendermaßen zusammenfassen: Die Bedeutungshierarchie, die eine ganze Weltansicht prägt und die die Grundlage der religiösen Funktion von Weltansichten ist, findet ihren Ausdruck in einer ausgegrenzten Sinnschicht, die allen anderen in der Weltansicht vorkommenden Sinnschichten übergeordnet ist. Mittels symbolischer Repräsentationen verweist diese Schicht ausdrücklich auf einen Wirklichkeitsbereich, der jenseits der alltäglichen Wirklichkeit angesiedelt ist. Diese Schicht kann deshalb zu Recht als Heiliger Kosmos bezeichnet werden. Die Symbole, die für die Wirklichkeit des Heiligen Kosmos stehen, können religiöse Repräsentationen genannt werden, weil sie auf eine jeweils spezifisch und komprimierte Weise die religiöse Funktion der Weltansicht als Ganzes erfüllen. Hatten wir oben noch die ganze Weltansicht als universale und unspezifische Sozialform der Religion definiert, so läßt sich die Konstellation religiöser Repräsentationen, die ein *Heiliges Universum* ausbilden, als eine *spezifische, historische Sozialform der Religion* bezeichnen.

Der Heilige Kosmos ist ein Teil der Weltansicht. Er ist gesellschaftlich auf die gleiche Weise objektiviert wie die Weltansicht insgesamt, unbeschadet der besonderen symbolischen Eigenschaft religiöser Repräsentationen. Das heißt aber, daß der Heilige Kosmos einen Ausschnitt der objektiven sozialen Wirklichkeit bildet, ohne einer ausgegrenzten und institutionell spezialisierten Basis zu bedürfen. Obwohl er nur einen Teil der Weltansicht ausmacht, steht der Heilige Kosmos in Beziehung zur gesamten Sozialstruktur. Er durchdringt die verschiedenen, mehr oder weniger ausgegliederten institutionellen Bereiche wie das Verwandtschaftssystem, die Arbeitsteilung und die Regelung der Machtausübung. Der Heilige Kosmos leitet den gesamten Sozialisierungsvorgang unmittelbar und nimmt auf den ganzen weiteren Lebenslauf Einfluß. Mit anderen Worten: Religiöse Repräsentationen legitimieren menschliches Verhalten in allen gesellschaftlichen Situationen.

Ohne die sozialstrukturellen Bedingungen für den Ausbau und die Aufrechterhaltung eines Heiligen Kosmos im einzelnen untersuchen zu wollen,[26] kann allgemein festgestellt werden, daß diese gesellschaftliche Form der Religion in *verhältnismäßig* »einfachen« Gesellschaften vorherrscht. Das sind solche Gesellschaften, die ein geringes Maß an institutioneller Differenzierung – genauer einen geringen Grad an »institutioneller Autonomie« (das entspricht grob dem, was Redfield »primitive fusion« nannte) – und eine ziemlich gleichmäßige soziale Verteilung des Wissens um die Weltansicht aufweisen. In solchen Gesellschaften ist der Heilige Kosmos prinzipiell für jedes Gesellschaftsmitglied gleichermaßen zugänglich und relevant. Da eine völlig gleichförmige Verteilung der Weltansicht empirisch jedoch nicht möglich ist, kann der Heilige Kosmos nicht für jeden einzelnen gleich zugänglich und relevant sein. Wie »einfach« eine Gesellschaft auch sein mag, sie ist in jedem Fall durch ein gewisses Maß an gesellschaftlicher Differenzierung geprägt, auch wenn diese Differenzierung nicht anders als in Form eines Verwandtschaftssystems institutionalisiert ist. Welcher Art die Differenzierung auch immer sein mag, sie ist der Grund für eine ungleichförmige Verteilung nicht nur der anderen Bestandteile der Weltansicht, sondern auch des Heiligen Kosmos.

Dennoch können wir sagen, daß der Heilige Kosmos eine gesellschaftliche Form der Religion darstellt, die durch die Ausgliederung spezifisch religiöser Repräsentationen der Weltansicht gekennzeichnet ist, *ohne* daß sich die institutionelle Grundlage für solche Repräsentationen besonders spezialisieren müßte. Der Heilige Kosmos durchdringt – wenn auch in unterschiedlichem Maße – die verhältnismäßig undifferenzierten institutionellen Bereiche. Die Aufrechterhaltung des Heiligen Kosmos als einer gesellschaftlichen Wirklichkeit und seine Weitergabe von einer Generation zur nächsten ist nur an allgemeine und nicht unbedingt an institutionell spezialisierte gesellschaftliche Vorgänge gebunden.

Je »komplexer« eine Gesellschaft ist, um so eher bildet sie eigene Institutionen aus, die die Objektivität und soziale Geltung des Heiligen Kosmos tragen und stützen. Die vollständige Spezialisierung der institutionellen Basis eines Heiligen Kosmos setzt jedoch eine historisch einzigartige Verkettung von Umständen voraus. Schon in verhältnismäßig »einfachen« Gesellschaften kann man natürlich eine rudimentäre Ausbildung sozialer Rollen beobachten, die sich unmittelbar mit dem Heiligen Kosmos beschäftigen. In den »höher entwickelten« Zivilisationen wird der Heilige Kosmos in der Regel von Institutionen getragen, die sich zumindest ansatzweise gegen das Verwandtschaftssystem und gegen die Institutionen der Regulierung von Macht und der Produktion und Verteilung von Gütern und Dienstleistungen abgrenzen lassen. Die Hochkulturen des Orients, Europas und des amerikanischen Kontinents weisen schon bestimmte Formen des institutionalisierten Priestertums auf. Die völlige institutionelle Spezialisierung und die Autonomie der Religion und alle damit verbundenen strukturellen Begleiterscheinungen entstanden jedoch allein in der abendländischen, jüdisch-christlichen Tradition. Eine in einigen Punkten damit vergleichbare Entwicklung findet sich auch im Islam. Gerade weil wir verständlicherweise dazu neigen, institutionell spezialisierte Religion mit Religion *tout court* gleichzusetzen, muß besonders hervorgehoben werden, daß die Entwicklung dieser gesellschaftlichen Form der Religion auf einer Vielzahl struktureller und intellektueller Voraussetzungen beruht.

Es mag wohl Gesellschaften mit einem recht deutlich artikulierten Heiligen Kosmos geben, die aber gleichzeitig keine besonders spezialisierte, diesen Kosmos tragende institutionelle Basis kennen. Andererseits setzt aber die Ausbildung spezialisierter religiöser Institutionen voraus, daß sich innerhalb der Weltansicht ein Heiliger Kosmos bis zu einem gewissen Grad herauskristallisiert hat. Allgemein gesprochen ist die Entstehung spezialisierter religiöser Institutionen um so wahrscheinlicher, je deutlicher sich ein Heiliger Kosmos innerhalb einer Weltansicht herausschält.
Die Beziehung zwischen dem Heiligen Kosmos als Teil einer Weltansicht und den auf Religion spezialisierten Institutionen ist jedoch nicht einseitig. Setzt erst einmal eine Differenzierung religiöser Institutionen ein, z. B. als Aufkommen einer Priesterschaft, dann wird die Ausgrenzung spezifisch-religiöser Repräsentationen erleichtert und beschleunigt. Manche Ereignisse im Leben einer gesellschaftlichen Gruppe, wie zum Beispiel der Tod des Häuptlings, oder bestimmte Vorkommnisse im Leben des einzelnen, wie etwa die erste Jagd oder der erste Schultag, werden natürlich als viel bedeutsamer angesehen als das tägliche Anpflanzen von Kokosnußbäumen oder die 57. Jagd. Je deutlicher jedoch solche Bedeutungsunterschiede ausfallen (d. h. je mehr der Heilige Kosmos Kontur annimmt), um so wahrscheinlicher ist es auch, daß die betreffenden Ereignisse und Handlungen und das dazu erforderliche Wissen verhältnismäßig spezialisierten sozialen Rollen überantwortet werden. Andererseits wird die Spezialisierung sozialer Rollen, die unmittelbar mit dem Heiligen Kosmos zu tun haben, die Aufgliederung der Welt in einen Heiligen Kosmos und eine Welt des Alltags verstärken und die Loslösung religiöser Repräsentationen aus anderen Bedeutungsschichten der Weltansicht beschleunigen. Wenn auch die ursprüngliche Artikulation des Heiligen Kosmos wenigstens im Prinzip nicht von der institutionellen Spezialisierung abhängt, so setzt die Ausbildung spezifisch religiöser Rollen doch die Existenz eines artikulierten Heiligen Kosmos voraus. Die allgemeine Anerkennung der besonderen Stellung religiöser Repräsentationen in der Weltansicht und die Spezialisierung der religiösen Rollen in der Sozialstruktur sind Vorgänge, die sich gegenseitig verstärken.
Die Artikulierung eines Heiligen Kosmos in der Weltansicht ist zwar eine notwendige, aber keine hinreichende Bedingung für die institutionelle Spezialisierung der Religion. Zu dieser »kultu-

rellen« Vorbedingung hinzu müssen zusätzlich noch einige strukturelle Voraussetzungen erfüllt werden, bis eine institutionelle Spezialisierung der Religion einsetzen kann. Erst in Gesellschaften, die *allgemeine* Mindestvoraussetzungen für die Entwicklung einer komplexen Sozialstruktur erfüllen, kommt es zur Ausdifferenzierung sozialer Rollen, deren besondere und mehr oder weniger exklusive Aufgaben darin bestehen, das auf den Heiligen Kosmos bezogene Wissen zu verwalten und die daran orientierten Handlungen zu regeln. Der technologische Stand der Produktion und die Arbeitsteilung müssen so weit entwickelt sein, daß ein über das Subsistenzminimum hinausgehender ökonomischer Überschuß angehäuft werden kann. Dieser Surplus muß wiederum groß genug sein, um ein zunehmendes Maß an Arbeitsteilung zu ermöglichen; vor allem muß aber dieser Überschuß das Anwachsen spezialisierter Expertengruppen tragen können.[27]
Man muß bedenken, daß soziale Rollen auch in den »einfachsten« Gesellschaften in unterschiedlicher Weise mit dem Heiligen Kosmos in Beziehung stehen. So können etwa Väter den heiligen Dingen näher stehen als die Söhne – aber die Söhne werden im Laufe ihres Lebens selbst zu Vätern. Oder, um ein anderes Beispiel anzuführen, Häuptlinge können heilige Eigenschaften besitzen, die sie vor ihren anderen Stammesmitgliedern auszeichnen – aber Häuptlinge bewältigen ebenfalls viele Aufgaben, die mit dem Heiligen Kosmos nur entfernt zu tun haben. Man kann in einem solchen Fall von einer bevorzugten Zuschreibung religiöser Eigenschaften auf religiöse Rollen sprechen, nicht aber von spezialisierten religiösen Rollen. Die heiligen Eigenschaften bleiben in die biographischen Zyklen eingefügt und sind noch mit dem gesamten Rollenmuster »verschmolzen«. Unter diesen Umständen können vollständig spezialisierte Rollen nur entstehen, wenn die strukturellen Bedingungen erfüllt sind, die die Freistellung der religiösen Experten von der Produktion ermöglichen.
Eng damit verbunden sind die Bedingungen der Entstehung religiöser »Theorien«. Die zunehmende Komplexität der Arbeitsteilung, ein beträchtlicher Überschuß der Produktion über das Subsistenzminimum und ein dementsprechend differenziertes System der sozialen Schichtung tragen gemeinsam dazu bei, daß das Wissen um die Weltansicht in zunehmendem Maße sozial ungleichmäßig verteilt wird. Das bedeutet unter anderem, daß bestimmte Formen des Wissens nur noch gesellschaftlich approbierten Fach-

leuten zugänglich sind. Es bedeutet weiterhin, daß die gesellschaftliche Verteilung religiöser Repräsentationen in wachsendem Maße dem Muster der gesellschaftlichen Ungleichheit folgt. Aufgrund des Ortes und der Funktion des Heiligen Kosmos wird natürlich noch jedermann für lange Zeit in irgendeiner Weise am Heiligen Kosmos teilhaben, auch dann noch, wenn der Heilige Kosmos schon in den Aufgabenbereich von Fachleuten fällt. So wird der Fischer zum Beispiel wenig über die Herstellung von Bögen und der Bogenhersteller wenig über das Fischen wissen. Beide verfügen aber über einen gemeinsamen Bestand an heiligem Wissen, auch wenn ihr Wissen darüber keinem Vergleich mit dem heiligen Wissen des Häuptlings standhält. Das Relevanzsystem, das mit den jeweiligen Berufsrollen verknüpft ist, wird jedoch auf lange Frist solche Unterschiede im heiligen Wissen verstärken. Wenn die Sozialstruktur erst einmal ein bestimmtes Niveau der Differenzierung erreicht hat, führt die soziale und berufliche Schichtung zu unterschiedlichen Typen der Sozialisation, und dies wirkt sich wiederum auf die Zugangschancen zum Erwerb heiligen Wissens aus. Die daraus resultierende Ungleichheit in der Verteilung religiöser Repräsentationen hat im einfachsten Fall zur Folge, daß sich verschiedene Versionen des Heiligen Kosmos für die jeweiligen Berufsgruppen und sozialen Schichten ausbilden und festigen.

Je ungleicher religiöse Repräsentationen gesellschaftlich verteilt sind, um so weniger gelingt es dem Heiligen Kosmos, eine integrierende Funktion für die ganze Gesellschaft zu erfüllen. Dieser Gefahr wird mit zwei sich gegenseitig nicht ausschließenden Maßnahmen begegnet. Die verschiedenen Versionen des Heiligen Kosmos werden zu einem verpflichtenden Dogma vereinheitlicht; sollten dann noch irgendwelche Unterschiede der religiösen Repräsentationen verbleiben, so wird deren Existenz theoretisch auf eine Weise erklärt, die im Rahmen der »inneren Logik« des Heiligen Kosmos einsichtig erscheint. Nun sind aber nicht alle Gesellschaftsmitglieder in gleichem Maße von den Problemen betroffen, die zur Kodifizierung des Dogmas und zur Stützung der Plausibilität des Heiligen Kosmos führen. Die Probleme entstehen meist im Zusammenhang mit der Vermittlung des Heiligen Kosmos von einer Generation zur anderen, oder sie kommen dann auf, wenn es um die Pfründe derer geht, deren Rollen mit einem hohen Maß an heiliger Bedeutung beladen sind. Solche

Probleme sind recht unwahrscheinlich, solange religiöse Repräsentationen in einer Gesellschaft einigermaßen gleichmäßig verteilt sind. Die dem Heiligen Kosmos zugrundeliegende »Logik« gilt wie selbstverständlich, weil sie sich auf die unterschiedlichsten Situationen anwenden läßt. Die Geltung dieser »Logik« wird von einem jeden bestätigt. Somit bleiben der Heilige Kosmos und die ihm zugrundeliegende »Logik« unproblematisch. Die Wahrscheinlichkeit, daß die »Logik« des Heiligen Kosmos nicht mehr selbstverständlich gilt, erhöht sich jedoch in dem Maße, wie die soziale Verteilung der religiösen Repräsentationen heterogener wird. Vor allem diejenigen, die mit der Vermittlung religiöser Repräsentationen an die jeweils nächste Generation zu tun haben oder die Träger sozialer Rollen mit einer großen religiösen Bedeutung sind, können sehr leicht zur Überzeugung gelangen, daß der Heilige Kosmos und seine innere Logik weiter entwickelt werden müssen, um die Plausibilität aufrechtzuerhalten. Auf diese Weise wird das Verhältnis der einzelnen religiösen Repräsentationen untereinander zum Gegenstand mehr oder weniger systematischer Überlegungen und Deutungen. Eine Gruppe angehender Fachleute beginnt, den sinnhaften Zusammenhang der ganzen Weltansicht und des Heiligen Kosmos »theoretisch« auszuarbeiten. Wenn diese angehenden Fachleute vom Produktionsprozeß freigestellt werden können, entsteht unversehens die institutionelle Spezialisierung religiöser »Theorie«. Kurzum, die strukturell bedingte Zunahme der Kodifizierung und Deutung des Heiligen Kosmos trägt entscheidend zur Ausdifferenzierung spezialisierter religiöser Rollen bei.

Man sollte dabei nicht übersehen, daß natürlich auch »äußere« Faktoren dazu beitragen, daß Überlegungen und systematische Deutungen des Heiligen Kosmos vorgenommen werden. Der Kontakt zwischen unterschiedlichen Kulturen etwa führt in der Regel dazu, daß eine auf heimischem Boden gewachsene Religion mit einer importierten Religion konfrontiert wird. Solche Situationen ermuntern zu »theoretischen« Anstrengungen, die Überlegenheit der einheimischen Religion zu beweisen oder die eigene mit importierten Religionen auf synkretistische Weise miteinander zu verschmelzen. In der Mehrzahl der Fälle wird dadurch die Tendenz zur institutionellen Spezialisierung der Religion bestärkt, wenn etwa solche Kontakte zur Errichtung von Verteidigungsorganisationen eines schon im Kern kirchlichen Typs führen.

Die zunehmende Spezialisierung religiöser Rollen hat zur Folge, daß die Teilhabe der religiösen Laien am Heiligen Kosmos immer mittelbarer wird. Nur noch die religiösen Experten verfügen über das »ganze« heilige Wissen. Die Anwendung solchen Wissens liegt nurmehr im Zuständigkeitsbereich der Fachleute, und die Laien sind in zunehmendem Maße auf die Vermittlerrolle dieser Fachleute angewiesen, wenn es um die Beziehung zum heiligen Universum geht.

Beruht religiös orientiertes Handeln ursprünglich auf der vollständigen subjektiven Verinnerlichung von Normen und allgemeinen gesellschaftlichen Kontrollen, so wird die Gleichförmigkeit religiösen Handelns in »komplexeren« Gesellschaften mehr und mehr von religiösen Experten überwacht. Während religiöse Repräsentationen ursprünglich das Verhalten in den verschiedensten sozialen Situationen mit Sinn erfüllten und legitimierten, führt die wachsende Spezialisierung der Religion dazu, daß die soziale Kontrolle über »religiöses Handeln« nun besonderen Institutionen übertragen wird. Die Interessen der damit betrauten religiösen Experten an der Selektion und Ausbildung ihres Nachwuchses, am Ausschluß der Laien von den höheren Formen heiligen Wissens und an der Verteidigung ihrer Privilegien gegenüber konkurrierenden Expertengruppen führen im allgemeinen zur Ausbildung bestimmter Formen »kirchlicher« Organisationen.[28]

Die *institutionelle Spezialisierung* als eine *Sozialform der Religion* läßt sich zusammenfassend bestimmen durch die Standardisierung des Heiligen Kosmos in einem genau umschriebenen Dogma, durch die Ausgliederung von religiösen »Vollzeit-Rollen«, die Übertragung spezieller Sanktionsvollmachten zur Durchsetzung dogmatischer und ritueller Konformität auf besondere Einrichtungen und durch die Entstehung »Kirchen«-ähnlicher Organisationen.

Erst wenn Religion in besonderen sozialen Institutionen verankert wird, kann sich ein Gegensatz zwischen »Religion« und »Gesellschaft« ausbilden. Eine solche Verankerung ist die notwendige Bedingung für eine eigenständige Geschichte religiöser Dogmen und kirchlicher Organisationen, jenseits der weltlichen Kultur und jenseits »gesellschaftlicher«, d. h. nicht-religiöser Institutionen. Das Verhältnis von »Religion« und »Gesellschaft« nimmt in der Geschichte der sogenannten Hochkulturen vielfältige Formen an, deren Spektrum von Angleichung bis zum Konflikt reicht. Diese Kulturen unterscheiden sich nicht nur im Grad der institutionellen Spezialisierung der Religion, sondern auch im Stellenwert, der religiösen Institutionen in der ganzen Sozialstruktur eingeräumt wird. Dementsprechend ist der Gegensatz zwischen »Religion« und »Gesellschaft« in manchen Kulturen messerscharf zugespitzt, während er in anderen kaum in Erscheinung tritt.

Die Religion dient ursprünglich der Integration der Gesellschaftsordnung und der Legitimation des Status quo. Institutionell spezialisierte Religion hingegen kann sich unter bestimmten geschichtlichen Umständen in eine dynamische gesellschaftliche Kraft verwandeln. Bildet der Heilige Kosmos erst einmal eine andere Logik als »die Welt« aus und können sich beide Sphären auf je eigene institutionelle Bereiche stützen, dann entstehen Spannungen zwischen der religiösen Erfahrung und den Verpflichtungen, die der Alltag fordert. So können neu entstandene, besondere religiöse Gemeinschaften von ihren Mitgliedern Treueverpflichtungen einfordern, die sie in Konflikt mit weltlichen Institutionen – oder den Mitgliedern anderer religiöser Gemeinschaften – bringen. Die Geschichte des Christentums, aber auch diejenige des Islam und des Buddhismus, bietet viele Beispiele für die Suche nach intellektuellen oder strukturellen Lösungen dieser Spannungen und Konflikte. Man darf das aber nicht so verstehen, als sei die institutionell spezialisierte Religion eine im Kern »fortschrittliche« Kraft. Das Gegenteil käme der Wahrheit näher. Aufgrund ihrer sozialen Form trägt die institutionell spezialisierte Religion zwar die Möglichkeit eines Gegensatzes zwischen »Religion« und »Gesellschaft« in sich, gerade dieser Gegensatz kann aber als Katalysator sozialen Wandels wirken.

Es sollte noch einmal betont werden, daß es verschiedene Annäherungsformen an die institutionelle Spezialisierung der Religion gibt. Das bloße Vorhandensein einer »Teilzeit-Priesterschaft« kann zum Beispiel das Anfangsstadium der institutionellen Spezialisierung markieren. Theokratien können in dieser Hinsicht als Zwischenform angesehen werden. Die Kirche in der jüdisch-christlichen Tradition der abendländischen Geschichte stellt einen außergewöhnlichen und historisch einzigartigen Fall der institutionellen Spezialisierung der Religion dar. Er folgt auf die außerordentlich scharfe Trennung des Heiligen Kosmos von der profanen Welt, wie sie in der jüdischen Theologie ausgebildet wurde, auf die eschatologische Artikulation der inneren Logik dieses Kosmos, auf die Vielfältigkeit der Weltansichten, der kulturellen Konflikte und Synkretismen in den Gebieten, in denen das Christentum entstand, auf ein verhältnismäßig hohes Maß an »Autonomie« der politischen und wirtschaftlichen Institutionen im Römischen Reich und so weiter. Die Institutionalisierung des Dogma, die Entwicklung der Kirchenorganisation und die Ausdifferenzierung der religiösen Gemeinschaft innerhalb der Gesamtgesellschaft gedieh nirgendwo sonst in einem solchen Maße. Man darf darüber nicht vergessen, daß auch in Gesellschaften, die in geringerem Maße durch diese soziale Form der Religion charakterisiert sind, die Ausgliederung des Heiligen Kosmos aus der Weltansicht einhergeht mit einem verhältnismäßig hohen Maß an Spezialisierung religiöser Rollen in der Sozialstruktur und mit der Existenz von Gruppen, die einen privilegierten Anspruch auf religiöse Eigenschaften erheben.

v. Individuelle Religiosität

Religion wurzelt in einer grundlegenden anthropologischen Tatsache: Das Transzendieren der biologischen Natur durch den menschlichen Organismus. Diese Fähigkeit des einzelnen Menschen entsteht ursprünglich in gesellschaftlichen Vorgängen, die in der Reziprozität in Face-to-Face-Situationen gründen. Diese Vorgänge führen zur Konstruktion einer objektiven Weltansicht, zur Artikulation eines Heiligen Kosmos und, unter bestimmten Bedingungen, zur institutionellen Spezialisierung der Religion. Die gesellschaftlichen Formen der Religion beruhen somit in gewissem Sinne auf einem individuellen religiösen Phänomen: Die Individuation des Bewußtseins und des Gewissens auf dem Boden und nach dem Muster der menschlichen Intersubjektivität.

Das je konkrete historische Individuum macht sich natürlich nicht alleine an die Konstruktion von Weltansichten und Heiligen Kosmen. Es wird in eine schon bestehende Gesellschaft und eine vorgefertigte Weltansicht hineingeboren. Deshalb erlangt es den Status eines menschlichen Wesens nicht durch die eigentlich ursprünglichen Akte der Transzendenz. Menschlichkeit, eine die biologische Natur transzendierende Wirklichkeit, ist ihm durch die jeweiligen gesellschaftlichen Formen der Religion vorgegeben. Die Individuation des Bewußtseins und des Gewissens historischer Individuen wird objektiv von den historischen Religionen in ihren jeweiligen gesellschaftlichen Formen determiniert.

Die Weltansicht ist für den in die menschliche Gesellschaft hineingeborenen menschlichen Organismus eine objektive und feststehende Tatsache. Sie wird ihm durch konkrete Mitmenschen vermittelt, die die Objektivität und Gültigkeit der Weltansicht in einer Vielzahl sozialer Situationen aufzeigen und bestätigen und die ihre Dauerhaftigkeit durch diese fortlaufenden sozialen Handlungen sichern. Die Weltansicht ist ein objektives Sinnsystem, das die Vergangenheit und die Zukunft des einzelnen in eine zusammenhängende Biographie integriert und durch die die sich entfaltende Person ihren Ort im Verhältnis zu den Mitmenschen, zur gesellschaftlichen Ordnung und zum transzendenten Heiligen Kosmos findet. Die Beständigkeit des Sinns einer individuellen Existenz beruht auf dem Sinnzusammenhang der Weltansicht.

Im Prozeß der Sozialisation wird eine historische Weltansicht verinnerlicht. Das objektive Sinnsystem wird in eine subjektive Wirklichkeit umgewandelt. Das heißt, daß die Deutungsschemata und Verhaltensmodelle, die in der Weltansicht objektiviert sind, den subjektiven Bewußtseinsstrom überlagern. Das heißt aber auch, daß die der Weltansicht zugrundeliegende Bedeutungshierarchie zum subjektiven Relevanzsystem wird. Der einzelne gliedert seine Erfahrungen in Übereinstimmung mit diesem System nach abgestuften Graden der Bedeutsamkeit. Und nach dem Muster desselben Systems festigt sich eine Hierarchie der Dringlichkeiten, die dem einzelnen bestimmte Handlungen als wichtiger erscheinen lassen als andere. Aus der objektiven Weltsicht wird ein subjektives Orientierungssystem in der objektiven Wirklichkeit.

Wie die der Weltansicht zugrundeliegende Bedeutungshierarchie nicht ausdrücklich formuliert sein muß, sondern ein rein »struktureller« Zug der Weltansicht bleiben kann, muß auch das subjektive Relevanzsystem vom einzelnen nicht bewußt als ein System aufgefaßt werden. Es kann sein, daß er sich nur bestimmter Deutungsschemata und bestimmter Motive bewußt wird. Dennoch ist das subjektive Relevanzsystem ein konstitutives Element der persönlichen Identität, und zwar allein schon deswegen, weil es ein durchgängiges Muster von Vorlieben darstellt und der einzelne sich daran orientiert, wenn er sich zwischen verschiedenen Handlungsmöglichkeiten entscheiden muß.

Zusammenfassend kann man sagen: Die Individuation des Bewußtseins und des Gewissens eines historischen Individuums geschieht weniger durch eine originäre Neuerschaffung von Weltansichten als durch die Internalisierung einer schon vorkonstruierten Weltansicht. Die Weltansicht und die ihr zugrundeliegende Bedeutungshierarchie wird so zum individuellen Relevanzsystem, das den Bewußtseinsstrom überlagert. Die persönliche Identität eines jeden historischen Individuums wird damit zum subjektiven Ausdruck einer historischen Weltansicht. Hatten wir vorher die Weltansicht als eine universale gesellschaftliche Form der Religion definiert, so können wir entsprechend die persönliche Identität als eine universale Form der individuellen Religiosität definieren.

Im Rahmen einer Weltansicht kann sich ein Heiliger Kosmos ausbilden, der die Bedeutungshierarchie, die der Weltansicht zugrunde liegt, symbolisch repräsentiert. Wenn ein Individuum in eine Gesellschaft hineingeboren wird, in der ein Heiliger Kosmos zur objektiven Wirklichkeit gezählt wird, so wird er diesen Heiligen Kosmos in Gestalt bestimmter religiöser Repräsentationen verinnerlichen. Die verinnerlichten religiösen Repräsentationen behalten ihren Bezug auf den objektiven Heiligen Kosmos natürlich bei und zeichnen sich vor anderen Deutungsschemata und Verhaltensmodellen durch eine außerordentliche Bedeutsamkeit aus. Im Bewußtseinsfeld ragen sie als eine mehr oder weniger deutlich abgegrenzte Sinnschicht heraus. Dieser Sinn erhellt die alltäglichen Gewohnheiten in den Augen des Individuums und erleuchtet selbst die Unabänderlichkeit der Lebenskrisen. Sowohl die Gewohnheiten wie auch die Krisen werden durch die verinnerlichten religiösen Repräsentationen in einen transzendenten Sinnzusammenhang gestellt und durch die »Logik« des Heiligen Kosmos gerechtfertigt und erklärt. Derart bilden die verinnerlichten religiösen Repräsentationen ein subjektives System letzter Relevanzen und alles überragender Motive.

Diese »religiöse« Schicht des individuellen Bewußtseins steht in einem ähnlichen Verhältnis zur persönlichen Identität wie der Heilige Kosmos zur Weltansicht als Ganzem. Das subjektive System »letzter« Relevanzen – das immer seinen Bezug auf den subjektiven Heiligen Kosmos beibehält – dient sozusagen der ausdrücklichen Legitimation und Rechtfertigung des Systems subjektiver Vorlieben, das ein konstitutives Element der persönlichen Identität ist.

Je deutlicher der Heilige Kosmos innerhalb einer Weltansicht artikuliert ist, um so eher werden die verinnerlichten religiösen Repräsentationen eine verhältnismäßig ausgegrenzte »religiöse« Schicht im Bewußtsein der Individuen ausbilden, die in eine solche Weltansicht hinein sozialisiert wurden. In diesem Fall werden die Individuen – ceteris paribus – eher in der Lage sein, Angelegenheiten, die für sie oder für andere von »letzter« Bedeutung sind, ausdrücklich zur Sprache zu bringen. Die Mitteilbarkeit erkennbar religiöser Erfahrungen führt ihrerseits wieder zur Verschärfung der Trennung zwischen Heiligem Kosmos und Weltansicht. Man muß dabei jedoch im Auge behalten, daß weder der Heilige Kosmos noch die Weltansicht als ganze nur in Form einzelner Zeichen oder Symbole, sondern als zusammenhängende Sinnblöcke verinnerlicht werden, die subjektive Muster von

Handlungspräferenzen prägen. Dank dieser Muster werden sie zu einer tragenden Säule der persönlichen Identität, selbst dann, wenn der einzelne die Rhetorik der »letzten« Rechtfertigungen nicht vollständig übernommen hat. Wird ein Heiliger Kosmos als eine ausgegrenzte »religiöse« Schicht des einzelnen Bewußtseins internalisiert, dann können wir von einer individuellen Religiosität sprechen, die eine spezifischere Prägung hat als die persönlichen Identität im allgemeinen.

Wie wir schon festgestellt haben, ist der Heilige Kosmos in eine soziale Struktur eingebettet. Deshalb begegnet der einzelne im Laufe seiner primären Sozialisation vielen Situationen, in denen religiöse Repräsentationen – noch im Vorgang der Verinnerlichung – durch verschiedene Institutionen verstärkt werden, die gar keine besonders religiösen Aufgaben verfolgen. Mit geheiligtem Sinn versehene Normen – Vaterschaft, Ritterlichkeit, Kastenstolz, Nationalstolz, um nur einige zu nennen – sind in unterschiedlichen institutionellen Kontexten wirksam. In diesen Kontexten kristallisiert sich auch heraus, wie die verinnerlichten religiösen Repräsentationen konkret angewandt werden. Weil die religiösen Repräsentationen in so unterschiedlichen Kontexten nicht eigens religiöser Institutionen definiert werden, behalten sie ihre allgemeine Geltung und übergeordnete Bedeutung bei, obwohl sie tatsächlich bloß als eine begrenzte Schicht des individuellen Bewußtseins verinnerlicht werden. Wie wir bald sehen werden, bietet die Kirchlichkeit die Möglichkeit zu einer Abweichung von dieser Regel.

Schon oben wurde darauf hingewiesen, daß eine vollständige institutionelle Spezialisierung der Religion nur unter ganz besonderen soziohistorischen Bedingungen entsteht. In den Gesellschaften, in denen Religion diese soziale Form annimmt, gilt es als selbstverständlich, daß Religion durch die Kirche vermittelt wird, wie es ja auch in anderen Gesellschaften fraglos gilt, daß die Religion mit der sozialen Form, in der sie auftritt, identisch ist. Die Verwicklungen, die in der Folge der sogenannten Säkularisierung entstanden, werden wir weiter unten besprechen. Der einzelne wächst in einer Situation auf, in der Religion ein zusammenhängendes Sinnsystem bildet. Dieses Sinnsystem bezieht sich auf eine symbolische Wirklichkeit, die von jedermann als religiös anerkannt wird und die in der Gesellschaft von Menschen, Gebäuden, Riten, Ikonen, Emblemen u. ä. repräsentiert wird und deren religiöse Eigenschaften deutlich herausgehoben sind. Die Ausbildung der persönlichen Identität ist notwendigerweise von dem vorgefertigten »offiziellen« Modell der Religion abhängig. Freilich ist der Grad der Beschränkungen, die das »offizielle« Modell der individuellen Religiosität auferlegt, innerhalb gewisser Grenzen veränderlich. Das werden wir weiter ausführen, wenn wir auf die sogenannte Säkularisierung zu sprechen kommen. Vor dem Einsetzen der Säkularisierung führten jedoch die typisch ablaufenden Sozialisationsprozesse – in Gesellschaften, die durch diese soziale Form der Religion charakterisiert waren – zur Entwicklung einer individuellen Religiosität in Gestalt der Kirchlichkeit. Für das typische Mitglied solcher Gesellschaften sind deshalb die Angelegenheiten »letzter« Bedeutung von der Religion als einer spezialisierten Institution und von ihrem »offiziellen« Modell geprägt.

Auf diese Weise wird die individuelle Religiosität von einer historischen Kirche konkret geformt. Der Heilige Kosmos ist über eine Doktrin zugänglich, die in heiligen Texten und Kommentaren kodifiziert ist. Die Doktrin wird durch eine offizielle Körperschaft von Experten in einer für die Laien verpflichtenden Weise verwaltet, vermittelt und interpretiert. Alle Handlungen, die mit dem Heiligen Kosmos in Verbindung stehen, werden in einer Liturgie festgehalten, die von dazu eigens ernannten Fachleuten in Szene gesetzt oder wenigstens von ihnen überwacht und kontrolliert wird. Wie jede historische Institution entwickelt die Kirche überdies eigene Traditionen, die in ihrem Selbstverständnis und in unabdingbaren Rechten der Verwaltungsbürokratien und Machteliten wurzeln. Obwohl diese Traditionen mit dem Heiligen Kosmos wenig zu tun haben, sind kirchliche Körperschaften in der glücklichen Lage, sie in Übereinstimmung mit der (eh und je von ihnen gedeuteten) »Logik« des Heiligen Kosmos rechtfertigen zu können. Religion wird zu einem wohl umschriebenen und deutlich sichtbaren Teil der gesellschaftlichen Wirklichkeit, in der nun nicht nur Religionsstifter, Propheten, heilige Texte, Theologen und Rituale zu finden sind, sondern ebenso Gebäude, Sonntagsschulen, Klingelbeutel, Kirchensteuerbeamte, Pfarrersfrauen und Totengräber.

Die Tatsache, daß die individuelle Religiosität von einer hochgradig spezialisierten Religion geprägt wird, hat einige wichtige Folgen. Die Bande, die den einzelnen mit dem Heiligen Kosmos verbinden, werden von einer Institution geknüpft, die die Alleinrechte auf die Interpretation »letzter« Bedeutungen erhebt und die gleichzeitig verschiedene »weltliche« Ziele verfolgt, welche sich als Organisation aus der institutionellen Struktur sowie aus ihren – gespannten oder harmonischen – Beziehungen mit anderen spezialisierten Institutionen, den Privilegien ihrer Amtsträger usw. ergeben. Schon oben hatten wir bemerkt, daß die Struktur religiöser Repräsentationen vom einzelnen als subjektives System »letzter« Bedeutungen verinnerlicht wird. In solchen Gesellschaften, die sich durch eine institutionelle Spezialisierung der Religion auszeichnen, bedeutet das konkret, daß der einzelne in das »offizielle« Modell der Religion mit dem ausdrücklichen Ziel sozialisiert wird, jenes möge sein persönliches System »letzter« Bedeutungen bilden. Die erfolgreiche Erfüllung dieser Absicht setzt gleichwohl voraus, daß das »offizielle Modell« eine Geschlossenheit aufweist, die subjektiv plausibel erscheint. Ist dies der Fall, behält das verinnerlichte Modell seine allgemein gültige und übergeordnete Bedeutung für das ganze Leben des einzelnen bei: es ist fähig, die Deutungsschemata und Verhaltensnormen, die seine existentiellen Routinen und Krisen beherrschen, zu integrieren und zu legitimieren. Sinnzusammenhang und subjektive Plausibilität stoßen in institutionell spezialisierten Religionen jedoch auf drei miteinander verbundene Schwierigkeiten, die andere soziale Formen der Religion nicht kennen.

Zum einen beinhaltet das »offizielle« Modell der Religion nicht nur Artikulationen des Heiligen Kosmos und Festlegungen des Umgangs mit dem Heiligen Kosmos, sondern auch Deutungen der Stellung der Kirche (und der religiösen Fachleute) im Verhältnis des einzelnen zum Heiligen Kosmos *und* zu anderen Institutionen. Das »offizielle« Modell ist natürlich von Fachleuten verfaßt und ausgebaut worden; es gliedert sich in verschiedene Bereiche, die zum Gegenstand eines Sonderwissens werden, wie etwa Dogma, Liturgie, Sozialethik und so weiter. Die verhältnismäßige Selbständigkeit der einzelnen Bereiche innerhalb des »offiziellen« Modells spiegelt sich in gewissem Maße in den Vorgängen wider, mittels derer der einzelne in das »offizielle« Modell sozialisiert wird. Das hat nun weiter zur Folge, daß sich Kirchlichkeit psychologisch in gegeneinander abgegrenzte Ausschnitte ausprägt, also sozusagen subjektive Entsprechungen der verschiedenen Bereiche des »offiziellen« Modelles. Eine anerkannte Doktrin findet ihre subjektive Entsprechung in einer Reihe individueller Glaubensüberzeugungen. Der standardisierten Liturgie entspricht auf der Seite des Subjekts die Befolgung eines wohlumgrenzten Musters individueller Verhaltensformen. Die Traditionen der historischen Institution Kirche finden ihren subjektiven Ausdruck in verschiedenen Formen der Identifikationen des Subjekts mit kirchlichen Körperschaften, religiösen Gruppen und Gemeinschaften und in »weltlichen« Handlungen, die vom Individuum bewußt und ausdrücklich in seiner Rolle als Kirchenmitglied ausgeübt werden.[29]

Die Ausschnitte der Kirchlichkeit *können* weiterhin ein subjektiv sinnvolles Ganzes bilden. Das »richtige« Verhältnis der Ausschnitte wird im »offiziellen« Modell mehr oder weniger ausdrücklich berücksichtigt, wenn z. B. einmal der »Glauben« betont wird oder die »gute Tat« oder die Einhaltung des Rituals. Auch dieses Verhältnis kann demnach, zusammen mit den einzelnen Dimensionen des »offiziellen« Modells, verinnerlicht werden. Die Verfestigung unterschiedlicher Bereiche des »offiziellen« Modells ist keine hinreichende Ursache für die Auflösung des Sinnzusammenhangs der Kirchlichkeit. Dennoch stellt sie eine *potentielle* Gefahr dar für die subjektive Plausibilität des »offiziellen« Modells als eines subjektiven Systems »letzter« Bedeutung.

Diese Gefahr wird durch ein zweites Merkmal der institutionell spezialisierten Religion noch vergrößert. Das »offizielle« Modell tritt als ein Satz von sehr spezifischen Handlungsnormen und Glaubensüberzeugungen in Erscheinung. Die Abtrennung des Heiligen Kosmos von der »Welt« kann zu einer Abschwächung der Integrationsfunktion religiöser Repräsentationen für das alltägliche Handeln führen, wenn ihr nicht dadurch begegnet wird, daß die Religion das gesellschaftliche Leben stärker durchdringt. Diese Durchdringung wiederum hätte zur Voraussetzung, daß der Heilige Kosmos auf einer eher breiten als einer spezialisierten sozialen Basis steht. Die institutionell spezialisierten Religionen aber haben den psychologischen Auswirkungen der Abtrennung des Heiligen Kosmos nichts entgegenzusetzen. Ganz im Gegenteil werden religiöse Repräsentationen aufgefaßt als hochgradig spezialisierte Verhaltensnormen mit Glaubensüberzeugungen, die das Rollenhandeln nur sehr punktuell und mit großen Unterbrechungen leiten. So versteht der einzelne unter »Religion« die

Erfüllung ganz *besonderer* Anforderungen. Die Erstarrung psychologisch unterscheidbarer Ausschnitte der Kirchlichkeit begünstigt diese Gefahr offensichtlich. In der Regel kann nämlich die Erfüllung von Rollenanforderungen hochgradig routinisiert werden. Religiöse Rollenanforderungen machen dabei keine Ausnahme. Besondere religiöse Normen, so wie die Ostermesse, der Glaube an den dreieinigen Gott oder die Befolgung des Sabbath, können deshalb in voneinander isolierten Blöcken von Handlungsweisen und »Meinungen« zur Gewohnheit werden. In diesem Fall wird die ursprüngliche Verbindung zwischen den institutionalisierten religiösen Normen und dem subjektiven System »letzter« Bedeutungen bedroht, obwohl die heiligen Eigenschaften der Normen weiterhin nominell anerkannt werden. Das tatsächlich *wirksame* System subjektiver Präferenzen kann sich ablösen von den »letzten« Bedeutungen, wie sie im »offiziellen« Modell festgelegt sind. Die Rhetorik des internalisierten »offiziellen« Modells kann weiterhin plausibel genug sein, um die Erfüllung der spezifischen religiösen Normen zu motivieren. Unter bestimmten Bedingungen, denen wir später nachgehen werden, kann die Plausibilität dieser Rhetorik in einem solchen Maße abnehmen, daß die typischen Gesellschaftsmitglieder den institutionellen Anforderungen nicht mehr nachkommen – wenn die »religiösen« Motive nicht sogar durch »nicht-religiöse« ersetzt werden. Im allgemeinen kann man sagen, daß die institutionell spezialisierte Religion zu einer gewissen Gefährdung der ihr entsprechenden Form individueller Religiosität führt. Anliegen von »letzter« Bedeutung, wie sie im »offiziellen« Modell festgelegt sind, können im Prinzip in gewohnheitsmäßige und unzusammenhängende Erfüllungen oder Teilerfüllungen oder Verweigerungen spezifisch religiöser Pflichten umgewandelt werden, deren »heilige« Qualität nurmehr nominell gilt. Auf diese Weise büßen spezifisch religiöse Repräsentationen ihre Kraft ein, die verschiedensten Elemente des *subjektiven* Systems »letzter« Bedeutungen zu integrieren.

Die subjektive Plausibilität des »offiziellen« Modells der Religion stößt auf eine dritte Schwierigkeit, die in der Natur dieser sozialen Form der Religion begründet ist. Das »offizielle« Modell wird von einer spezialisierten Gruppe hauptberuflicher Sachverständiger formuliert, vermittelt und interpretiert. Selbst wenn die Sachverständigen von der Alltagswelt, mit der es die anderen Gesellschaftsmitglieder gewöhnlicherweise zu tun haben, nicht völlig abgeschottet sind, beschäftigen sie sich doch vorrangig mit Angelegenheiten des Heiligen Kosmos, mit der »Theorie« und der Verwaltung der spezialisierten Institution. Sie können sich deshalb bis zu einem gewissen Grad von den typischen Routinen und Krisen der Laien distanzieren. Das aber gefährdet potentiell die Übereinstimmung zwischen dem Heiligen Kosmos der Sachverständigen auf der einen Seite und den Fragen, die für die Laien von großer, wenn nicht sogar »letzter« Bedeutung sind, auf der anderen Seite. Zweifellos kann dieser Gefahr durch ausdrücklich »pädagogische« Maßnahmen mehr oder weniger erfolgreich begegnet werden, wie z. B. Übersetzung des Heiligen Kosmos der »Theologen« in die Sprache der Laien durch eine Körperschaft »pastoraler«, »seelsorgerischer« Experten. Einer anpassungsfähigen Kirchenorganisation kann es sogar gelingen, aufkommende unterschiedliche Versionen des Heiligen Kosmos in eine einheitliche Konzeption zu integrieren. Dennoch erzeugt dieser »theoretische« Charakter des »offiziellen« Modells die Gefahr einer Kluft zwischen diesem und dem subjektiven System »letzter« Bedeutungen der typischen Gesellschaftsmitglieder. Zusammen mit der Erstarrung psychologisch getrennter Ausschnitte der Kirchlichkeit und mit der Routinisierung der Erhaltung hochgradig spezifischer religiöser Normen ist dies ein Grund für die Entstehung der sogenannten Säkularisierung.

VI. Religion und persönliche Identität in der modernen Gesellschaft

Zu Beginn dieser Arbeit stellten wir eine Reihe von Fragen über das Verhältnis des einzelnen zur gesellschaftlichen Ordnung in der modernen Welt. Wie faßt ein Individuum seine Beziehung zur Gesellschaft typischerweise auf? Was sind die gesellschaftlichen Bedingungen für den subjektiven Sinn des einzelnen Lebens in der modernen industriellen Gesellschaft? Nachdem diese Fragen einmal formuliert waren, bemerkten wir, daß sowohl Max Weber als auch Emile Durkheim das Problem der Beziehung des einzelnen zur gesellschaftlichen Ordnung und auch die besondere Ausprägung dieser Beziehung als ein religiöses Phänomen ansahen; die Theorie der Religion nimmt in ihren soziologischen Werken folglich einen herausragenden Platz ein. Als ein vielversprechender Ausgangspunkt, um diese Frage anzugehen, erschien uns die Erörterung der Folgen ihrer jeweiligen Positionen und die Annahme, daß sich in der Religion die Veränderungen des Verhältnisses von Gesellschaft und einzelnem widerspiegelten. Es wurde bald klar, daß eine unter einem solchen Gesichtspunkt betriebene Untersuchung der gegenwärtigen Religion wenig Hilfe von der jüngeren Religionssoziologie zu erwarten hat. Ein Grund liegt, wie bekannt, darin, daß die jüngere Religionssoziologie eine besondere Form der Religion als Prototyp der Religion *tout court* betrachtet. Unter dieser Voraussetzung belegt die Forschung über Kirchen und Kirchlichkeit in Industriegesellschaften nichts anderes, als daß die Religion allgemein auf dem Rückzug ist, daß die moderne Welt immer weniger »religiös« ist und daß der typische Bürger der modernen Welt ein Leben führt, das immer mehr an »echter« Bedeutung verliert.

Um auf unsere anfängliche Frage sinnvolle Antworten zu finden, schien es notwendig, einen Zugang zur Religion in der heutigen Gesellschaft zu finden, der weniger mit Vorurteilen behaftet und weniger von kirchlichen und konfessionellen Erwägungen geleitet ist. Deshalb untersuchten wir die anthropologischen Bedingungen der Religion und beschrieben, ausgehend von diesen Bedingungen, die Entwicklung der verschiedenen gesellschaftlichen

Formen der Religion. Unsere Untersuchung sollte zur Entdekkung der gemeinsamen Elemente oder, wie wir sagen können, der den historischen Artikulationen der Religion zugrundeliegenden religiösen Funktionen und der strukturellen Determinanten der wesentlichsten gesellschaftlichen Formen der Religion führen. An dieser Stelle mag eine kurze Zusammenfassung der Ergebnisse dieser Untersuchung hilfreich sein.

Die anthropologische Bedingung der Religion wurzelt in der »Dialektik« von Individuum und Gesellschaft, die die Vorgänge der Individuation von Bewußtsein und Gewissen durchdringt. Diese Vorgänge führen zur Objektivierung einer Weltansicht, die dem eigentlich ungebundenen Bewußtseinsstrom eine ihm »transzendente« Bedeutungshierarchie verleiht. Deshalb definierten wir die Weltansicht als eine universale, aber unspezifische Form der Religion. Sie findet ihr subjektives Korrelat im verinnerlichten Relevanzsystem, das die Grundlage der persönlichen Identität bildet. Die Untersuchung deckte die Bedingungen auf, unter denen spezifische gesellschaftliche Formen aus dieser universalen Form der Religion hervorgehen. In ihrer universalen Form ist Religion gleichmäßig über die ganze Gesellschaft verbreitet. Sie verdichtet sich zusehends in besonderen, sozialen Formen, die von der Artikulation eines Heiligen Kosmos in einer Weltansicht bis zur institutionellen Spezialisierung der Religion reichen. Auf der Seite des Subjekts entspricht der Artikulation die interne Ausgliederung der religiösen Repräsentationen in Form eines individuellen Systems »letzter« Relevanzen. Der institutionellen Spezialisierung der Religion entspricht auf der Seite des Subjekts die Ausbildung eines verinnerlichten Bereiches des »offiziellen« Modells der Religion, ein Bereich, den wir Kirchlichkeit nannten.

Eine objektive Weltansicht ist natürlich ebenso ein konstitutives Element jeder Gesellschaft, wie zu jeder persönlichen Identität ein individuelles Relevanzsystem gehört. Die Aussage, daß Religion in ihrer unspezifischen Form in allen Gesellschaften und allen »normalen« (sozialisierten) Individuen zu finden ist, gilt deshalb *a priori*. Sie bezeichnet eine religiöse Dimension in der Definition von Individuum und Gesellschaft, ist aber bar jedes empirischen Gehalts.

Eine empirische Frage ist hingegen, ob Gesellschaften existieren, die Religion ausschließlich in dieser unspezifischen Form kennen. An dieser Stelle können wir nur sagen, daß die Existenz solcher

Gesellschaften vorstellbar ist, wie man sich ja entsprechend auch Individuen vorstellen kann, die nach einem Muster von Vorlieben handeln, ohne fähig zu sein, »letzte« Gründe für ihr Tun zu nennen. Für das vorliegende Problem ist aber eine andere empirische Frage drängender; deshalb werden wir sie etwas ausführlicher behandeln. Wenn eine Gesellschaft durch eine institutionell spezialisierte gesellschaftliche Form der Religion gekennzeichnet ist, welche Folgen hat dies dann für die in dieser Form verkörperte religiöse Funktion? Geht man vom institutionalisierten Charakter der Religion aus, dann wäre es unrealistisch anzunehmen, daß die gesellschaftliche Form in einem einfachen Verhältnis zur universalen und unspezifischen Form der Religion stünde. Die Kirche ist zu gleicher Zeit mehr und weniger als die »vollkommene« historische Artikulation eines Heiligen Kosmos, in dem die Sinnhierarchie in einer Weltansicht zum Ausdruck kommt.

Wir können das Problem vielleicht so angehen, daß wir uns vorstellen, die Kirche, der sakrale Kosmos und die Sinnhierarchie in einer Weltansicht seien vollkommen identisch. Auf der Seite des Subjekts besagt das, daß das »offizielle« Modell der Religion, das individuelle System letzter Relevanzen und das individuelle Muster der Vorlieben völlig identisch sind. Es mag nebenbei angemerkt werden, daß diese Situation dem ähnelt, was man ein unausgesprochenes theologisches Wunschbild nennen könnte. Diese Situation kann nie vollständig verwirklicht werden; empirisch ist sie unmöglich aus Gründen, auf die wir in einem anderen Zusammenhang hinweisen und die wir gleich in aller Länge ausbreiten werden. Diese imaginäre Situation kann bestenfalls als Ausgangspunkt zur Konstruktion eines »Idealtyps«, eines heuristischen Modells zum Vergleich der verschiedenen Phasen in der institutionellen Spezialisierung der Religion, dienen. Es ist offenkundig, daß die christlichen Gesellschaften des Mittelalters einer solchen imaginären Situation näher kamen als Gesellschaften der jüngeren abendländischen Geschichte.

Die Vorstellung einer vollständigen Deckung zwischen »offizieller« Religion und dem subjektiven System »letzter« Bedeutungen beruht auf der stillschweigenden Annahme, daß ein Individuum vollständig in die gesellschaftliche Ordnung sozialisiert werden könnte. Diese Annahme ist natürlich unhaltbar. Dennoch kann es möglich sein, diese Schwierigkeit im Falle verhältnismäßig einfacher Gesellschaften zu vernachlässigen – Gesellschaften, in denen die Individuen einen Großteil einer doch recht einheitlichen Kultur verinnerlichen. Es wäre jedoch vermessen, dieses Problem im Falle moderner Gesellschaften zu vernachlässigen. Denn genau in diesen Gesellschaften wird die Religion oft institutionell spezialisiert. Von verhältnismäßig einfachen Gesellschaften könnte man also behaupten, daß sich bei ihnen der Heilige Kosmos und das verinnerlichte System »letzter« Bedeutungen der einzelnen Gesellschaftsmitglieder in hohem Maße decken. Ein vergleichbares Maß an Deckung des »offiziellen« Modells der Religion mit dem subjektiven System »letzter« Bedeutung ließe sich jedoch nicht für die Mitglieder der Gesellschaften behaupten, in denen sich die institutionelle Spezialisierung der Religion vollzogen hat.

Unsere Konstruktion einer Situation, in der es zwischen Kirche, Heiligem Kosmos und der Bedeutungshierarchie der Weltansicht zu einer vollkommenen Deckung kommt, ist aus einem weiteren Grund unrealistisch. Vollständig spezialisierte religiöse Institutionen entstehen nur unter der Bedingung, daß die Sozialstruktur eine beträchtliche Komplexität erreicht hat und damit die Weltansicht sozial ungleich verteilt ist. Solche Institutionen können deshalb nicht mehr Ausdruck *der* Bedeutungshierarchie in *der* Weltansicht sein. Andererseits müßten in Gesellschaften, in denen dies vorstellbar wäre, die Bedingungen für eine vollständige institutionelle Spezialisierung fehlen.

Ein zusätzlicher Faktor, der Beachtung verdient, ist das Aufkommen miteinander konkurrierender heiliger Universa in Gesellschaften, in denen strukturelle Bedingungen die Entstehung institutionell spezialisierter Religion fördern. Doch selbst wenn wir vorläufig von den Folgen des religiösen Pluralismus für die spezialisierten religiösen Institutionen absehen, können wir doch davon ausgehen, daß sich die Bedingungen für die vollständige institutionelle Spezialisierung der Religion und die Voraussetzungen für die vollständige Deckung zwischen dem »offiziellen« Modell und der individuellen Religiosität gegenseitig ausschließen.

Durch die institutionelle Spezialisierung der Religion ändert sich das Verhältnis des Individuums zum Heiligen Kosmos und zur gesamten gesellschaftlichen Ordnung. Als eine Folge dieser Veränderungen wird die Kirche zu einer sehr zwiespältigen Erscheinung, was ihre religiöse Funktion angeht. Die Kirche geht eine Vielzahl von Beziehungen mit anderen, mehr oder weniger spezialisierten Institutionen ein, deren Hauptaufgaben vorrangig im

»weltlichen« Bereich liegen. Die Beziehungen der Kirche zu politischen und ökonomischen Institutionen können von gegenseitiger Unterstützung über teilweise Anpassung bis zum Wettbewerb und zum offenen Konflikt reichen. Innerhalb solcher Beziehungen entwickelt die Kirche unausweichlich eigene »weltliche« Interessen. Neben ihrer dogmatischen und liturgischen Tradition bilden sich somit auch ökonomische, politische und administrative Traditionen aus. Insbesondere die Verwaltung gewinnt ein beträchtliches Eigengewicht, da ihr die alltägliche Abwicklung der weltlichen Probleme, die sich der Kirche laufend stellen, obliegt. Durch diese Traditionen verschwimmen die Zwecke, für die die Kirche ihrem Verständnis nach ausersehen waren, in den Augen der Personen, die die spezifisch religiösen Ansprüche der Kirche für bare Münze nehmen. In welchem Ausmaß die Ziele gefährdet werden, bleibt noch zu erörtern.
Die religiösen Experten bemerken recht schnell, daß die Ambivalenz der Kirche hinsichtlich ihrer religiösen Funktion ein ernsthaftes Problem darstellt. Würden sie das »offizielle« Modell für bare Münze nehmen, dann könnten die »weltlichen« Aktivitäten der Kirche als skandalös oder doch zumindest als in einem Ausmaß anrüchig erscheinen, das der Rechtfertigung dieser Verstrickungen im Sinne der »Logik« des heiligen Universums bedarf. Jedenfalls sind die Experten verpflichtet, sich mit den sozialpsychologischen Auswirkungen dieses Problems zu beschäftigen. Die Plausibilität des »offiziellen« Modells der Religion wird durch die »weltlichen« Aktivitäten der Kirche potentiell gefährdet. Wenn das »offizielle« Modell der Religion an andere vermittelt wird, müssen die religiösen Experten deshalb »heilige« Erklärungen für die »weltlichen« Verstrickungen der Kirche bereithalten. Die Plausibilität des »offiziellen« Modells gerät am stärksten unter »pluralistischen« Verhältnissen in Bedrängnis. Religiöse Freischärler, die für ihre konkurrierenden heiligen Universa einen offiziellen Status fordern, erheben Anspruch auf die dogmatische Überlegenheit ihrer Vorstellungen; darüber hinaus sind sie für gewöhnlich vom höheren Maß ihrer »Reinheit« gegenüber weltlichen Interessen überzeugt. Die Geschichte sektiererischer Bewegungen im Christentum und im Islam bietet unzählige Beispiele für diese Beobachtung. Allgemein läßt sich sagen, daß der Zwiespalt der Kirche dann am klarsten als ein Problem wahrgenommen wird, wenn die Plausibilität des »offiziellen« Modells der

Religion durch andere, von außen herangetragene Kräfte bedroht wird. Die Wahrnehmung des Problems beflügelt die religiösen Experten zur Suche nach »heiligen« Erklärungen für die »weltlichen« Verstrickungen. Die Lehre von der sichtbaren und der unsichtbaren Kirche in der christlichen Theologie mag als ein Beispiel dafür dienen. Ob die theoretischen Anstrengungen zur Errichtung von Schutzvorrichtungen für die Plausibilität des »offiziellen« Modells erfolgreich sind, hängt von einer Vielzahl von Faktoren ab. Am wichtigsten ist die Flexibilität der »Logik« des jeweiligen heiligen Universums und die Stärke des tatsächlichen Monopols, das eine bestimmte Körperschaft religiöser Experten in der Verbreitung ihres »offiziellen« Modells innehat. Die Wurzel des Problems kann jedoch nicht bloß aufgrund theoretischer Anstrengungen ausradiert werden: Die Kirche als konkrete Institution läßt sich nicht ausschließlich durch ihre religiöse Funktion bestimmen.

Eine weitere Folge der institutionellen Spezialisierung der Religion ist, daß das Mißverhältnis zwischen dem »offiziellen« Modell der Religion und den sozial vorherrschenden individuellen Systemen »letzter« Bedeutung kritische Ausmaße annehmen kann. Natürlich ist ein Heiliger Kosmos noch vor jeder institutionellen Spezialisierung ein verhältnismäßig stabiles Gebilde in der gesellschaftlichen Wirklichkeit. Immer wenn Angelegenheiten von »letzter« Bedeutung in einer Weltansicht objektiviert werden, die subjektive Vorgänge und Biographien transzendiert, werden sie widerstandsfähiger gegen Veränderungen als die Alltagsangelegenheiten, die in der Bedeutungshierarchie an untergeordneter Stelle stehen. Die institutionelle Spezialisierung der Religion, die die Vermittlung des »offiziellen« Modells standardisiert und einen dogmatischen Kanon und Kontrollen gegen Abweichungen errichtet, stärkt die innere Stabilität ihres Heiligen Kosmos ganz entscheidend. Durch die Verfestigung religiöser Glaubensüberzeugungen und Riten in einem »offiziellen« Modell und durch die Unterstützung, die es von der Institution erfährt, wird ihm ein hohes Maß an Objektivität und Beständigkeit in solchen Angelegenheiten verliehen, die für jeden eine »letzte« Bedeutung haben. Die Stabilität des Heiligen Kosmos liegt überdies dem einflußreichen Teil der Körperschaft religiöser Sachverständiger sehr am Herzen.

Dadurch entsteht ein Problem. Man kann behaupten, daß das

hohe Maß an Stabilität des Heiligen Kosmos die Stabilität verhältnismäßig einfacher Gesellschaften fördert – wie sie diese Stabilität zugleich auch widerspiegelt. Andererseits zeichnen sich gerade verhältnismäßig komplexe Gesellschaften durch die institutionelle Spezialisierung der Religion und die entsprechend verstärkte Stabilität des Heiligen Kosmos aus. Solche Gesellschaften weisen jedoch eine Geschwindigkeit des sozialen Wandels auf, die zumindest gemächlich ist. Doch sogar ein mäßig schneller sozialer Wandel bringt es mit sich, daß sich die Routinen und alltäglichen Probleme der Individuen in solchen Gesellschaften über Generationen hinweg wandeln. Wenn der soziale Wandel rascher verläuft, wird das Problem drängender. Die alltäglichen Sorgen der Väter sind nicht mehr die der Söhne, und viele Sorgen der Söhne sind ihren Vätern unbekannt. Im Zusammenhang mit solchen sich wandelnden Sorgen werden sogar die großen und unveränderlichen biographischen Krisen und ihre Lösungen, einschließlich des Todes, den Söhnen in einer ganz anderen Perspektive erscheinen. Allgemein kann man sagen, daß sich die Angelegenheiten von »letzter« Bedeutung für die Mitglieder späterer Generationen wahrscheinlich nur bis zu einem gewissen Grad mit dem decken, was für vorangehende Generationen von »letzter« Bedeutung war. Diese jedoch sind zu heiligen Texten, Dogmen und Ritualen erstarrt. Ein ernsthaftes Problem der institutionell spezialisierten Religion besteht darin, daß sie sich langsamer wandelt als die »objektiven« sozialen Bedingungen, die das individuelle System »letzter« Bedeutungen mitbestimmen.

Es sollte hier jedoch nicht vergessen werden, daß mehrere Faktoren dem wachsenden Mißverhältnis zwischen dem »offiziellen« Modell und der individuellen Religiosität entgegenwirken oder es zumindest verzögern können. Man kann sich die Umstände schwerlich so ausmalen, daß das »offizielle« Modell völlig unbeweglich wäre. Die religiösen Experten sind aus beruflichen Gründen bestrebt, den Status quo aufrechtzuerhalten. Sie streben deshalb eine erfolgreiche Vermittlung des »offiziellen« Modells an die Laien an. Den Experten kann es zwar gelingen, sich von der »Welt« in einem gewissen Maße abzusondern und dabei alle Auswirkungen dessen zu vermeiden, was das Leben ihrer Mitmenschen verändert. Dennoch können sie die Schwierigkeiten kaum übersehen, wenn sie ihren Mitmenschen, deren Alltagswelt längst in keinen zwingenden Beziehungen mehr zum Heiligen Kosmos steht, das »offizielle« Modell plausibel machen wollen. Die Experten werden wenigstens gezwungen sein, gewisse Mißklänge zwischen »Ideal« und »Wirklichkeit« zu erkennen. Wenn die Experten sich nun nicht völlig in Enklaven zurückziehen, in denen die »Ideale« noch als unbestreitbar und plausibel gelten – und so tatsächlich ihre »offizielle« Position aufgeben –, dann werden sie das »offizielle« Modell den Anforderungen dieser gewandelten Bedingungen anpassen müssen. Die Bereiche, in denen solche nachträglichen Anpassungen nötig sind, werden für gewöhnlich *post hoc* als für den dogmatischen Kern randständig und unbedeutend eingestuft. Dieses Verfahren ermöglicht eine erstaunliche Beweglichkeit. Weil die Religion institutionell spezialisiert ist und weil der Heilige Kosmos eine Dogmengeschichte ausbildet, sind diesen Verfahren aber »textliche« und organisatorische Grenzen gesteckt. Die Gefahr, daß bestimmte zu katechistischen Formeln erstarrte religiöse Repräsentationen als subjektives System »letzter« Bedeutung an Plausibilität verlieren, ist deshalb nur zum Teil aus dem Weg geräumt.

Dem potentiellen Mißverhältnis zwischen dem »offiziellen« Modell der Religion und der individuellen Religiosität wird durch eine weitere Reihe von Umständen begegnet. Nehmen wir einmal an, das »offizielle« Modell bliebe recht stabil, während sich das Alltagsleben über mehrere Generationen hinweg durch den sozialen Wandel »objektiv« verändert. Die Mitglieder späterer Generationen werden so in *dasselbe* »offizielle« Modell hinein sozialisiert. Sie finden in diesem Modell vorbestimmte Angelegenheiten von »letzter« Bedeutung vor. Die »objektiven« Veränderungen, die das subjektive System »letzter« Bedeutung der erwachsenen Mitglieder einer sich wandelnden Gesellschaft abändern könnten, üben auf das Kind in den frühen Phasen der Sozialisation nur wenig Einfluß aus. Während sich die Erwachsenen mit alltäglichen Sorgen herumschlagen, die von den gesellschaftlichen Wandlungen herrühren, bleiben die Kinder diesen Angelegenheiten fern. Wenn die Familie nun nicht aktiv in die religiöse Sozialisation eingreift – und das setzt die Existenz verfestigter Gegenideologien voraus –, dann wird das Kind das »offizielle« Modell wortwörtlich verinnerlichen. Es gibt keinerlei zwingenden Grund, warum das Kind ein Mißverhältnis zwischen dem Modell und den alltäglichen Problemen bewußt erfahren sollte. Das typische Individuum wird also, mit anderen Worten, das »offizielle«

Modell der Angelegenheiten von »letzter« Bedeutung akzeptieren, solange die Sozialisation in das »offizielle« Modell noch allgemein üblich ist. Hat es einmal das »offizielle« Modell verinnerlicht, so wird es wahrscheinlich die Alltagsangelegenheiten durch die Brille der von diesem Modell zur Verfügung gestellten Kategorien sehen. Nur langsam wird es die Kluft erkennen zwischen dem, was »offiziell« von »letzter« Bedeutung, und dem, was für es selbst objektiv wichtig ist. Solange die Rhetorik der spezifisch religiösen Repräsentationen noch einigermaßen wirksam bleibt, führt das internalisierte »offizielle« Modell der Religion schnell zu verallgemeinerten Ansichten, die sich »automatisch« gegen solche sozialen Veränderungen wenden, welche das »offizielle« Modell für den einzelnen in seiner Bedeutung einschränken könnten. Das kann als einer der Gründe dafür gesehen werden, daß Kirchen, besonders aber etablierte Kirchen, ihren Mitgliedern gern ein gewisses Maß an allgemeinem »Konservativismus« einträufeln, selbst dann, wenn das von der Kirche vermittelte Modell der Religion gar nicht so konservativ sein sollte.

Eine weitere, völlig »unbeabsichtigte« Folge der institutionellen Spezialisierung der Religion ist die Schwächung der übergeordneten Stellung spezifisch religiöser Repräsentationen im subjektiven Relevanzsystem. Bevor sich die Religion institutionell spezialisiert, sind religiöse Repräsentationen für das Bewußtsein des einzelnen von »letzter« Bedeutung. Dem institutionalisierten »offiziellen« Modell zufolge sollten spezifische religiöse Repräsentationen dieselbe Stellung einnehmen. Das stößt indes auf Schwierigkeiten, sind doch religiöse Normen zu festumschriebenen sozialen Rollen verdichtet. Dadurch wird zwar der Geltungsbereich der Religion genau bestimmt und sozial sichtbar; zugleich aber wird die gewohnheitsmäßige Anwendbarkeit religiöser Normen auf begrenzte Bereiche des Glaubens und Handelns eingeengt. Spezifisch religiöse Rollenverrichtungen sind in Wirklichkeit an mehr oder weniger spezialisierte »weltliche« Rollenverrichtungen gekoppelt. Sehen wir einmal vom Sonderproblem hauptberuflicher Experten für Religiöses ab, so gelten spezifische religiöse Rollen *de facto*, wenn nicht sogar *de jure* als »Teilzeitrollen«. Ob nichtreligiöse Rollen verrichtet werden können, hängt von »weltlichen« Normen ab, die sich in den mehr oder weniger autonomen ökonomischen und politischen Institutionen ausbilden.[30] Je mehr die Spuren eines Heiligen Kosmos in den weltlichen Normen verwischt werden, um so geringer ist die Plausibilität des globalen Anspruchs religiöser Normen. Diese werden immer exklusiver an religiösen »Teilzeitrollen« festgemacht. Die Eingliederung der sich einander abwechselnden religiösen und nichtreligiösen Rollenverrichtungen in einem biographischen Muster wird zu einem dauernden potentiellen Problem für den einzelnen. Denn selbst wenn die Eingliederung de facto gelingt, ist der Sinn dieser Rollen noch nicht in übergreifende biographische Kategorien eingefügt. Natürlich bleibt es die wesentlichste Aufgabe der religiösen Repräsentationen, dem einzelnen ein objektives Modell für die subjektiv sinnvolle Aussöhnung des Verhaltens in verschiedenen Lebensbereichen zur Verfügung zu stellen. Wie wir aber gezeigt haben, führt die institutionelle Spezialisierung der Religion in der Regel zu einer Einschränkung der Hoheitsgewalt spezifisch religiöser Repräsentationen, und das wiederum schwächt die Wirksamkeit dieser Repräsentationen als eines Modells zur Integration von Sinn, wenn es sie nicht sogar aufhebt.

Obwohl, wie wir herausgefunden haben, die Plausibilität der Ansprüche religiöser Repräsentationen schwächer geworden ist, mag es noch immer einige Individuen geben, die sie global für bare Münze nehmen. Wenn sie diesen Vorstellungen »naiv« (dieser Begriff ist nicht abwertend gemeint) anhängen, so lösen sie das Problem der »sinnvollen Eingliederung«, indem sie die für sie unpassenden weltlichen Elemente des Problems aussparen. Offenbar führt diese Lösung jedoch zu weiteren Schwierigkeiten, im äußersten Fall sogar zur Unfähigkeit, nichtreligiöse Rollen verrichten zu können und zu einer Art »Martyrium«. Häufiger hat diese »naive« Einstellung jedoch einen teilweisen Rückzug aus der »Welt« zur Folge – und Kompromisse mit dem Weltlichen, die als gerade noch erträglich gelten können. Diverse pietistische Gruppen bieten gute Beispiele für unterschiedliche Grade eines solchen Rückzugs aus der Welt und für solche Kompromisse.

Für die Gesellschaftsmitglieder, die gewohnheitsmäßig »Religion« mit ausgegliederten Bereichen des Glaubens und Handelns verbinden wollen und die dem globalen Anspruch der Religion nicht naiv folgen, wird die sinnvolle Versöhnung von spezifisch religiösen mit nichtreligiösen Rollen und Normen und deren jeweils dominierenden Werten zum Problem. Die strukturellen Gründe dieses Problems lösen in der Regel Reflexionsprozesse beim Individuum aus. Damit soll keineswegs behauptet werden, daß ein umfassender und systematischer Prozeß theoretischen Denkens über den Sinn des Lebens und ähnliche Dinge einsetzte. Gemeint ist hier nur die Tatsache, daß die sich widersprechenden oder wenigstens miteinander unverträglichen Anforderungen, die die Religion einerseits und die Welt andererseits stellen, das Individuum gelegentlich zum »Stehenbleiben und Nachdenken« anhalten. Dieses Nachdenken kann zu einer Vielzahl von Lösungen führen. Eine davon ist der »Sprung«. Diese Lösung ähnelt oberflächlich der eben beschriebenen »naiven« Einstellung. Der Unterschied besteht gleichwohl darin, daß sich hier die anfangs nach dem Muster der »offiziellen« Religion gestaltete individuelle Religiosität nach einer Phase des Zweifels in eine rein individualistische Lösung der wichtigen Probleme des Lebens umformt. Eine andere »Lösung« kann darin bestehen, sich für unfähig zu halten, eine plausible Lösung zu finden und zur vorreflexiven Einstellung zurückzukehren, in der man gewohnheitsmäßig eben zwischen den »weltlichen« und »religiösen« Rollen hin und her wechselt. Die Ausformulierung eines ausdrücklich »weltlichen« Wertesystems stellt eine dritte Möglichkeit dar: Dann werden religiöse Rollen lediglich aus bloßem Opportunismus weiterhin verrichtet – oder eben aufgegeben. Ein gewisses Maß an Reflexion ist allen diesen Lösungen gemeinsam.[31] Auf den verschiedenen Stufen der Reflexion und der logischen Konsistenz neigt das Individuum überdies dazu, die Geltung spezifisch religiöser Normen auf solche Bereiche zu beschränken, die nicht schon in die Zuständigkeit »weltlicher« Institutionen fallen und entleert sind. Auf diese Weise wird die Religion zur »Privatsache«. Die institutionelle Spezialisierung der Religion setzt also, im Verbund mit der Spezialisierung anderer institutioneller Bereiche, eine Entwicklung in Gang, die die Religion mehr und mehr in eine »subjektive« und »private« Wirklichkeit verwandelt. Da diese Entwicklung zum gegenwärtigen Zeitpunkt ihren Höhepunkt erreicht hat, werden wir sie jetzt etwas genauer betrachten müssen.

Bevor wir uns jedoch der Frage nach der Religion in der modernen Gesellschaft zuwenden, wollen wir die Erörterung der Beziehung zwischen dem »offiziellen« Modell der Religion und den individuellen Systemen »letzter« Bedeutung fortsetzen. Wir haben gezeigt, daß die institutionelle Spezialisierung dafür verantwortlich ist, daß das »offizielle« Modell und das individuelle System nicht zur Deckung kommen. Wir haben auch darauf hingewiesen, daß eine völlige Deckung zwar ohnehin unmöglich ist, doch könnte die beständige Vergrößerung der Kluft durch bestimmte Faktoren im Zaume gehalten oder doch zumindest verzögert werden. Wir haben zudem bemerkt, daß diese Faktoren in der jüngeren Geschichte der institutionalisierten Religion wohl mehr und mehr an Wirkung verloren haben.

Während die Annahme einer völligen Deckung zwischen dem »offiziellen« Modell der Religion und den individuellen Systemen »letzter« Bedeutung unrealistisch ist, führt die Vorstellung eines vollständigen Auseinanderklaffens zwischen beiden zu einer *contradictio in adjecto*. Ein völliges Auseinanderklaffen wäre nur dann vorstellbar, wenn kein Gesellschaftsmitglied in das »offizielle« Modell hinein sozialisiert würde. In einem solchen Fall wäre es jedoch sinnlos, weiterhin von einem »offiziellen« Modell zu reden. Vorstellbar ist hingegen, daß ein Modell der Religion, das für frühere Generationen Gültigkeit besaß, für spätere seinen »offiziellen« Charakter einbüßt. So kann z. B. ein »offizielles« Modell durch ein anderes ersetzt werden. Wenn jedoch das alte Modell für einen Teil der Bevölkerung verpflichtend bleibt, während ein anderer Teil der Bevölkerung ein anderes Modell annimmt, dann werden beide Modelle nicht mehr eigentlich »offiziell« sein, wenn sie nicht einem sozial bestimmten und festumschriebenen Bereich zuzuordnen sind (zum Beispiel ein »offizielles« Modell für die Herrscher und ein anderes »offizielles« Modell für die Beherrschten). Ein wahrhaft »pluralistischer« Wettbewerb zwischen verschiedenen Modellen der Religion könnte zu einer Unterhöhlung des »offiziellen« Status beider führen. Eine interessantere Möglichkeit eröffnet sich schließlich dann, wenn ein Modell der Religion seines »offiziellen« Status verlustig geht, ohne daß ein neues »offizielles« Modell an seine Stelle träte. Solche Entwicklungen sind Anzeichen für das Ende der institutionellen Spezialisierung der Religion. Sogar in diesem Fall würde das »offizielle« Modell deutliche Spuren in der Weltansicht und in den Normen hinterlassen, die noch das Alltagsleben späterer Generationen leiten. Das Modell würde einen mittelbaren Einfluß auf die Ausbildung individueller Systeme »letzter« Bedeutung selbst dann noch ausüben, wenn es längst aufgehört hätte, in irgendeiner Bedeutung des Wortes »offiziell« zu sein. Unter gleichbleibenden Umständen würde dieser Einfluß über

die Generationen hinweg abnehmen. Diese Überlegungen erlauben aber die Vermutung, daß es sogar in einem solchen Fall unangemessen wäre, von einem radikalen und vollständigen Auseinanderklaffen zwischen dem einst »offiziellen« Modell der Religion und der individuellen Religiosität auszugehen.
Es ist noch offensichtlicher, daß wir uns in den Gesellschaften, die noch durch die institutionelle Spezialisierung der Religion charakterisiert sind, nur ein *relatives* Auseinanderklaffen vorstellen können. Je nach der Stärke der Faktoren, die die Vergrößerung der Kluft fördern oder verhindern, kann sich das Verhältnis zwischen dem »offiziellen« Modell der Religion und den vorherrschenden individuellen Systemen »letzter« Bedeutung der vollkommenen Deckung oder dem völligen Auseinanderklaffen annähern, ohne aber einen der Pole zu erreichen. Es mag deshalb ratsam erscheinen, diese formalen Ausführungen zu unterbrechen, um kurz einige Zwischenformen zu erörtern.
Der Typ, der dem vermuteten Pol vollkommener Deckung am nächsten kommt, braucht kaum ausführlich beschrieben zu werden. Dieser Typ zeichnet sich dadurch aus, daß, bei geringem sozialen Wandel und geringer Veränderlichkeit des »offiziellen« Modells, »jedermann« recht erfolgreich in das »offizielle« Modell der Religion hinein sozialisiert wird. Unter solchen Bedingungen werden sich die Faktoren, die der Vergrößerung der Kluft entgegenwirken, gegen die Faktoren, die sie verstärken, durchsetzen.
Wenn sich jedoch der soziale Wandel beschleunigt, ohne daß das »offizielle« Modell zugleich flexibler würde, entsteht eine ganz andere Situation. Während noch immer jeder einzelne in das »offizielle« Modell hinein sozialisiert wird, reichen die veränderten Bedingungen des Alltagslebens der Gesellschaftsmitglieder aus, um eine deutliche Kluft zwischen dem »offiziellen« Modell und den *tatsächlich* geltenden individuellen Systemen subjektiver Prioritäten zu schaffen. Eine so entstehende Kluft braucht die individuellen Systeme »letzter« Bedeutung, d. h. das je internalisierte »offizielle« Modell, nicht von Anbeginn an zu beeinträchtigen. Es ist wahrscheinlicher, daß diejenigen, die erfolgreich in das »offizielle« Modell hinein sozialisiert wurden, die Veränderungen ihrer *tatsächlichen* subjektiven Prioritäten gar nicht bewußt wahrnehmen. Mit anderen Worten: Während die veränderten »objektiven« Bedingungen die tatsächlichen Prioritäten verändern, wird diese Verwandlung sehr wahrscheinlich subjektiv

»übersehen« – so daß das individuelle System subjektiver Prioritäten mit dem »offiziellen« Modell weiterhin in Deckung zu stehen scheint. In den folgenden Generationen kann die Kluft zwischen dem »offiziellen« Modell und den tatsächlichen individuellen Prioritäten dem einzelnen mehr und mehr bewußt werden. Doch selbst dann noch werden diese in Begriffen erfaßt, gerechtfertigt und aufgefangen, die mit der internalisierten Rhetorik des »offiziellen« Modells übereinstimmt. Einfach ausgedrückt: Die Väter werden die Veränderungen der objektiven Bedingungen ihres alltäglichen Lebens wohl bemerken; das beeinträchtigt aber weder ihr System »letzter« Bedeutungen noch ihre tatsächlichen Prioritäten. Die Söhne werden von den Veränderungen härter getroffen. Ihre tatsächlichen Prioritäten ändern sich grundlegend, doch bleiben ihre Systeme »letzter« Bedeutung ziemlich unverändert. Dies alles natürlich unter der Voraussetzung, daß nicht nur die Väter, sondern auch noch die Söhne *au sérieux* in das »offizielle« Modell der Religion hinein sozialisiert werden.

Diese Voraussetzung wird für spätere Generationen zunehmend fraglich. Ganz abgesehen von der kumulativen Wirkung des fortgesetzten sozialen Wandels auf das Alltagsleben und von der wachsenden Kluft zwischen dem System »letzter« Bedeutung und den *tatsächlichen* Prioritäten, verändert sich schließlich die Art der Sozialisation selbst. Ihr verpflichtender Charakter verliert sich zu einem gewissen Grad bei den Enkeln, weil sie die tatsächlichen Prioritäten bemerken, die das Leben der Väter beherrschen. Einfach gesagt: Was die Väter predigen, aber nicht vorexerzieren, wird von den Söhnen eher als ein rhetorisches System denn als ein System »letzter« Bedeutung verinnerlicht. Im äußersten Fall – unter der Annahme, daß das »offizielle« Modell nicht angepaßt wird – kann dies zu einer Situation führen, in der ein jeder in ein »offizielles« Modell hinein sozialisiert wird, das von niemandem mehr ernst genommen wird. Religiöse Riten (wie etwa der Besuch des Gottesdienstes) werden aus den unterschiedlichsten nichtreligiösen Gründen verrichtet, und spezifisch religiöse Glaubensüberzeugungen werden zu bloßen Meinungen (wie etwa »Gott ist allmächtig«), die keinen unmittelbaren Bezug mehr auf die tatsächlichen Prioritäten im Alltagshandeln des einzelnen haben.

Wenn wir die Zwischentypen der Deckung zwischen »offiziellem« Modell und individueller Religiosität genauer erörtern wollen, müssen wir eine weitere Dimension einbeziehen. Das Ausmaß, in dem die Gesellschaftsmitglieder den sich ständig verändernden »objektiven« Bedingungen ausgesetzt sind, verändert sich nicht nur von Generation zu Generation, sondern auch in Abhängigkeit von Klassenlage, Beruf, Geschlecht usw. Demgemäß wird das Ausmaß der Kluft zwischen dem »offiziellen« Modell und den tatsächlichen subjektiven Prioritäten zuerst in der Generation der Eltern und dann, noch ausgeprägter, in der Generation der Kinder und Kindeskinder variieren. Wenn wir von einer Situation ausgehen, in der man *au sérieux* in das offizielle Modell hinein sozialisiert wird, dann wird sich die Lage für die folgende Generation sowohl in quantitativer wie auch in qualitativer Hinsicht verändern. Zunächst wird weiterhin jeder erfolgreich in das offizielle Modell hinein sozialisiert werden. Nur die Individuen, die den »objektiven« Bedingungen am stärksten ausgesetzt sind, werden das »offizielle« Modell bloß als Lippenbekenntnis verinnerlichen. Auch später wird es noch von einem Großteil der Bevölkerung internalisiert werden, doch schon wesentliche Teile bestimmter Schichten, Berufsgruppen werden es nur noch als Lippenbekenntnis übernehmen. Zu dieser Zeit ist das »offizielle« Modell dann für einige Individuen schon bedeutungslos geworden, und deren Söhne wiederum werden es schon nicht mehr verinnerlichen. Noch später wird nur noch eine Minderheit *au sérieux* in das »offizielle« Modell hinein sozialisiert, ein anderer Teil wird es als ein rhetorisches System verinnerlichen, und die Mehrheit wird gar nicht mehr in es hinein sozialisiert. Möglicherweise kann eine Situation entstehen, in der das »offizielle« Modell der Religion – genauer gesagt: das vormalige »offizielle« Modell – gar nicht mehr ein Teil des typischen Sozialisationsvorgangs ist und in der es nur noch von solchen Individuen als ein System »letzter« Bedeutung verinnerlicht wird, die sozial randständig sind. Eine Gesellschaft, in der dies der Fall ist, hat schon ein gutes Stück des Weges in einen Zustand zurückgelegt, der keine institutionelle Spezialisierung der Religion mehr kennt. Dabei sehen wir wieder von der Möglichkeit ab, daß ein »offizielles« Modell der Religion durch ein anderes ersetzt wird. In Anbetracht der Dynamik der sogenannten Säkularisierung ist diese Möglichkeit nur von untergeordnetem Interesse.

Die allgemeine Erörterung der Folgen der institutionellen Spezialisierung der Religion und die formalen Betrachtungen zur Beziehung zwischen dem »offiziellen« Modell der Religion und der individuellen Religiosität bereiten den Boden für die Untersuchung der Religion in der modernen Gesellschaft. Es ist klar, daß wir für den Rückzug des Christentums in seinen traditionellen Formen nicht einfach naiv weltliche Ideologien, den Atheismus, den Neopaganismus u. ä. verantwortlich machen können. Die zur Zeit beobachtbare Randständigkeit der kirchengebundenen Religion und ihre »innere Säkularisierung« erscheint vielmehr als *eine* Seite eines komplexeren Vorgangs, in dessen Mittelpunkt die langfristige institutionelle Spezialisierung der Religion und die weltweiten Veränderungen der gesellschaftlichen Ordnung stehen. Was für gewöhnlich bloß für ein Symptom für den Rückgang des traditionellen Christentums gehalten wird, könnte Anzeichen für einen sehr viel revolutionäreren Wandel sein: die Ersetzung der institutionell spezialisierten Religion durch eine neue Sozialform der Religion.

Eines läßt sich mit Sicherheit sagen: Die zu einem »offiziellen« oder einst »offiziellen« Modell der Religion erstarrten Normen der traditionellen religiösen Institutionen können nicht mehr als Gradmesser zur Einschätzung der Religion in der modernen Gesellschaft dienen. Bevor wir die Rolle der Religion in der modernen Gesellschaft richtig verstehen können, müssen wir erst die richtigen Fragen stellen. Es war der Zweck unserer theoretischen Untersuchung, nach Kriterien zu suchen, um zu entscheiden, wie diese Fragen auszusehen haben. Welche Bedeutungshierarchie haben die modernen Industriegesellschaften? Wird diese Hierarchie in einem Heiligen Kosmos artikuliert, und, wenn ja, wie ausgeprägt und konsistent ist diese Artikulation? Wo liegt der Ursprung des Heiligen Kosmos und wie sind die religiösen Repräsentationen geartet, die den Heiligen Kosmos ausmachen? Welche Grundlage haben sie in der Sozialstruktur? Sind sie in einem institutionellen Bereich verortet, der sich auf Religion »spezialisiert« hat? Oder sind die verschiedenen religiösen Repräsentationen auf unterschiedliche institutionelle Bereiche verteilt? Können wir, mit anderen Worten, davon ausgehen, daß sich die moderne Religion zu einer sozialen Form zurückentwickelt, die der institutionellen Spezialisierung voranging? Oder hat der Heilige Kosmos in der modernen Gesellschaft überhaupt noch eine institutionelle Grundlage? Und wenn nicht, wie wird dann der Heilige Kosmos in der Gesellschaft objektiviert, d. h., wie wird er zu einem Teil der objektiven gesellschaftlichen Wirklichkeit? Welche Rolle spielen in diesem Zusammenhang die traditionellen Institutionen, die sich auf Religiöses »spezialisierten«?

Es mag sinnvoll sein, diese Fragen so umzuformulieren, daß wir sie auf die entsprechenden Erscheinungen auf der sozialpsychologischen Ebene beziehen können. Welche Normen bestimmen die tatsächlichen Prioritäten im Alltagsleben durchschnittlicher Mitglieder der Gesellschaft? Welche subjektiven Relevanzsysteme sind im heutigen Leben von überragender, sinnintegrierender Bedeutung? Wie deutlich kommen sie in den individuellen Systemen »letzter« Bedeutung zum Ausdruck? In welcher Verbindung stehen sie zu sozialen Rollen und Positionen? In welchem Maße wird das traditionelle Modell der Religion noch verinnerlicht, und welches Verhältnis hat es zum vorherrschenden System »letzter« Bedeutung?

Es ist eines, solche Fragen zu stellen; ein anderes ist es, sie zu beantworten. Mit wenigen Ausnahmen erlauben die umfänglichen Forschungsergebnisse der Religionssoziologie lediglich Antworten auf die Fragen, die unmittelbar das Schicksal der spezialisierten religiösen Institutionen in der modernen Gesellschaft berühren. Zu unserem Leidwesen müssen wir aber feststellen, daß diese Fragen weniger wichtig für die Einschätzung der Rolle der Religion in der modernen Gesellschaft sind. Was kann man auf der anderen Seite über die Bedeutungshierarchie in der Weltansicht der Industriegesellschaften sagen, über die Artikulation des Heiligen Kosmos in diesen Weltansichten, über die geltenden Systeme »letzter« Bedeutung und dergleichen? Diese Probleme wurden nicht systematisch erforscht. Eine solche Erforschung würde nicht nur eine konsistente theoretische Ausrichtung (die wir hier zu leisten suchten) erfordern, sondern auch eine methodologische Verfeinerung der Forschung. Kurz: Es ist unmöglich, zufriedenstellende und begründete Antworten auf diese Fragen zu geben.

In Ermangelung solcher Untersuchungen bleiben zwei Möglichkeiten. Zum einen könnte man sich weigern, in Spekulationen zu schwelgen und statt dessen die Ergebnisse zukünftiger Untersuchungen abwarten. Diese Möglichkeit ist wohl verführerisch. In Anbetracht der Bedeutung dieser Fragen für ein Verständnis der modernen Gesellschaft erscheint es jedoch angebracht, die Gefahren, die die andere Möglichkeit mit sich bringt, in Kauf zu neh-

men. Diese Alternative nämlich besteht in einem Versuch, diese Fragen auf der Grundlage verstreuter, begrenzter und im wesentlichen schwacher Belege beantworten zu wollen. Die Antworten gründen auf den Ergebnissen, die sich in einer Reihe von Disziplinen angehäuft haben, wie etwa in der Industrie- und Berufssoziologie, der Soziologie der Familie, der Massenkommunikation, der Freizeit – und auch in einigen wenigen religionssoziologischen Untersuchungen, die die Grenzen der traditionellen Kirchenreligion überschreiten.
Die Geschichte der westlichen Zivilisation ist geprägt von einer ständigen Ausbreitung der institutionellen Spezialisierung der Religion. Wenn es hier auch schwer möglich ist, den vielen Linien dieser Entwicklung nachzugehen, so sollen doch einige zusammenfassende Beobachtungen helfen, diese Entwicklung in den Zusammenhang unserer jetzigen Erörterung zu stellen. In dem heterogenen, geographisch und sozial mobilen Milieu der hellenischen Welt hatte der Heilige Kosmos, der ein Teil dieser Welt war, ursprünglich eine verhältnismäßig einfache Beziehung zu den mehr oder weniger abgeschlossenen, in sich ruhenden Gesellschaften. Der teilweise »körperlose« Heilige Kosmos wurde durch synkretistische Entwicklungen in den Rahmen der institutionell unspezialisierten, traditionell in der politischen und Verwandtschaftsstruktur verankerten, vorherrschenden Religion des Römischen Reiches mit einigen Schwierigkeiten eingepaßt. Die eschatologische Orientierung des frühchristlichen Glaubens und ihr Einfluß auf die christliche Vorstellung vom Ausmaß legitimer politischer Kontrolle bereiteten einer solchen Einpassung gerade im Fall des Christentums außerordentliche Schwierigkeiten. Während sich das Christentum der nicht religiös definierten Autorität politischer Institutionen unterwarf, widersetzte es sich ihren traditionellen *religiösen* Ansprüchen. Das Ergebnis der fortwährenden Auseinandersetzungen wirkte sich sowohl auf die Eigenschaften der politischen Institutionen in der weiteren Geschichte Europas aus, wie sie die weitere Entwicklung der entstehenden kirchlichen Struktur des Christentums in Mitleidenschaft zog. Die Autonomie des Staates wurde »weltlich« definiert – von einigen Spuren früherer Vorstellungen abgesehen, die während der feudalen Periode im Heiligen Römischen Reich überlebten. Die Autonomie der Kirche nahm eine spezifisch religiöse Bedeutung an, sieht man von den weltlichen Verwicklungen religiöser

Institutionen einmal ab. Die Festlegung der religiösen und politischen Hoheitsbereiche war der Anlaß für eine Reihe von Übereinkünften und Auseinandersetzungen zwischen der Kirche und dem Staat, die die nachfolgende europäische Geschichte kennzeichneten.

Nachdem sie aus dem pluralistischen Wettbewerb siegreich hervorgegangen war und sich mit den Anforderungen des institutionellen Überlebens vis-à-vis dem Staat abgefunden hatte, wurde die Kirche zur sichtbaren, spezialisierten institutionellen Basis für *einen* klar artikulierten und verpflichtenden Heiligen Kosmos. Die Identität von Kirche und Religion und die Deckung von »offiziellem« Modell der Religion und dem vorherrschenden subjektiven System »letzter« Bedeutung wurde in der kirchlichen Ideologie für selbstverständlich gehalten. In der Tat war diese Deckung für einige Zeit annähernd verwirklicht, wenn auch nie völlig erreicht. Wir hatten gesagt, daß die Faktoren, die das Auseinanderklaffen zwischen dem »offiziellen« Modell der Religion und der individuellen Religiosität bewirken, aus einer solchen sozialen Form der Religion heraus entstehen. Bis ins späte Mittelalter lag diese »Saat der Säkularisierung« auf unfruchtbarem Boden. Die Faktoren, die, wie wir gezeigt haben, die Ausweitung der Kluft zwischen dem »offiziellen« Modell und der individuellen Religiosität verzögerten, behielten die Oberhand. Mit der Schwächung der Feudalordnung begann sich diese Situation zu ändern. Die strukturelle Grundlage für die sich nur teilweise deckende Identität von Kirche und Religion löste sich auf. Der Wandel der Sozialordnung veränderte das Alltagsleben und die tatsächlichen Prioritäten immer größerer Schichten der Bevölkerung. Der wachsende Zwiespalt zwischen den sozial vorherrschenden tatsächlichen Prioritäten und dem »offiziellen« Modell unterhöhlten eben dieses Modell und ließen es in den Augen bestimmter Bevölkerungsgruppen zunehmend als eine bloß rhetorische Hülle erscheinen – und ermöglichten so seit der Renaissance die Artikulation von »weltlichen« Gegenmodellen. Trotz der Anpassungen des »offiziellen« Modells während der Reformation und Gegenreformation wurde die Kluft zwischen dem »offiziellen« Modell und den tatsächlich vorherrschenden Prioritäten nicht erfolgreich überwunden. Die Beziehung zwischen Staat und Kirche während der Zeit der absolutistischen Monarchien, der politische und gesellschaftliche Kontext der Religions-

kriege, das Aufblühen der Sekten, die Entwicklung wissenschaftlichen Denkens und seine Folgen für die philosophischen und möglicherweise sogar populären Vorstellungen von Leben und Welt, die Französische Revolution und ihr Widerhall in den »traditionalistischen« und »liberalen« Bewegungen des Katholizismus und des Protestantismus, die gesellschaftlichen Folgen der Industriellen Revolution, die Entstehung der Arbeiterklasse und der Erfolg ideologisch orientierter politischer Parteien, die Bibelkritik und ihre Auswirkungen auf die Theologie – all dies sind nur einige Faktoren, die eine starke Auswirkung auf die christlichen Kirchen hatten. Wenn man, auch auf die Gefahr der Vereinfachung hin, einen so verwickelten Vorgang zusammenfassen will, so kann man sagen, daß die langfristigen Folgen der institutionellen Spezialisierung der Religion, als Teil eines umfassenden sozialen Wandels, paradoxerweise zum Verlust dessen führten, was die institutionell spezialisierte Religion ursprünglich in dem »pluralistischen« Rahmen der griechischen Welt und des Römischen Reiches ausgezeichnet hatte: die Monopolstellung bei der Definition eines verpflichtenden Heiligen Kosmos.
Politische und theologische »Notbremsen« verzögerten die rechtliche Anerkennung dieses »fait accompli«, sie konnten sie aber letztlich nicht verhindern. »Weltliche« Ideen wetteiferten erfolgreich mit den Kirchen um die Definitionsgewalt für die individuellen Systeme »letzter« Bedeutung, besonders bei den Mitgliedern jener Bevölkerungsgruppen, deren Lebensführung und tatsächliche Prioritäten vom »objektiven« sozialen Wandel am radikalsten verändert worden waren und die sich mehr und mehr bereit zeigten, dem traditionellen »offiziellen« Modell eine Absage zu erteilen – sogar als einem nur rhetorischen System. Dem Wohlstand, der Macht und der bürokratischen Perfektion der Kirchen zum Trotz wurde die Religion zur Privatsache. Das hieß in der Praxis, daß die Kirche nicht mehr auf den Staat zählen konnte, um ihrem Hoheitsanspruch Geltung zu verschaffen. Die Kirche wurde zu einer Institution unter anderen Institutionen. Ihre Ansprüche und Interessen wurden auf einen ihr »zustehenden« Bereich begrenzt. Der ihr zustehende Bereich indes war das Privatleben. Der Kirche wurde gerade noch in dem Maße ein sichtbarer öffentlicher Stellenwert beigemessen, wie sie staatsdienliche »moralische« Funktionen erfüllte. Im Zeitalter des aufkommenden Klassenkampfes erwies sich das als ein wertloses Privileg.

Man sollte anmerken, daß die institutionelle Spezialisierung der Religion Teil eines langfristigen historischen Prozesses war, in dem sich die traditionelle soziale Ordnung in die moderne Industriegesellschaft verwandelte. Dieser Prozeß weist eine verwickelte Serie aufeinander folgender Phasen auf, während derer politische, religiöse und ökonomische Institutionen zunehmend spezifischere Funktionen annahmen und die gleichzeitig zu einer zusehends »rationaleren« Organisation der institutionellen Bereiche führten.[32] Dieser Prozeß hatte die strikte Aufteilung der modernen Gesellschaft in unterschiedliche institutionelle Bereiche zur Folge. Die Normen der einzelnen Bereiche wurden zunehmend »rationaler« mit Bezug auf die *funktionalen* Anforderungen der jeweiligen Institution.[33] Die funktional »rationalen« Normen der hochgradig arbeitsteiligen Institutionen mit ihrer hohen Rollenspezialisierung lösten sich immer mehr von dem biographischen Sinnzusammenhang ab, in dem die institutionellen Verrichtungen für den einzelnen Handelnden gestanden hatten. Wie oben schon gesagt, gewannen die Normen innerhalb der nunmehr getrennten institutionellen Bereiche ein hohes Maß an Autonomie. Die Normen innerhalb der jeweiligen institutionellen Bereiche waren in klar umschriebene, begrenzte Hoheitsgebiete eingebunden, innerhalb derer sie uneingeschränkte Gültigkeit behielten.

Die Kirche entkam dieser Entwicklung nicht. Auch sie gewann ein hohes Maß an innerer Autonomie, und ihre institutionelle Struktur nahm den Weg zur funktionalen Rationalität. Die Gültigkeit ihrer Normen wurde auf die spezifisch »religiöse Sphäre« beschränkt, während ihre globaleren Ansprüche im allgemeinen für unwirksam und zur bloßen Rhetorik erklärt wurden. Trotz der erstaunlichen Ähnlichkeiten der Entwicklungen, die zur Spezialisierung der ökonomischen, politischen und religiösen Institutionen führte, erlitt die Religion ein besonderes Schicksal.

Die institutionelle Segmentierung der Sozialstruktur veränderte die Beziehung des einzelnen zur Sozialordnung als ganzer grundlegend. Sein »soziales« Leben setzt sich nur mehr aus einer Reihe hochgradig anonymisierter, spezialisierter Rollenverrichtungen zusammen. Für solche Verrichtungen hat die Person und der persönliche, biographische Sinnzusammenhang keinerlei Bedeutung. Zugleich wird der Sinn der Handlungen in einem institutionellen Bereich, der sich nach den autonomen Normen dieses Be-

reichs richtet, vom Sinn der Handlungen in anderen Bereichen abgetrennt. Der Sinn solcher Handlungen ist »rational« – aber nur mit Blick auf die funktionalen Anforderungen des jeweiligen institutionellen Bereichs. Er ist jedoch vom Sinnzusammenhang, der das Einzelleben umspannt, abgelöst. Die fehlende (oder geringe) Integration der institutionellen Handlungen in ein *subjektiv* bedeutungsvolles System stört das reibungslose Funktionieren der ökonomischen und politischen Institutionen keineswegs. Denn als Handelnder in der Sozialwelt kann sich der einzelne von der Kontrolle institutioneller Normen nicht befreien. Da der Sinn dieser Normen seine persönliche Identität jedoch nur mittelbar berührt und im subjektiven Bedeutungssystem nur einen »neutralen« Status einnimmt, haben diese Normen jedoch kaum mehr einen bewußtseinsformenden Einfluß auf den einzelnen. Der einzelne wird als Person in dem Maße ersetzbar, wie die Anonymität der sozialen Rollen, die durch die funktional rationalen Normen bestimmt werden, zunimmt. Genauer: Aus der Perspektive der institutionellen Bereiche wird der subjektive, biographische Zusammenhang der Rollenhandlungen bedeutungslos. Für sie ist nur eine wirksame Kontrolle dieser Handlungen von Interesse. Die funktionale Rationalität macht die abgetrennten institutionellen Normen ihrerseits bedeutungslos für die Person, die ihnen deshalb sehr selten noch einen Widerstand entgegensetzt – ein Widerstand, der möglicherweise aus einem Konflikt zwischen den institutionellen Normen und einem angenommenen religiösen Bedeutungssystem verstärkt werden könnte. Die Ausgrenzung »rationaler« institutioneller Normen im Bewußtsein des einzelnen ist die sozialpsychologische Entsprechung der institutionellen Segmentierung der Sozialstruktur.
Die Ausgliederung institutionell spezialisierter *religiöser* Normen, die im selben globalen sozialen Wandel ihren Anfang nimmt, wirkt sich schwerwiegend auf die Funktion der religiösen Repräsentationen aus. Der Hoheitsanspruch, den das »offizielle« Modell der Religion erhebt, ist allumfassend – auch auf der Seite des Subjekts, da das Modell zur Repräsentation eines durchgängigen Sinnzusammenhangs im Leben des einzelnen gedacht ist. Zweifellos kann der globale Anspruch des »offiziellen« Modells neutralisiert werden, wie ja auch in der formalen Analyse der verschiedenen Arten der Verinnerlichung des »offiziellen« Modells gezeigt wurde. Die Verwandlung spezifisch religiöser Re-

präsentationen in ein System bloßer Rhetorik unterhöhlt notwendig diese soziale Form der Religion. Die annähernde Deckung zwischen dem »offiziellen« Modell der Religion und dem vorherrschenden subjektiven System »letzter« Bedeutungen geht verloren. Wir werden auf die Erörterung einiger weiterer Folgen der institutionellen Spezialisierung der Religion für das Individuum in der modernen Gesellschaft zurückkommen. Zunächst aber sind einige Anmerkungen zu den allgemeinen Auswirkungen der institutionellen Segmentierung angebracht.

Die Verbindung von fortwährender Kontrolle des Rollenhandelns und dessen zunehmende Ablösung von der Person, die die primären öffentlichen Institutionen in modernen Industriegesellschaften charakterisiert, bildet die Grundlage für das offenbare Paradox, das heute unter den Begriffen »Individualismus« und »Konformismus« diskutiert wird. Die von dieser Diskussion erzeugte moralische und ideologische Hitze verhindert leicht die Einsicht in die gemeinsame strukturelle Quelle beider Erscheinungen. Im Unterschied zu den traditionalen Gesellschaftsordnungen tragen die primären öffentlichen Institutionen (trotz der beträchtlichen Verhaltenskontrollen, die von ihren funktional rationalen »Mechanismen« ausgeübt werden) nicht mehr länger zur Prägung des individuellen Bewußtseins und der Persönlichkeit bei. Die persönliche Identität wird im wesentlichen zu einer reinen Privatsache. Das ist vielleicht der revolutionärste Zug der modernen Gesellschaft. Die institutionelle Segmentierung hinterließ weite Bereiche, in denen das einzelne Leben unstrukturiert und der umfassende biographische Zusammenhang unbestimmt bleibt. In diesen Zwischenbereichen der Sozialstruktur, die sich aus der institutionellen Segmentierung ergeben, entsteht ja erst das, was die »Privatsphäre« genannt werden kann. Die »Freisetzung« des einzelnen Bewußtseins von der Sozialstruktur und die »Freiheit« in der »Privatsphäre« bilden die Grundlage für die etwas trügerische Bedeutung der Autonomie, die ein typisches Merkmal der Persönlichkeit in der modernen Gesellschaft ist.

Das Sonderproblem der Familie soll hier nur mit einigen beiläufigen Bemerkungen gestreift werden. Die Familie hörte auf, eine primäre Institution in dem Sinne zu sein, wie es die politischen und wirtschaftlichen Institutionen sind. Als »Abstammungsfamilie« vermittelt sie weiterhin mehr oder weniger erfolgreich Sinn von umfassender biographischer Bedeutung. Als »Herkunftsfamilie« wird sie zum Ausgangspunkt und sozusagen zur halbinstitutionellen Grundlage der aufkommenden »Privatsphäre« – worauf ich noch einmal zurückkommen werde. Ein weiteres Problem, das wir hier nicht aufnehmen können, ist der in einigen modernen Industriegesellschaften auftretende Totalitarismus. Seine rückschrittlichen Versuche, der »Privatsphäre« »öffentliche« Normen einzuflößen und das individuelle Bewußtsein nach überindividuellen und »irrationalen« Modellen zu formen, erwies sich als langfristig nicht erfolgreich.

Das Streben nach Autonomie, ein typisches Merkmal der Person in modernen Industriegesellschaften, steht in einem engen Zusammenhang mit einer allgegenwärtigen Konsumorientierung. Jenseits der Bereiche, die der unmittelbaren Kontrolle primärer Institutionen unterstellt sind, wird das Verhalten des einzelnen von individuellen Präferenzen geleitet, die nur sehr schwach durch bestimmte Normen vorstrukturiert sind. Der einzelne erhält eine im Vergleich zu der traditionalen Sozialordnung weitreichende Autonomie, d. h., er ist auf sich selbst gestellt in der Wahl von Gütern und Dienstleistungen, Freunden, Ehepartnern, Nachbarn, Hobbies und, wie wir zeigen werden, sogar »letztem« Sinn. In einem gewissen Sinn hat er völlige Freiheit bei der Konstruktion seiner persönlichen Identität. Die Konsumorientierung beschränkt sich also nicht auf wirtschaftliche Güter, sondern prägt die Beziehung des einzelnen zur ganzen Kultur. Diese besteht nicht mehr aus verpflichtenden Vorgaben von Deutungs- und Bewertungsmustern mit einer klaren Bedeutungshierarchie. Kultur ist vielmehr ein vielfältiges, reichhaltiges Warenlager aus Möglichkeiten, die prinzipiell jedem einzelnen Konsumenten zur Verfügung stehen. Es braucht kaum hinzugefügt zu werden, daß die Konsumpräferenzen immer noch abhängig von der sozialen Biographie des Konsumenten sind.

Die Konsumorientierung durchdringt auch die Beziehung des »autonomen« Individuums zum Heiligen Kosmos. Eine sehr bedeutsame Folge der institutionellen Segmentierung im allgemeinen und der institutionellen Spezialisierung der Religion im besonderen ist, daß die in die »offiziellen« Modelle der Kirchen eingeschmolzenen spezifisch religiösen Repräsentationen aufhören, die einzigen und verpflichtenden Themen im heiligen Universum zu sein. Aus dem sozial bestimmten System tatsächlicher Prioritäten tauchen neue Themen von »letzter« Bedeutung auf, die, sofern sie sozial artikuliert sind, um die Aufnahme in den Heiligen Kosmos wetteifern. Die herkömmliche thematische Einheit des traditionellen Heiligen Kosmos bricht auseinander. Diese Entwicklung spiegelt die Auflösung der *einen* Bedeutungshierarchie in der Weltansicht wider.

Innerhalb der komplexen institutionellen Struktur und der sozialen Schichtung der Industriegesellschaften treten verschiedene »Versionen« von Weltansichten in den Vordergrund. Individuen, die ursprünglich in eine dieser Versionen hinein sozialisiert wurden, können ihr bis zu einem gewissen Grad auch im späteren Leben treu bleiben. Mit der immer stärkeren Vorherrschaft der Konsumorientierung und dem steigenden Streben nach Autonomie wird es aber wahrscheinlicher, daß der einzelne gegenüber der Kultur und dem Heiligen Kosmos als »Käufer« auftritt. Ist die Religion erst einmal zur »Privatsache« geworden, kann das Individuum nach freiem Belieben aus dem Angebot »letzter« Bedeutungen wählen. Geleitet wird es dabei nur noch von den Vorlieben, die sich aus seiner sozialen Biographie ergeben.

Eine bedeutsame Folge dieser Situation besteht darin, daß der einzelne nun nicht mehr nur seine persönliche Identität konstruiert, sondern auch sein individuelles System »letzter« Bedeutung. Freilich steht ihm für solche Konstruktionen ein ganzes Spektrum an Modellen zur Verfügung – doch keines davon hat einen »offiziellen« Status im strengen Sinn des Wortes.[34] Keines wird mehr gewohnheitsmäßig *au sérieux* verinnerlicht. Statt dessen erfordert die Ausbildung der individuellen Religiosität nun ein hohes Maß an subjektiver Reflexion und Wahlentscheidungen – eine Beobachtung, die uns schon bekannt ist.[35] Überdies entstehen die Themen von »letzter« Bedeutung vorrangig in der »Privatsphäre« und finden im großen und ganzen keinen vollständigen Ausdruck in der Kultur. Deshalb nehmen individuelle Systeme »letzter« Bedeutung im Vergleich zu den *au sérieux* internalisierten »offiziellen« Modellen eher synkretistische und verschwommene Züge an.

Man sollte anmerken, daß traditionelle, spezifisch religiöse Repräsentationen noch immer ein Teil des vielfältigen Heiligen Kosmos der modernen Gesellschaft sind. In der Tat sind sie der einzige Teil, der allgemein als religiös anerkannt wird. Die anderen Elemente werden für gewöhnlich »pseudoreligiös« genannt oder erst gar nicht als Teil des religiösen Kosmos angesehen, obwohl sie überragende Themen in den vorherrschenden individuellen Systemen von »letzten« Bedeutungen darstellen können. Die spezifisch religiösen Repräsentationen bilden zudem noch immer so etwas wie ein Modell, ein Modell, das einige Ähnlichkeiten mit dem traditionellen »offiziellen« Modell der Religion aufweist. Man sollte aber daran erinnern, daß die Einfriedung des *traditionellen* Heiligen Kosmos in einer spezialisierten Institution dazu führte, daß sich die Hoheitsgewalt dieser Institution und mittelbar auch des Heiligen Kosmos zunehmend auf die »Privatsphäre« beschränkte. Dadurch wiederum wurde der privilegierte Status des traditionellen »offiziellen« Modells in seinem Verhältnis zu anderen Themen von »letzter« Bedeutung, die sich an das »Innere« im Menschen richten, (wenn auch nicht vollständig) gemindert. Der »autonome« einzelne von heute begegnet auch dem traditionellen, spezifisch religiösen Modell wie ein Konsument. Dieses Modell ist, mit anderen Worten, eine der Wahlmöglichkeiten für den einzelnen. Doch sogar für diejenigen, die weiterhin in das traditionelle Modell hinein sozialisiert werden, haben die religiösen Repräsentationen im Regelfall vor allem einen rhetorischen Stellenwert. Verschiedene Untersuchungen haben gezeigt, daß Kirchlichkeit normalerweise nur eine dogmatische Oberfläche »religiöser Meinungen« hat, die in keinem deutlichen Zusammenhang miteinander stehen.[36]

Der Konflikt zwischen den Ansprüchen des traditionellen Modells und den sozial determinierten Bedingungen des alltäglichen Lebens kommt selten, wenn überhaupt, offen zum Ausbruch – eben weil es allgemein für selbstverständlich hingenommen wird, daß diese Ansprüche rhetorisch sind. Sie werden weder von den anderen Institutionen gestützt, noch erhalten sie »objektive« Bestätigungen im Alltagsleben der einzelnen.[37] Die Mißachtung dieser Ansprüche durch das Subjekt ermöglicht, daß das einst »offizielle« Modell als Rhetorik überleben kann. Für gewöhnlich ist eine bewußte Ablehnung der traditionellen Formen der Religion, die nur wegen ihrer mangelhaften Deckung mit den tatsächlichen Prioritäten des Alltagslebens erfolgt, unnötig. Die Mißachtung seiner Ansprüche verstärkt jedoch die Auflösung des inneren Zusammenhangs des Modells und beschleunigt die Einengung der spezifisch religiösen Repräsentationen auf die »Privatsphäre«.

Der gesellschaftliche Ort der Kirchen in den gegenwärtigen Industriegesellschaften beeinflußt die Selektion der sozialen Typen entscheidend, die weiterhin in das traditionelle Modell hinein sozialisiert werden, und er bestimmt die Art, auf die das Modell am ehesten verinnerlicht wird. In der Zusammenfassung der Forschungsergebnisse über Kirchlichkeit stellten wir fest, daß die gewohnheitsmäßige Verinnerlichung um so unwahrscheinlicher – und wenn sie doch stattfindet, um so oberflächlicher – wird, je »moderner« die Kombination der Faktoren ausfällt, die zur Sozialisation des einzelnen beitragen. Aber sogar bei den kirchlich Orientierten können die tatsächlichen Prioritäten des Alltagslebens, die subjektiven Systeme von »letzter« Bedeutung und die Rhetorik des traditionellen »offiziellen« Modells auseinanderfallen – aus Gründen, die wir schon angeführt haben. Ein weiterer Grund dafür ist, daß Kirchlichkeit für einige soziale Typen selbst dann noch gesellschaftliche Funktionen erfüllt und Prestige verleiht, wenn ihre spezifisch religiöse Funktion schon lange verlorengegangen ist.

Angesichts dieser Situation scheint es sinnvoll, die kirchliche Religiosität aus zwei verschiedenen Richtungen anzugehen: Zum einen können wir die kirchengebundene Religiosität als Überbleibsel einer traditionellen (d. h. der institutionell spezialisierten) Form der Religion am Rande der Gesellschaft ansehen. Zum anderen können wir die Kirchlichkeit als eine der vielen Manifestationen neu aufkommender, institutionell nicht spezialisierter sozialer Formen der Religion ansehen, wobei sie aufgrund ihrer historischen Beziehungen zum traditionellen christlichen »offiziellen« Modell einen Sonderplatz unter diesen Manifestationen einnimmt. Viele Phänomene der gegenwärtigen Kirchlichkeit können besser verstanden werden, wenn sie aus der zweiten statt aus der ersten Richtung betrachtet werden.

Die institutionelle Segmentierung der Sozialstruktur und die Auflösung der traditionellen Zusammenhänge des Heiligen Kosmos wirkten sich nicht nur auf die Religion als spezialisierte Institution aus, sondern auch auf das Verhältnis der traditionell spezifisch religiösen Repräsentationen zu den Werten anderer institutioneller Bereiche. Die vorherrschenden Werte der anderen institutionellen Bereiche, vor allem der Wirtschaft und der Politik, wurden zunehmend durch ihre funktionale Rationalität legitimiert. Je autonomer und rationaler die spezialisierten institutionellen Bereiche wurden, um so mehr schwächten sich ihre Bande zum transzendenten Heiligen Kosmos. Die traditionelle Legitimation von »oben« (z. B. die Berufungsethik und das Gotteskönigrecht) wird durch eine Legitimation von »innen« ersetzt (z. B. Produktivität und Unabhängigkeit). In diesem Sinne wurden die Normen der institutionellen Bereiche zunehmend »weltlicher«. Das heißt nun aber nicht, daß sich die funktional spezialisierten institutionellen Bereiche aller Werte entledigten. Die »Säkularisierung« war in ihren Anfängen kein Vorgang, der die traditionellen sakralen Werte einfach aus dem Weg räumte. Es war vielmehr ein Vorgang, in dem autonome institutionelle »Ideologien« innerhalb ihres jeweiligen Zuständigkeitsbereiches an die Stelle eines alles umfassenden und transzendenten Universums der Normen traten.

Genau damit ist das Kernproblem für den »modernen« einzelnen in seinem Verhältnis zur gesellschaftlichen Ordnung definiert. Auf lange Sicht erwiesen sich die isolierten institutionellen »Ideologien« außerstande, ein sozial vorgefertigtes *und* subjektiv sinnvolles System »letzter« Bedeutung bereitzustellen. Die Gründe für diese Unfähigkeit sind, wie wir gesehen haben, in den sozialpsychologischen Folgen der institutionellen Segmentierung und Spezialisierung zu suchen – in der Tat genau in jenen Prozessen, die das Aufkommen voneinander isolierter, institutioneller »Ideologien« ermöglichten. Das Schicksal des Totalitarismus in den modernen Industriegesellschaften zeigt anschaulich, daß die Versuche, »institutionelle« Ideologien wieder in umfassende Weltansichten umzuformen, nicht sonderlich erfolgreich waren. Dem Kommunismus gelang es zwar, so etwas wie ein »offizielles« Modell zu artikulieren und jeden einzelnen gewohnheitsmäßig in dieses Modell hineinzusozialisieren. Doch auch er scheiterte in der Schaffung eines »neuen Menschen«. Im großen und ganzen scheinen die nachrevolutionären Generationen das »offizielle« Modell nicht sehr verbindlich, sondern eher als ein bloß rhetorisches System verinnerlicht zu haben. Der »Rückzug ins Privatleben« ist kaum zu übersehen, wenn er auch weniger ausgeprägt ist als in den »kapitalistischen« Gesellschaften. Zwar wurde z. B. in den Vereinigten Staaten unter dem Druck des Kalten Krieges und des Koreakrieges der Versuch unternommen, eine zusammenhängende und subjektiv zwingende Weltansicht mit sakralen Zügen zu schmieden, indem man sich Elemente aus »institutionellen« Ideologien ausborgte (wie z. B. die Ideologie des »freien Unternehmens«). Doch auch dieser Versuch war zum

Scheitern verurteilt, weil nicht einmal eine Verinnerlichung wenigstens in Form von Lippenbekenntnissen durchgesetzt werden konnte.[38] Überdies stellte es sich als unmöglich heraus, eine innere Logik *ex nihilo* zu schaffen, die eine Verbindung zwischen den unvereinbaren Elementen herstellen konnte, aus denen sie geschmiedet worden war.

Wir haben schon darauf hingewiesen, daß der Heilige Kosmos moderner Industriegesellschaften nicht mehr aus *einer* verpflichtenden Hierarchie besteht und auch nicht mehr als ein in sich geschlossenes konsistentes thematisches Ganzes artikuliert wird. Es mag sich zunächst wie eine etwas überzogene Metapher anhören, wenn man den Heiligen Kosmos moderner Industriegesellschaften ein *Warenlager* »letzter« Bedeutungen nennt. Der Begriff hebt jedoch einen wichtigen Unterschied zwischen dem modernen Heiligen Kosmos und dem Heiligen Kosmos traditioneller Gesellschaften hervor. Bei traditionellen Gesellschaften enthält der Heilige Kosmos wohlumschriebene Themen, die ein Universum »letzter« Bedeutung bilden, das hinsichtlich seiner inneren Logik ausreichend zusammenhängt. Auch der moderne Heilige Kosmos enthält Themen, die rechtmäßig als religiös bezeichnet werden können. Diese Themen bilden jedoch kein in sich geschlossenes Universum aus. Das Warenlager religiöser Repräsentationen – nur mehr ein Heiliger Kosmos im weiteren Sinne des Wortes – wird vom potentiellen Nutzer nicht als Ganzes internalisiert. Statt dessen wählt der »autonome« Konsument bestimmte religiöse Themen aus dem bereitstehenden Sortiment und baut sie zu leicht zerbrechlichen privaten Systemen »letzter« Bedeutung aus. Die individuelle Religiosität ist somit keineswegs eine bloße Kopie oder eine Nachahmung des »offiziellen« Modells.

Wir werden die Erörterung der besonderen Merkmale des Heiligen Kosmos in den modernen Industriegesellschaften wiederaufnehmen müssen. Diese vorläufigen Bemerkungen sollten jedoch ausreichend verdeutlicht haben, wie groß die Gefahr der Vereinfachung bei der Untersuchung der sozialen Grundlage des modernen Heiligen Kosmos ist. Wird die Frage genau gestellt, so lautet sie: Welche sozialen Grundlagen hat das Sortiment religiöser Themen in Industriegesellschaften? Unsere Analyse der Kirchlichkeit in der modernen Gesellschaft zeigte deutlich, daß der moderne Heilige Kosmos als ganzer nicht mehr auf einer institutionellen Basis steht, deren Aufgaben etwa in der Aufrechterhaltung und Vermittlung des Heiligen Kosmos bestünde. Auf der Grundlage unserer Beobachtungen über die »weltlichen« institutionellen Ideologien können wir überdies behaupten, daß sich der moderne Heilige Kosmos als ganzer auch nicht mehr auf andere primäre und spezialisierte institutionelle Bereiche stützt, deren hauptsächliche Funktion nicht religiös ist, wie z. B. der Staat oder das Wirtschaftssystem. Wenn wir uns der Erörterung des Ursprungs der verschiedenen Themen im Heiligen Kosmos zuwenden, werden wir darauf hinweisen müssen, daß einige dieser Themen dem traditionellen christlichen Kosmos, andere dagegen »weltlichen« institutionellen Ideologien entstammen. Aber das ist lediglich von historischem Interesse. Die tatsächliche soziale Grundlage des modernen Heiligen Kosmos kann weder in den Kirchen noch im Staat noch im Wirtschaftssystem gesehen werden.

Die Sozialform der Religion, die in modernen Industriegesellschaften entsteht, ist dadurch charakterisiert, daß potentielle Konsumenten einen direkten Zugang zum Sortiment der religiösen Repräsentationen haben. Der Heilige Kosmos wird weder durch einen spezialisierten Bereich religiöser Institutionen noch durch andere öffentliche primäre Institutionen vermittelt. Es ist gerade diese unmittelbare Zugänglichkeit des Heiligen Kosmos oder – genauer – des Sortiments an religiösen Themen, die die Religion heutzutage zu einer Erscheinung in der »Privatsphäre« macht. Die aufkommende soziale Form der Religion unterscheidet sich beträchtlich von älteren sozialen Formen der Religion, die sich durch die mehr oder weniger gleichmäßige Verteilung der Religion in der institutionellen Struktur der Gesellschaft oder durch die institutionelle Spezialisierung der Religion auszeichneten.

Die Feststellung, daß der Heilige Kosmos den potentiellen Konsumenten direkt zugänglich ist, bedarf der Erläuterung. Sie schließt mit ein, daß der Heilige Kosmos nicht durch primäre öffentliche Institutionen vermittelt wird und daß somit kein verpflichtendes Modell der Religion verfügbar ist. Das bedeutet aber natürlich nicht, daß religiöse Themen nicht auf irgendeine Weise vermittelt werden. Religiöse Themen entspringen aus Erfahrungen in der »Privatsphäre«. Sie beruhen hauptsächlich auf Gefühlen und Empfindungen und sind so instabil, daß ihre Artikulation

Schwierigkeiten bereitet. Sie sind in hohem Maße »subjektiv«; d. h., sie werden nicht von primären Institutionen verbindlich festgelegt. Sie können aber von sozusagen »sekundären« Institutionen aufgenommen werden, die die »privaten« Bedürfnisse »autonomer« Konsumenten eigens beliefern. Diese Institutionen versuchen, die in der Privatsphäre aufkommenden Themen zu artikulieren und sie dann päckchenweise den potentiellen Konsumenten wieder anzubieten. Die in vielen Zeitungen veröffentlichten Ratgeberseiten, »erbauliche« Literatur, Abhandlungen über positives Denken im *Playboy*, populärpsychologische Versionen im *Reader's Digest* oder die Lyrik der Popmusik, all dies artikuliert die tatsächlichen Elemente von »letzter« Bedeutung. Freilich sind diese Modelle nicht verpflichtend, so daß sie auf einem im Prinzip freien Markt miteinander konkurrieren müssen. Die Fertigung, Verpackung und der Verkauf von Modellen »letzter« Bedeutung wird deshalb von den Verbraucherpräferenzen gesteuert. Deshalb müssen die Hersteller die Bedürfnisse und Anforderungen der »autonomen« Individuen und ihre Lebensgestaltung in der Privatsphäre aufmerksam beobachten.[39]

Das Auftauchen sekundärer Institutionen, die den Markt mit »letzten« Bedeutungen beliefern, heißt nicht, daß der Heilige Kosmos – nach einer Epoche institutioneller Spezialisierung – wieder einmal ebenmäßig über die Sozialstruktur verteilt ist. Der entscheidende Unterschied besteht darin, daß nicht die primären Institutionen Träger des Heiligen Kosmos sind; sie regulieren nur noch den rechtlichen und wirtschaftlichen Rahmen, innerhalb dessen die »letzten« Bedeutungen miteinander um die Publikumsgunst wetteifern. Zudem ist die gleichmäßige Verteilung des Heiligen Kosmos in der Sozialstruktur ein Kennzeichen für Gesellschaften, in denen eine Privatsphäre im engeren Sinn des Wortes gar nicht existiert und in denen die Unterscheidung zwischen primären und sekundären Institutionen keinen Sinn macht.

Die ständige Abhängigkeit der sekundären Institutionen von den Präferenzen der Verbraucher, also von der Privatsphäre, verringert die Chancen, daß die sozialen Objektivierungen von in der Privatsphäre aufkommenden und in sie zurückgelieferten Themen zur Artikulation eines zusammenhängenden und geschlossenen Heiligen Kosmos und so wieder zur Spezialisierung einer religiösen Institution führen. Das ist einer der verschiedenen Gründe, die zu der Annahme berechtigen, daß wir uns nicht einfach in einem Interregnum zwischen dem Aussterben eines »offiziellen« Modells und dem Auftauchen eines neuen befinden, sondern daß wir die Heraufkunft einer neuen sozialen Form der Religion beobachten, die sich weder durch die gleichmäßige Verteilung eines Heiligen Kosmos in der Sozialstruktur noch durch institutionelle Spezialisierung auszeichnet.

Die Tatsache, daß der Heilige Kosmos hauptsächlich auf die Privatsphäre und die sie beliefernden sekundären Institutionen angewiesen ist, hat, im Verbund mit der thematischen Vielfalt dieses Heiligen Kosmos, weitreichende Folgen für das Wesen der individuellen Religiosität in der modernen Gesellschaft. Mangels eines »offiziellen« Modells kann der einzelne aus einer Vielzahl von Themen »letzter« Bedeutung auswählen. Die Auswahl geschieht aufgrund der Verbraucherpräferenzen, die wiederum von der gesellschaftlichen Biographie des einzelnen abhängen (wobei ähnliche Biographien zu ähnlichen Wahlen führen). Gehen wir aus von dem Warenangebot an religiösen Repräsentationen, die dem potentiellen Konsumenten zur Verfügung stehen, und vom Fehlen eines offiziellen Modells, dann ist es prinzipiell möglich, daß der »autonome« einzelne nicht nur bestimmte Themen auswählt, sondern sich sozusagen »eigenhändig« ein klar umschriebenes privates *System* von »letzten« Bedeutungen zusammenbaut. In dem Maße, wie einige Themen im Sortiment »letzter« Bedeutungen zu so etwas wie einem einigermaßen zusammenhängenden Modell (wie etwa »positives Christentum« oder Psychoanalyse) verschmolzen werden, können einige Individuen diese Modelle *en bloc* verinnerlichen. Wenn wir jedoch kein hohes Maß an Reflexion und bewußtem Überlegen voraussetzen können, dann ist es jedoch wahrscheinlicher, daß Individuen die eher (vor allem emotional und affektiv) situationsbedingten, in ihren »Privatsphären« aufkommenden Handlungsentscheidungen dadurch legitimieren, daß sie *ad hoc* mehr oder weniger angemessene rhetorische Elemente aus dem vielgestaltigen Heiligen Kosmos ableiten. Das berechtigt zur Annahme, daß sich die *vorherrschenden* individuellen Systeme »letzter« Bedeutung aus einer losen und zerbrechlichen Hierarchie von »Meinungen« zusammensetzen, die die vom Affekt geleiteten Handlungsentscheidungen des »privaten« Lebens zu rechtfertigen haben.

In der modernen Gesellschaft erhält die individuelle Religiosität keine massive Unterstützung von den primären öffentlichen Institutionen. Die umfassenden subjektiven Sinnstrukturen sind beinahe völlig von den funktional rationalen Normen dieser Institutionen abgelöst. Mangels Unterstützung von außen werden subjektiv konstruierte und eklektische Systeme »letzter« Bedeutungen für den einzelnen eine etwas unsichere Wirklichkeit bilden.[40] Sie werden auch weniger stabil – oder streng – sein als die homogeneren Muster der individuellen Religiosität in solchen Gesellschaften, in denen jeder einzelne ein »offizielles« Modell verinnerlicht und in denen das verinnerlichte Modell während des ganzen Lebens eines Individuums (von außen) gestützt wird. Fassen wir zusammen, so unterscheiden sich die Inhalte der Systeme »letzter« Bedeutungen in der modernen Gesellschaft sehr voneinander, strukturell aber ähneln sie sich. Sie sind vergleichsweise flexibel und zerbrechlich zugleich.

Während die individuelle Religiosität von den primären öffentlichen Institutionen keine Unterstützung und Bestätigung erhält, bleibt sie auf die unstete Unterstützung anderer »autonomer« Individuen angewiesen. Die individuelle Religiosität wird m. a. W. von Personen unterstützt, die, aus den oben genannten Gründen, vor allem in der »Privatsphäre« zu finden sind. In der »Privatsphäre« ist die zeitweilige Anteilnahme und sogar die gemeinsame Konstruktion von Systemen »letzter« Bedeutung möglich, ohne daß man in einen Widerspruch zu den funktional rationalen Normen der primären Institutionen gerät.

Die in den Industriegesellschaften vorherrschende sogenannte Kleinfamilie übt eine wichtige Funktion aus, da sie eine vergleichsweise stabile strukturelle Grundlage für die »private« Produktion von (sonst eher freischwebenden) Systemen »letzter« Bedeutung bildet. Das gilt besonders für das Mittelschichten-Ideal der »partnerschaftlichen Ehe«, von der typischerweise erwartet wird, daß sie den Ehepartnern »Erfüllung« bietet.[41] Aus diesem Blickwinkel betrachtet erscheint nichts Überraschendes an dem Aufkommen des »Familialismus« in den Industriegesellschaften, so unerwartet dieses Phänomen auch für einen Sozialwissenschaftler des 19. Jahrhunderts hätte sein können. Andererseits versteht man auch die verhältnismäßig geringe Stabilität der Familie als Institution, wenn man sich die außerordentlich schwere sozialpsychologische Last vergegenwärtigt, der eine Familie durch solche Erwartungen ausgesetzt ist.[42]

Die subjektiven Systeme »letzter« Bedeutungen können auch bei

Personen außerhalb der Familie Unterstützung finden. Freunde, Nachbarn, Mitglieder von Cliquen, die sich bei der Arbeit oder bei Hobbies herausgebildet haben, können als »signifikante Andere« auftreten, die an der Konstruktion und Stabilisierung des »privaten« Universums »letzter« Bedeutungen teilhaben.[43] Wenn solche Universa bis zu einem bestimmten Grade miteinander verschmelzen, dann können die sie stützenden Gruppen beinahe sektiererische Züge annehmen und das ausbilden, was wir sekundäre Institutionen nannten. Dies scheint der Fall zu sein bei so »letztbedeutsamen« Hobbies wie z. B. Gruppensex, um nur ein eher unwahrscheinliches Beispiel zu nennen.[44] Dessen ungeachtet kann man mit gutem Grund annehmen, daß die Familie der wichtigste Katalysator »privater« Bedeutungsuniversa bleiben wird.

VII. Moderne religiöse Themen

Es wurde schon darauf hingewiesen, daß die »Privatsphäre« als soziale Basis der neu entstehenden Religion angesehen werden kann. Die Themen, die im heutigen Heiligen Kosmos einen hohen Stellenwert haben, beziehen sich auf einen Bereich der individuellen Existenz, der jenseits der primären gesellschaftlichen Institutionen angesiedelt ist und in dem sie auch wurzeln. Doch haben nicht alle Themen im heutigen Heiligen Kosmos ihren Ursprung in der »Privatsphäre«. Einige können bis in den traditionellen christlichen Kosmos zurückverfolgt werden, während andere den »weltlichen« institutionellen Ideologien des achtzehnten und neunzehnten Jahrhunderts entsprangen.

Es ist klar, daß einige traditionelle, *spezifisch* religiöse Repräsentationen im modernen Heiligen Kosmos fortbestehen. Damit beziehen wir uns nicht nur auf die offensichtliche Tatsache, daß das einst »offizielle« christliche Modell der Religion den Weltansichten der modernen Industriegesellschaften seinen Stempel aufgedrückt hat und so die tatsächlichen Prioritäten im Alltagsleben der Mitglieder beeinflußt. Wir meinen vielmehr jene ebenso offensichtliche Tatsache, daß spezialisierte religiöse Institutionen weiterhin *eine* der Quellen bleiben, aus denen das thematische Warenlager des modernen Heiligen Kosmos seine Themen bezieht. Dabei sollte man bedenken, daß sich der Charakter der religiösen Institutionen von Grund auf wandelte, nachdem sie das Monopol auf den Heiligen Kosmos eingebüßt hatten. Es ist keine Selbstverständlichkeit mehr, daß sie ein verbindliches Modell der Religion vermitteln. Statt dessen sind sie gezwungen, mit anderen Quellen »letzter« Bedeutung um die Aufmerksamkeit der potentiellen Konsumenten ihrer »Produkte«, den »autonomen« einzelnen, zu konkurrieren. Da sie alle als spezifisch religiös anerkannt werden und da sie traditionell den Anspruch auf gute Beziehungen zum christlichen Universum geltend machen können, werden sie auf dem offenen Markt vermutlich weiterhin gewisse Vorteile haben. Trotz der offensichtlichen Unterschiede des öffentlichen »Images« und der weniger klaren wirtschaftlichen Basis etwa des Methodismus oder des *Playboy* haben die überlebenden Formen der institutionell spezialisierten Religion die Merkmale dessen angenommen, was wir sekundäre Institutionen nennen. Denn obwohl die spezialisierten religiösen Institutionen von der traditionellen christlichen Rhetorik (noch) nicht ganz abgerückt sind, bringt diese Rhetorik einen Sinn zum Ausdruck, der nur noch entfernte Ähnlichkeiten mit dem traditionellen Heiligen Kosmos aufweist.[45]

Einige im modernen Heiligen Kosmos verfügbare Themen können auf bestimmte Werte einst vorherrschender politischer und ökonomischer Ideologien zurückgeführt werden. Gegenwärtig nehmen diese Themen eine untergeordnete Stellung im Heiligen Kosmos ein. Da sie auf der Grundlage der funktionalen Rationalität und überindividueller ökonomischer und politischer Ziele entstanden, können sie – wie oben gezeigt wurde – nicht einfach in Elemente von »letzter« Bedeutung umgewandelt werden. Wie modern sich diese Ideologien auch immer ausnehmen, man versteht sie doch am besten als späte Mutationen der traditionellen Religion. Diese Auffassung wird gestützt durch die Tatsache, daß diese Ideologien oftmals sogar ausdrücklich als Gegen- und Ersatzreligionen formuliert wurden. Die unterschiedlichen Versuche, in den spezialisierten politischen und ökonomischen Institutionen eine Quelle »letzter« Bedeutung zu finden, scheinen keine dauerhaften Auswirkungen auf den modernen Heiligen Kosmos gehabt zu haben. Sogar in den Ländern, in denen »weltliche« Ideologien einen globalen Anspruch erheben und die Unterstützung der primären Institutionen haben, wie in der Sowjetunion, scheinen sie in der Auseinandersetzung mit dem, was dort als »Solipsismus«, »Individualismus« oder als eine andere Form »bürgerlicher Dekadenz« bezeichnet wird, auf verlorenem Posten zu stehen. Es ist bezeichnend, daß diese Phänomene am klarsten bei den jungen und städtischen Teilen der Bevölkerung in Erscheinung treten und sich dabei keineswegs nur auf Rowdies und Intellektuelle beschränken. In den Vereinigten Staaten liegt die Sache deswegen ein wenig anders, da Elemente der »weltlichen« Ideologie sich mit traditionellen religiösen Themen vermengten und »verkleidet« in den Heiligen Kosmos Eingang fanden.[46]

Nebenbei sollte man noch darauf hinweisen, daß die traditionellen religiösen Themen stärker an die »weltlichen« Anforderungen angepaßt wurden als die mehr »transzendenten« ökonomischen und politischen Werte der »weltlichen« Ideologien des achtzehnten und neunzehnten Jahrhunderts. Dieses scheinbare Paradox kann aufgelöst werden, berücksichtigt man, wieviel Wert das Christentum auf die subjektive Sphäre legt, wie stark sie den »Glauben«, besonders im Protestantismus, betont. Darüber hinaus dürften Unterschiede des sozialpsychologischen Kontextes der institutionellen Spezialisierung der Religion im Vergleich zur Spezialisierung des wirtschaftlichen und politischen Bereiches eine große Rolle spielen.

Es mag unnötig sein, die Schwierigkeiten zu betonen, die sich bei der Beschreibung und Definition der im Heiligen Kosmos vorherrschenden Themen ergeben. Die wichtigsten Gründe für diese Schwierigkeiten wurden schon genannt. Die religiösen Themen der modernen Industriegesellschaften bilden keinen zusammenhängenden und scharf artikulierten Heiligen Kosmos. Die vorherrschenden Themen, die der »Privatsphäre« entspringen, bleiben vergleichsweise instabil. Soweit die traditionelle christliche Rhetorik überlebt, kann ihr Vokabular neu aufkommende Themen sogar verdecken. Schließlich werden die Themen von »letzter« Bedeutung in unterschiedlichen sozialen Schichten auch auf unterschiedliche Art verinnerlicht. All das macht eine Beschreibung des modernen Heiligen Kosmos weit schwieriger als zum Beispiel eine Darstellung der traditionellen lutherischen Dogmatik. Die dieser Aufgabe innewohnende Bedeutung und Wichtigkeit sollte jedoch einen wenigstens provisorischen Abriß der im modernen Heiligen Kosmos herausragenden Themen rechtfertigen.

Die im modernen Heiligen Kosmos vorherrschenden Themen verleihen dem Individuum so etwas wie einen sakralen Status, indem sie seine »Autonomie« hervorheben. Das steht natürlich im Einklang mit unserer Feststellung, daß die »letzten« Bedeutungen des typischen Individuums in modernen Industriegesellschaften der »Privatsphäre« – und so seiner »privaten« Biographie – angehören. Der traditionelle Heilige Kosmos wird für die Alltagserfahrung des typischen einzelnen bedeutungslos und verliert den Charakter einer übergeordneten Wirklichkeit. Die primären gesellschaftlichen Institutionen werden andererseits zu Wirklichkeiten, deren Sinn dem einzelnen fremd ist. Die transzendente gesellschaftliche Ordnung verliert ihre Bedeutung für das Subjekt, zum einen wegen der fehlenden Repräsentation eines umfassenden kosmischen Sinns, zum anderen wegen seiner fehlenden konkreten institutionellen Manifestationen. Was zählt, findet der

einzelne innerhalb der Grenzen der »Privatsphäre«. Es ist von einigem Interesse, daß selbst jene untergeordneten Themen im modernen Heiligen Kosmos, die sich aus politischen und wirtschaftlichen Ideologien ableiten, mehr und mehr einen »individualistischen« Ausdruck finden – z. B. im pflichtbewußten Bürger, im erfolgreichen Unternehmer.
Das Thema des »autonomen« Individuums hat einige historische Vorläufer, die von bestimmten Elementen im klassischen Stoizismus bis hin zur Philosophie der Aufklärung reichen. Seinen ersten modernen Ausdruck fand es in der Romantik. Dann wurde es in einen Zusammenhang mit einer Reihe von Begriffen gebracht, von der »Künstlerfreiheit« bis hin zum Nationalismus. Das Thema hatte seinen sozialen Ort in der kapitalistischen Bourgeoisie und vor allen Dingen an ihrem Rand, nämlich der Bohème. Mit dem Wachstum und den Veränderungen der bürgerlichen Mittelschichten in der Industriegesellschaft erlangte das »autonome« Individuum eine zentrale Bedeutung im modernen Heiligen Kosmos. Sogar dort, wo es ursprünglich mit einer Tradition der individuellen Verantwortung in einer Gemeinschaft einzelner verknüpft war (wie etwa in den Vereinigten Staaten), büßte es seinen »transzendenten« politischen Glorienschein ein. Der Rückzug des einzelnen in die »Privatsphäre« – der, wie wir gezeigt haben, eine besondere, historisch einzigartige Konstellation sozialstruktureller Faktoren voraussetzt – findet seine Parallele in der Neubestimmung der persönlichen Identität als »Innerlichkeit« des Menschen. Die individuelle »Autonomie« steht nun auf einmal für das Fehlen äußerer Zwänge und althergebrachter Tabus bei der privaten Suche nach Identität.
Die Themen der individuellen »Autonomie« treten in sehr vielfältigen Gestalten in Erscheinung. Da der »innerliche« Mensch ja nun wirklich eine unbestimmbare Einheit ist, macht seine vermeintliche Entdeckung ein lebenslanges Suchen erforderlich. Das Individuum, das die Quelle »letzter« Bedeutung auf der subjektiven Seite seiner Biographie vermutet, strebt nach Selbstverwirklichung, ein zwar nicht unablässig verfolgtes Ziel – zumal ja die immer wiederkehrenden Routinen des Alltags zu Unterbrechungen zwingen –, das aber sicher unerreichbar bleibt. Verwirklichung des Selbst stellt die wichtigste Form des im Heiligen Kosmos vorherrschenden Themas der individuellen »Autonomie« dar. Da die Rollenhandlungen des einzelnen von den primären

Institutionen kontrolliert werden, erkennt der einzelne bald die Grenzen seiner »Autonomie« und lernt, seinen Kampf um Selbstverwirklichung und Selbstdarstellung in die »Privatsphäre« zu verlegen. Die Jüngeren mögen noch gewisse Schwierigkeiten mit dieser Beschränkung haben – eine Beschränkung, deren »Logik« erst einsichtig ist, wenn man die »harten Tatsachen des Lebens« kennenlernt. Die Inhaltsanalysen von populärer Literatur, populären Radio- und Fernsehsendungen, Lebensberatungs-Kolumnen in Zeitschriften und erbaulichen Büchern belegen deutlich, daß Selbstverwirklichung und Selbstdarstellung in der Tat das vorherrschende Thema darstellt. Es nimmt auch in der Philosophie und immer mehr auch in der Praxis der Erziehung eine zentrale Stellung ein. Die in der Natur der Sache begründeten Schwierigkeiten, auf die der einzelne bei seiner Suche nach dem »inneren Selbst« stößt, machen überdies den überwältigenden Erfolg diverser wissenschaftlicher und quasi-wissenschaftlicher Psychologien verständlich, die Richtlinien für diese Suche bereitstellen.[47]

Das weitverbreitete Mobilitätsethos kann als eine weitere Form des Themas Selbstverwirklichung betrachtet werden.[48] Selbstverständlich ist es kaum möglich, Selbstverwirklichung durch Statusverbesserung zu erreichen, wenn man sich radikal in die »Privatsphäre« zurückzieht. Es ist aber bezeichnend, daß sich das Mobilitätsethos für gewöhnlich mit einer Einstellung zur gesellschaftlichen Ordnung verbindet, die individualistisch ist und die eigenen Veränderungsmöglichkeiten betont. Schließlich kann man aufgrund des strukturell determinierten Unterschieds zwischen Mobilitätsethos und Statusverbesserung die Vermutung wagen, daß persönliche »Niederlagen« zum verstärkten Rückzug in die »Privatsphäre« führen.[49]

Eine weitere spezifisch moderne Ausprägung des Themas der Selbstverwirklichung und der Selbstdarstellung ist die Sexualität. In Anbetracht der herausragenden Stellung, die Sexualität im modernen Heiligen Kosmos einnimmt, verdient auch sie eine gesonderte Betrachtung. Die Strenge, mit der verschiedene Aspekte der Sexualität in traditionellen Gesellschaften institutionalisiert sind, legt Beweis davon ab, wie stark ein derart »privates« Verhalten durch äußere Kontrollen geregelt sein kann – und wie wichtig solche Regelungen etwa für bestimmte Formen von Verwandtschaftssystemen sind. Wo auch immer das Verwandtschaftssystem die Grundlage einer Gesellschaft bildet, werden die einschlägigen Probleme mit religiöser Bedeutung versehen und sozial sanktioniert. Mit der Institutionalisierung primärer institutioneller Bereiche verliert die Familie und so auch die Sexualität einiges an ihrer Bedeutung für diese Bereiche, und die Durchsetzung der Normen, die familiäres und geschlechtliches Verhalten regeln, wird weniger streng verfolgt. Mit gewissen Einschränkungen kann man sagen, daß die Familie und die Sexualität in die »Privatsphäre« abgedrängt werden. Im Gegenzug kann Sexualität in dem Maße, wie sie von »äußerer« sozialer Kontrolle befreit wird, eine zentrale Bedeutung für das Streben des einzelnen nach Selbstverwirklichung erlangen. Aus diesem Argument folgt sicherlich nicht, daß Sexualität für den Menschen des vorindustriellen Zeitalters unwichtig oder unbedeutend war, noch folgt daraus, daß Sexualität im traditionellen Heiligen Kosmos keine Rolle spielte. Es besagt allein, daß Sexualität zusammen mit dem »heiligen« Thema der Selbstverwirklichung nun eine einmalige Rolle als Quelle »letzter« Bedeutung für das in die »Privatsphäre« zurückgezogene Individuum spielt. Es ist sehr wahrscheinlich, daß die Entwicklung, die von den Begriffen der romantischen Liebe zum, etwas salopp gesagt, sexuellen Polytheismus der anständigen Vorstädter führte, mehr als nur ein kurzlebiger Ausschlag des Pendels ist, das sich vom Gewicht der viktorianischen Tabus befreit hat.

Die weitgehende (wenn auch freilich nicht vollständige) »Befreiung« der Sexualität von der sozialen Kontrolle macht es möglich, daß sich das sexuelle Verhalten stärker als in traditionellen Gesellschaften von Konsumpräferenzen leiten läßt. Man sollte aber ebenfalls beachten, daß die Sexualität – sicherlich ein grundlegender Bestandteil der individuellen »Autonomie« – die Ausweitung der »Privatsphäre« über die Grenzen des einsamen Individuums hinaus erlaubt und so die Grenzen zur Transzendenz des Selbst überschreitet. Zur gleichen Zeit ist sie eine Form der Transzendenz des Selbst, die sich auf die »Privatsphäre« beschränkt und ohne Auswirkungen auf die Sozialordnung bleibt, welche im wesentlichen von den funktional rationalen Normen der primären öffentlichen Institutionen geprägt ist.

Ein anderes Thema, das einen wichtigen Platz im Heiligen Kosmos moderner Industriegesellschaften einnimmt, ist der Familialismus. Das mag auf den ersten Blick zwar überraschen, da die

Familie offensichtlich viele der Funktionen verloren hat, die sie traditionell in der Gesellschaft ausübte. Nehmen wir jedoch das in der Erörterung der Sexualität vorgebrachte Argument wieder auf, so können wir sagen, daß gerade der Verlust dieser gesellschaftlichen Funktionen die Familie in die »Privatsphäre« abdrängte und sie für den auf die Privatsphäre beschränkten einzelnen zu einer Quelle »letzter« Bedeutung werden ließ. Das Thema des Familialismus weist eine oberflächliche Ähnlichkeit zur Stellung der Familie in den traditionellen religiösen Universa auf – wie etwa die verwandtschaftsorientierten Werte in der traditionellen chinesischen Gesellschaft. Dort waren Familie wie auch Staat Elemente – und Repräsentationen – einer kosmischen Ordnung. Der moderne Familialismus stellt dagegen lediglich eine Ausweitung der »Privatsphäre« auf Bereiche jenseits der Grenzen des Individuums dar – eine Ausweitung, die den Normen und funktionellen Anforderungen der primären öffentlichen Institutionen genausowenig widerspricht wie die Transzendierung des Selbst in der Sexualität. Die Transzendierung des Selbst in der Familie unterscheidet sich von der Sexualität nur insofern, als sie wenigstens der Möglichkeit nach stabiler ist – und den Aufbau eines Mikrokosmos erlaubt, der für den Lauf eines ganzen Lebens von »letzter« Bedeutung sein kann.

Natürlich ist das Thema des Familialismus eng mit dem Thema der Sexualität verknüpft. Im modernen Heiligen Kosmos werden beide zusehends aufeinander abgestimmt. Die Konsumenten-Orientierung ermöglicht es dem »autonomen« einzelnen, sich beide Themen in sein subjektives Relevanzsystem einzuverleiben. Man sollte jedoch zu bedenken geben, daß der »diesseitige« Charakter des modernen Familialismus durch das aus der christlichen Rhetorik abgeleitete Vokabular besser verschleiert werden kann als die Diesseitigkeit der Sexualität oder jedes anderen heiligen Themas. Es ist dasjenige moderne Thema, das im geringsten Widerspruch zur »inneren Logik« der althergebrachten Formen institutionell spezialisierter Religion steht und von diesen somit auch unterstützt werden kann.

Die Hauptthemen der individuellen »Autonomie« – Selbstdarstellung, Selbstverwirklichung, das Mobilitätsethos, Sexualität und Familialismus – werden von einer Reihe von Themen mit untergeordneter Bedeutung umgeben, die ebenfalls einen Anspruch auf eine gewisse »Heiligkeit« erheben. Auch diese Themen sind dem »autonomen« einzelnen im Warenlager religiöser Repräsentationen zugänglich. Sie sind den Hauptthemen in dem Sinne untergeordnet, als sie nur in wenigen Fällen als Säulen zum Bau subjektiver Systeme »letzter« Bedeutungen dienen. Wie schon oben angedeutet wurde, haben viele der untergeordneten Themen ihren Ursprung entweder im traditionellen christlichen Kosmos oder in den »weltlichen« Ideologien des achtzehnten und neunzehnten Jahrhunderts. Es ist hier nicht möglich, auch nur einen vorläufigen Überblick zu bieten. Zum Zwecke der Veranschaulichung sollen einige Themen erwähnt werden, die sich aus der besonderen amerikanischen Dialektik zwischen egalitärer demokratischer Tradition und Mobilitätsethos entwickelten: »Toleranz«, »Anpassung«, »Chancengleichheit«, »Mitmenschlichkeit«. Freilich kann die Bedeutung dieser Themen nur sehr schwer eingeschätzt werden. Vorstellbar ist wenigstens, daß sie oft bloß Teil einer Rhetorik sind, die allein dem Zwecke dient, das vorherrschende Thema der individuellen »Autonomie« annehmbarer zu gestalten – besonders in dessen am wenigsten »privaten« Ausdruck, dem Mobilitätsethos. Auffällig ist, daß der Tod nicht einmal als untergeordnetes Thema im Heiligen Kosmos moderner Industriegesellschaften auftaucht. Auch Altwerden und hohes Alter werden nicht mit »heiliger« Bedeutung versehen. Der »autonome« einzelne ist jung, und er stirbt nie.[50]

Man kann zusammenfassen: Der moderne Heilige Kosmos symbolisiert die sozialhistorische Erscheinung des Individualismus und verleiht der aus strukturellen Gründen entstandenen »Privatsphäre« in Form unterschiedlicher Artikulationen »letzte« Bedeutung. Wir versuchten zu zeigen, daß die Struktur des modernen Heiligen Kosmos und sein thematischer Inhalt ein Anzeichen für das Aufkommen einer neuen gesellschaftlichen Form der Religion darstellt, die eine Folge der radikalen Veränderungen in der Beziehung zwischen dem einzelnen und der Gesellschaftsstruktur ist.

Anmerkungen

1 Vgl. Thomas Luckmann, Neuere Schriften zur Religionssoziologie, in: KZfSS 12,2 (1960), 315-326.
2 Vgl. Talcott Parsons, The Theoretical Development of the Sociology of Religion, in: Essays in Sociological Theory Pure and Applied. New York: Free Press 1949, 52-66 und: The Role of Ideas in Social Action, ebd., 163.
3 Beachtenswert sind Fichters Untersuchungen über katholische Pfarrgemeinden. Fichter hatte einen großen Einfluß in der Entwicklung der rein soziographischen Untersuchungen zur Soziologie der Pfarrgemeinden, und seine Untersuchungen dienten den jüngeren katholischen und protestantischen Untersuchungen von Pfarrgemeinden als Modell. Vgl. Joseph H. Fichter, Southern Parish, Bd. 1, Chicago: Univ. of Chicago Press 1951, und: Social Relation in the Urban Parish, Chicago: Univ. of Chicago Press 1954.
4 In Anbetracht der dieser Untersuchung auferlegten Beschränkungen wäre der Versuch, eine vollständige Bibliographie zu erstellen, unmöglich. Eine ausführliche Bibliographie findet sich in Dietrich Goldschmidt und Joachim Matthes (Hg.), Probleme der Religionssoziologie, Sonderheft der KZfSS Nr. 6, 264-289. Besprechungen dieses Bereichs finden sich u. a. bei Charles Y. Glock, The Sociology of Religion, in: Robert K. Merton, Leonard Broom und Leonard S. Cotrell, Jr. (Hg.), Sociology Today. New York: Basic Books 1959, 153-177; Paul Honigsheim, Sociology of Religion – Complementary Analyses of Religious Institutions, in: Howard Becker und Alvin Boskoff (Hg.), Modern Sociological Theory in Continuity and Change, New York: Dryden Press 1957, 450-481; Chester L. Hunt, The Sociology of Religion, in: Joseph S. Roucek (Hg.), Contemporary Sociology. New York: Philosophical Library 1958, 539-556; Gabriel Le Bras, Problèmes de la Sociologie des Religions, in: Georges Gurvitch (Hg.), Traité de la Sociologie. Bd. 2. Paris: Puf 1960; Dietrich Goldschmidt, Franz Greiner und Helmut Schelsky (Hg.), Soziologie der Kirchengemeinde. Stuttgart: Enke 1959; Richard D. Lambert (Hg.), Religion in American Society. The Annals of the American Society of Political and Social Science. Bd. 332 (1960).
5 Vgl. Will Herberg, Protestant, Catholic and Jew. Garden City: Doubleday 1955.
6 Vgl. Gerhard Lenski, The Religious Factor. Garden City: Doubleday 1961.
7 Eine Interpretation finden sich in Friedrich Tenbruck, Die Kirchengemeinden in der entkirchlichten Gesellschaft, in: Goldschmidt, Greiner und Schelsky (Hg.), op. cit., 122-132; vgl. auch Reinhard Koester, Die Kirchentreuen, Stuttgart: Enke 1959, 108 f.

8 Eine Untersuchung, die den Symptomen dieser Veränderungen nachgeht, wurde durchgeführt von Louis Schneider und Sanford M. Dornbusch, Popular Religion-Inspirational Books in America. Chicago: Univ. of Chicago Press 1958.
9 Eine Beschreibung und Interpretation dieser Funktionen liefert Peter L. Berger, The Noise of Solemn Assemblies. Garden City: Doubleday 1961.
10 Vgl. Tenbruck, op. cit.
11 Zur Analyse verschiedener Sinnsysteme und ihrem Verhältnis zur vorherrschenden Wirklichkeit des Alltags vgl. Alfred Schütz, Gesammelte Aufsätze. Band 1. Den Haag: Martinus Nijhoff 1971, speziell Teil 3: Über die mannigfaltigen Wirklichkeiten, 237-281 und: Symbol, Wirklichkeit und Gesellschaft, 331-411.
12 Eine systematische Analyse dieses Problems findet sich in Peter L. Berger und Thomas Luckmann, Die gesellschaftliche Konstruktion der Wirklichkeit. Frankfurt am Main: Fischer, 1969.
13 Vgl. Berger und Luckmann, op. cit., 33 f.
14 Zu erwähnen sind hier Bergsons Analyse der »durée«, William James' Begriff des »Bewußtseinsstromes« und Husserls Analyse der Zeitlichkeit.
15 Vgl. Sherwood L. Washburn (Hg.), Social Life of Early Man. London: Methuen 1962.
16 Die folgende Analyse gründet auf der Sozialpsychologie von George Herbert Mead (Geist, Selbst und Gesellschaft. Frankfurt am Main: Suhrkamp 1973) und auf Charles H. Cooleys Theorie der Sozialisation (Human Nature and the Social Order. New York: Scribners 1922, und: Social Organization. New York: Scribners 1909).
17 Eine äußerst wichtige Analyse der Face-to-Face-Interaktion liefert Alfred Schütz, op. cit., Band II, 22-33.
18 Vgl. Sartres hochinteressante Analyse der Konstitution der Identität, die jedoch die Bedeutung der sozialen Vorgänge übergeht (Jean Paul Sartre, Die Transzendenz des Ego. Reinbek bei Hamburg: Rowohlt 1982, bes. die Passage, in der Rimbauds Satz »Es ist ein Anderes« erläutert wird, 97/98).
19 Über die soziale Dimension von Gedächtnis und Zeit vgl. Maurice Halbwachs, Les Cadres Sociaux de la Mémoire. Paris: Puf 1925, und: La Mémoire Collective, Paris: Puf 1950.
20 Vgl. Berger und Luckmann, op. cit., bes. 85-118.
21 Vgl. Eric Voegelin, The New Science of Politics. Chicago: The University of Chicago Press 1952, bes. 27.
22 Vgl. Berger und Luckmann, op. cit., bes. 85-96.
23 Vgl. Wilhelm von Humboldt, Über die Verschiedenheit des menschlichen Sprachbaues und ihren Einfluß auf die geistige Entwicklung des Menschengeschlechts, Werke Bd. 3. Darmstadt: Wissenschaftliche

Buchgesellschaft 1953, 463-473. Dabei ist es interessant, daß Humboldt sich schon über die Merkmale der Sprache als objektiv und objektivierend im klaren war: »Denn so innerlich auch die Sprache durchaus ist, so hat sie dennoch zugleich ein unabhängiges, äusseres, gegen den Menschen selbst, Gewalt ausübendes Dasein.« Der Soziologe mag erstaunt feststellen, daß diese Aussage über Sprache die Merkmale aufzählt, durch die Durkheim in seinen »Regeln der soziologischen Methode« sehr viel später einen sozialen Tatbestand definierte.

24 Aus der umfassenden und stetig anwachsenden Literatur zu diesem Thema soll hier neben Humboldt nur Benjamin Lee Whorf genannt werden (Sprache, Denken, Wirklichkeit. Reinbek bei Hamburg: Rowohlt 1969, bes. das Kapitel: Sprachen und Logik, 32-45), ohne aber daß hier das Problem der linguistischen »Determinationshypothese« erörtert werden soll (vgl. Harry Hoijer (Hg.), Language in Culture. Chicago: The University of Chicago Press 1954. Zu den verschiedenen Problemen der Soziologie der Sprache vgl. Thomas Luckmann, Die Soziologie der Sprache, in: René König (Hg.), Handbuch der empirischen Sozialforschung, Bd. 2. Stuttgart: Enke 1966, 1-116.

25 Vgl. z. B. Bruno Snell, Die Entdeckung des Geistes; Studien zur Entstehung des europäischen Denkens bei den Griechen. Hamburg: Claassen 1955, bes. 17-42; und T. B. L. Webster, Language and Thought in Early Greece, in: Memoirs and Proceedings of the Manchester Literary and Philosophical Society, Bd. 94, Session 1952-53, 1-22.

26 Vgl. Guy Swanson, The Birth of the Gods; The Origin of Primitive Beliefs. Ann Arbor: The University of Michigan Press, 1960 und Berger und Luckmann, op. cit., 107-118.

27 Wir berühren hier einige wesentliche Probleme der Wissenssoziologie, die an dieser Stelle unmöglich en détail erörtert werden können. Vgl. Berger und Luckmann, op. cit.

28 Vgl. Joachim Wach, Sociology of Religion. Chicago: The University of Chicago Press 1944, bes. 4 f.

29 Vgl. Fichter, op. cit., und Luckmann, Four Protestant Parishes in Germany, in: Social Research 26,4 (1959), 423-448 (dt.: Vier protestantische Kirchengemeinden, in: Goldschmidt, Greiner, Schelsky (Hg.), op. cit., 132-144).

30 Die zunehmende Autonomie der ökonomischen Normen und die Ausgliederung spezifisch ökonomischen Verhaltens (»Arbeit«) in der abendländischen Geschichte sind so bekannte Tatsachen, daß sie kaum der Erwähnung und des Hinweises auf die umfangreiche Literatur bedürfen. Für eine knappe Erörterung der zunehmenden Autonomie politischen Verhaltens siehe Helmuth Plessner, The Emancipation of Power, in: Social Research 31,2 (1964), 155-174.

31 Über die Reflektion als konstitutives Element moderner Religiosität vgl. Helmut Schelsky, Ist die Dauerreflektion institutionalisierbar? Zum Thema einer modernen Religionssoziologie, in: Zeitschrift für Evangelische Ethik 1,4 (1957), 153-174.
32 Über diesen Vorgang gibt es zahlreiche Theorien und Bücher. Es besteht jedoch kaum ein Zweifel daran, daß die eindringlichste und deutlichste Analyse von Max Weber stammt.
33 Die Analyse der allgemeinen sozialpsychologischen Folgen und Auswirkungen der institutionellen Segmentierung geht in ihren wesentlichen Punkten zurück auf Arnold Gehlen, Die Seele im technischen Zeitalter. Sozialpsychologische Probleme der industriellen Gesellschaft. Tübingen: Mohr 1949. Erwähnt werden sollte noch eine Typologie jüngeren Ursprungs, die u. a. den Grad der institutionellen Spezialisierung in der Sozialstruktur und deren Folgen für den Sozialisationsprozeß berücksichtigt. Vgl. Friedrich Tenbruck, Geschichte und Gesellschaft, unveröff. Habilitationsschrift, Universität Freiburg 1962.
34 Vgl. Peter L. Berger und Thomas Luckmann, Secularization and Pluralism, in: International Yearbook for the Sociology of Religion, II (1966), 73-86.
35 Vgl. Schelsky, op. cit.
36 Vgl. z. B. W. Pickering, Quelques Résultats d'Interviews Religieuses, in: E. Collard (Hg.), Vocation de la Sociologie Religieuse. Sociologie des Vocations. Casterman: Tournai 1958, 54-76. Ebenso J. J. Dumont, Sondage sur la Mentalité Religieuse d'Ouvriers en Wallonie, ebd., 77-113; Hans Otto Woelber, Religion ohne Entscheidung: Volkskirche am Beispiel der jungen Generation. Göttingen: Vandenhoek & Ruprecht 1959; und schließlich auch Luckmann, Four Protestant Parishes in Germany, op. cit., 443-446. Siehe ebenfalls Schneider und Dornbusch, op. cit.
37 Vgl. Tenbruck, Die Kirchengemeinden in der entkirchlichten Gesellschaft, op. cit.
38 Vgl. z. B. den Bericht der President's Commission on National Goals, Goals for Americans. Englewood Cliffs: Prentice Hall 1950. Vgl. ebenfalls die Analyse der »Militant Liberty«-Programme nach dem Koreakrieg des amerikanischen Verteidigungsministeriums bei: Morris Janowitz, The Professional Soldier. New York: The Free Press 1960.
39 Vgl. Peter L. Berger und Thomas Luckmann, Sociology of Religion and Sociology of Knowledge, in: Sociology and Social Research 47,4 (1963), 61-73.
40 Vgl. Tenbruck, Die Kirchengemeinden in der entkirchlichten Gesellschaft, op. cit.
41 Vgl. Peter L. Berger und Hansfried Kellner, Marriage and the Con-

struction of Reality, in: Diogène 46,2 (1964), 3-32.
42 Siehe Hansfried Kellner, Dimensions of the Individual's Conception of Social Reality Arising Within Marriage; unveröff. Ph.D. Arbeit, New School for Social Research, New York 1966.
43 David Riesmans Analyse des »Außengeleitetseins« trifft hier sehr gut. Riesman eröffnet eine Perspektive, aus der die Bedeutung von »signifikanten Anderen« bei der Unterstützung für den einzelnen als eine Folge der Tatsache anzusehen ist, daß in einer verhältnismäßig mobilen städtisch-industriellen Gesellschaft keine klaren Sozialisationsprofile verfügbar sind. Vgl. David Riesman, Die einsame Masse. Reinbek bei Hamburg: Rowohlt 1965.
44 Vgl. Thomas J. W. Wilson und Everett Meyers, Wife Swapping. A Complete Eight Year Survey of Morals in America. New York 1965.
45 Vgl. Schneider und Dornbusch, op. cit.
46 Vgl. Daniel Bell, The End of Ideology. New York: The Free Press 1960.
47 Vgl. Peter L. Berger, Towards a Sociological Understanding of Psychoanalysis, in: Social Research 32,1 (1965), 26-41.
48 Für eine klassische Darstellung des Mobilitätsethos und seiner sozialpsychologischen Folgen siehe Robert Merton, Social Theory and Social Structure. New York: The Free Press 1957, 131-194.
49 Vgl. Peter L. Berger und Thomas Luckmann, Social Mobility and Personal Identity, in: European Journal of Sociology 5,2 (1964), 331-344.
50 Eine ausgezeichnete theoretische Analyse der Ursachen in der gegenwärtigen Kultur auffindbarer Züge bietet Friedrich Tenbruck, La Jeunesse Moderne, in: Diogène 36 (1961).

Nachtrag[1]

1. Einleitung

Auch heute noch (ich schreibe dies ungefähr ein Vierteljahrhundert nach Abfassung des Buches) ist die Meinung weitverbreitet, das moderne Leben sei »bar jeder Religion«, sei im Kern areligiös. Auch heute noch halte ich diese Ansicht in ihrem Kern für falsch, und wenn sie überhaupt irgendwie zutreffen mag, dann nicht mit Bezug auf das moderne Leben schlechthin, sondern mit Bezug auf die Sozialstruktur im engsten Sinne des Wortes. Im Vergleich zu den Gesellschaften australischer Ureinwohner, des alten Ägypten und des europäischen Mittelalters mögen die Industriegesellschaften tatsächlich weltlich und rationalistisch erscheinen. Ihre prägenden politischen und religiösen Institutionen sind nicht mehr auf traditionelle, spezifisch religiöse Legitimationen angewiesen. Die in ihnen vorherrschende Kosmologie – die der modernen Wissenschaft – beruft sich nicht mehr auf *erkennbar* religiöse Mythen, und die dominierenden Ideologien stützen sich auf die Wissenschaft als rhetorischen Urquell ihrer Legitimationen. Die Mehrheit der Bevölkerung moderner Industriegesellschaften sieht sich nicht mehr streng und ausschließlich an die eine oder andere offiziell etablierte religiöse Gemeinschaft mit ihren verpflichtenden Dogmas und Ritualen gebunden. Die sozialen Strukturen der modernen Welt sind also in einem Ausmaß »weltlich«, das früheren Zeiten und anderen Gesellschaften unbekannt war. So sehr sich aber die Menschen in den modernen Gesellschaften in der Lebensart von anderen Kulturen unterscheiden mögen, die grundlegend religiöse Verfassung ihres Lebens ist nicht verloren gegangen. Diese kennzeichnet das menschliche Leben seit jeher, vermutlich im Unterschied zu den Lebensformen anderer Gattungen. Die grundlegenden sozialen und kulturellen Wandlungen änderten nichts an der konstitutiv religiösen Natur des menschlichen Lebens. Die sozialen Bedingungen des modernen Lebens erzeugten kein von Grund auf neues menschliches Wesen. Die Hauptthemen der gesellschaftlich konstruierten Modelle der Wirklichkeit haben sich zweifellos geändert, und als Folge der strukturellen Wandlungen, die zur modernen Gesellschaft führten, haben sich auch die typischen Muster gewandelt, an denen sich das Bewußtsein des einzelnen ausrichtet. Aber die Modellierung selbst, die den einzelnen in eine gesellschaftlich und geschichtlich transzendente Wirklichkeit stellt, ist ein religiöser Vorgang. Religiös ist dieser Vorgang der Einfügung des individuierten Organismus der Gattung *homo sapiens* in die Transzendenz einer historischen Gesellschaft selbst dann, wenn Erfahrungen von Transzendenzen höherer Größenordnung in einer solchen Gesellschaft nicht vorkonstruiert sind oder, wenn sie es sind, sich einzelne oder viele an den vorkonstruierten Modellen nicht ausrichten.

Offensichtlich beruht meine Behauptung auf einer bestimmten Auffassung davon, was »Religion« ist und was »Transzendenzen« sind. Meine Auffassung hat sich seit der Verfassung des Buches nicht wesentlich geändert. Allerdings hat sie sich in Hinsicht auf die Frage der Transzendenzerfahrung sowohl erweitert wie präzisiert.

Es ist nach wie vor meine Ansicht, daß die grundlegende Funktion der »Religion« darin besteht, Mitglieder einer natürlichen Gattung in Handelnde innerhalb einer geschichtlich entstandenen gesellschaftlichen Ordnung zu verwandeln. Religion findet sich überall dort, wo aus dem Verhalten der Gattungsmitglieder moralisch beurteilbare Handlungen werden, wo ein Selbst sich in einer Welt findet, die von anderen Wesen bevölkert ist, mit welchen, für welche und gegen welche es in moralisch beurteilbarer Weise handelt.

Auch heute fällt es nicht leicht, sich von der ethnozentrischen Annahme frei zu machen, Religion sei nur, was der Erfahrung von Religion in unserer Gesellschaft entspricht. Wenn wir jedoch die Wirkens- und Leidensgeschichte der Menschheit betrachten, sehen wir eine überwältigende Vielfalt sozialer Gegebenheiten, die der grundlegenden religiösen Funktion dienten, die menschlichen Wesen in eine historische soziale Ordnung einzubetten. Der Totemismus der Arunta, die Stammeskulturen der Sioux und der Wikinger, der sibirische Schamanismus, der Götterkosmos Ägyptens, der Jahwismus des Alten Israel, die verschiedenen hinduistischen und buddhistischen Religionsformen, der Konfuzianismus, der griechische Olymp, die alte römische Staatsreligion, das Christentum in seiner Vielfalt vom synkretistischen sizilianischen Volkskatholizismus zu den puritanischen Gemeinschaften

Neuenglands, die Voodoo-Kultur auf Haiti, die amerikanische Zivilreligion und das Sokka Gakkai in Japan – sie scheinen wenig Gemeinsames aufzuweisen. Tatsächlich unterscheiden sich die »Inhalte« dieser sozialen Ordnungen und ihrer Religionen außerordentlich. Denn diese so unterschiedlichen Inhalte sind Ergebnisse zweier eng miteinander verbundenen gesellschaftlichen Vorgänge, in denen die gewöhnliche menschliche Wirklichkeit mehr oder weniger systematisch mit etwas in Beziehung gebracht wird, das diese Wirklichkeit als eine »andere« Wirklichkeit transzendiert. Beide Vorgänge sind kommunikativ, allerdings auf verschiedenen Ebenen der Komplexität und in unterschiedlicher sozial-struktureller Einbettung.

Im ersten Vorgang werden subjektive Erfahrungen verschiedenster diesseitiger und jenseitiger Transzendenzen zeichenhaft (sprachlich, symbolisch) artikuliert und (im Normalfall für andere: also intersubjektiv) rekonstruiert. Auf diesen Rekonstruktionen bauen weitere Vorgänge gesellschaftlicher Kommunikation auf, in denen manche Rekonstruktionen aufgenommen, andere verworfen werden, systematisch aufeinander bezogen werden und als Zeugnisse einer »anderen« Wirklichkeit zur gesellschaftlichen Ontologisierung subjektiver Transzendenzerfahrung führen. Darüber später noch einige Bemerkungen. Zunächst muß aber geklärt werden, was mit der Rede von »Transzendenz« bzw. subjektiven Erfahrungen von Transzendenz, mit dem Ausdruck »andere« Wirklichkeit gemeint ist.

11. Transzendenzerfahrungen

Ohne allzuweit auszuholen, kann man zuallererst sagen, daß sich jedermann der Transzendenz der Welt, in der er lebt, bewußt ist. Dieser Bewußtseinshorizont gründet darin, daß die alltägliche Erfahrung an Grenzen stößt, die sie entweder noch innerhalb dieser Wirklichkeit überschreiten kann, zu anderen Wirklichkeiten hin überspringen kann oder an denen sie stehen bleibt. Jedermann weiß um die Grenzen *in* der Welt, und er weiß auch, daß die Welt, so wie er sie erfährt, Grenzen hat. Niemand zweifelt ernsthaft daran, daß er in einer Welt lebt, die vor ihm dagewesen ist und die nach ihm fortbestehen wird.

Wir halten es in der »natürlichen«, praktischen Einstellung des

Alltags für unvermeidlich, daß vieles geschieht, das wir nicht wollen, und daß wir vieles wollen, das nicht eintritt. Oft müssen wir warten, oft warten wir vergebens. Vieles, das wir hoffnungsvoll bewirkt haben, schwindet dahin; andererseits hinterlassen unsere Taten auch gegen unseren Willen Spuren, auf die wir stoßen, nachdem wir die Tat selbst längst vergessen haben. Jeder Mensch merkt, daß er in der Welt nicht allein ist. Er begegnet anderen, seinesgleichen. Er sieht, daß seinesgleichen älter werden und sterben. Er weiß, daß er selbst einmal geboren wurde, und er folgert, daß andere ihn überleben werden. Wir gewöhnen uns daran, täglich immer wieder aufzuwachen und nachts wieder einzuschlafen. Wir gewöhnen uns an bestimmte Verrichtungen, wir übernehmen längst geschaffene Ordnungen. Der Alltag nimmt seinen gewohnten Gang; seine Grenzen erschrecken uns nicht allzu sehr. Aber was, wenn uns alte Gewohnheiten verlassen und wenn uns die Möglichkeit des Nichtaufwachens bestürzt?

Schon in der alltäglichen Einstellung wird die Welt von uns allen als eine Wirklichkeit erfahren, zu der wir gehören, mit der wir aber nicht identisch sind. Wir können uns zwar mit ihr vertraut machen, wir können aber nicht eins mit ihr werden. Die Unterscheidung von ich-bezogenen und ich-überschreitenden Erfahrungen wird von jedermann ohne große Überlegung getroffen; sie liegt dem Wissen um die Transzendenz der Welt zugrunde. Diese Unterscheidung ist in der allgemeinen Struktur der Erfahrung begründet. Jede jeweils gegenwärtige Erfahrung hat einen vergegenwärtigten Kern und einen Horizont von gegenwärtig Nicht-Erfahrenem: Der Erfahrungskern verweist automatisch auf noch nicht und nicht mehr Erfahrenes. Diesem Umstand entstammt eine ursprüngliche »Miterfahrung« von Transzendenz. Die Unterscheidung von Ich-Bezogenem und Ich-Überschreitendem in der Erfahrung und diese »Miterfahrung« von Transzendenz bilden die Grundlage, auf der sich die Gliederung der Erfahrung in der Lebenswelt in Alltägliches mit seinen Grenzen, die Grenzen des Alltäglichen und deren Überschreitungen im Außeralltäglichen und die Grenzen der Erfahrungswelt schlechthin bildet.

So läßt sich eine vereinfachende Typologie von »Transzendenz«-Erfahrungen formulieren: Erstens, wenn das in der gegenwärtigen Erfahrung angezeigte Nicht-Erfahrene grundsätzlich genau so erfahrbar ist wie das gegenwärtig Erfahrene, wollen wir von

»kleinen« Transzendenzen innerhalb des Alltäglichen sprechen. Zweitens, wenn das Gegenwärtige grundsätzlich nur mittelbar und nie unmittelbar, dennoch aber als Bestandteil der gleichen Alltagswirklichkeit erfahren wird, wollen wir von *»mittleren« Transzendenzen* sprechen. Drittens, wenn etwas überhaupt nur als Verweis auf eine andere, außeralltägliche und als solche nicht erfahrbare Wirklichkeit erfaßt wird, sprechen wir von *»großen« Transzendenzen*.

Selbst die »kleinen« Transzendenzen sind keine ganz und gar belanglosen Angelegenheiten. Dennoch halten wir es erfahrungsgemäß für selbstverständlich, daß wir sie grundsätzlich überschreiten können, denn es geht ja nur um die räumlichen und zeitlichen Grenzen der *jeweils* gegenwärtigen Erfahrung und des jeweiligen Handelns. Grundsätzlich steht nichts der Möglichkeit im Wege, daß sie in weiteren Erfahrungen und späteren Handlungen umgangen oder überschritten werden. Allerdings ist auch die Bewältigung der »kleinen« Transzendenzen von Raum und Zeit eine beachtliche Leistung. Das merken wir für gewöhnlich erst, wenn uns die Bewegungsfähigkeit verläßt, wenn wir vergeßlich werden, wenn wir vergeblich warten, und ohnehin sind für uns Menschen die »Bewältigungen« dieser Transzendenzen immer nur provisorisch: Nachdem wir eine Grenze dieser Art überschritten haben, kommen wir an die nächste, nachdem sich ein Warten erfüllt hat, beginnt das nächste.

In unserer unmittelbaren Umwelt begegnen wir Gegenständen, die keine Gegenstände sind, sondern als unseresgleichen erfahren werden, als selbst in ihrer Umwelt, die uns einschließt, befindlich. Unsere Umwelt kann sich weitgehend mit der der anderen überschneiden. (Sie kann mit ihr nie ganz identisch sein, Mitmenschen haben ihre raum/zeitlichen und biographischen Perspektiven, ich habe die meinigen. Allerdings sehen wir für gewöhnlich von dieser Einzelheit ab.) Wir stoßen in unserer Erfahrung von anderen an eine Grenze unserer eigenen Erfahrung und kommen zugleich an die Grenze unserer Erfahrung des anderen.

Die Grenze, an die man in der Erfahrung der »mittleren« Transzendenzen stößt, kann nicht überschritten werden, so »undicht« sie auch manchmal, z. B. in der Ekstase einer großen Liebe, erscheinen mag. Das »Außen« des anderen verkörpert ein »Innen«, das als solches nicht unmittelbar erfahren werden kann. Aber es verkörpert es so vertraut, daß wir meinen können, das Innen sei unmittelbar im Äußeren erlebbar. Bei den »kleinen« und »mittleren« Transzendenzen sind die Erfahrungsabgrenzungen in ein und demselben Wirklichkeitsbereich gezogen und können in einem wenig aufregenden, fast gewohnheitsmäßigen Verlauf von Bewußtseinszuwendungen und -abwendungen überschritten werden.

Um die Abkehr vom alltäglichen Leben, die Schlaf und Traum kennzeichnet, ist es da etwas anders bestellt. Hier stößt die einzelne Erfahrung, ja der Erlebnisfluß selbst, an eine andere Grenze als die ihres notwendigen eigenen Endes, an einen anderen Rand als den der jeweiligen unmittelbaren Umwelt, an eine andere Schranke als jene, welche einen Menschen vom anderen trennt. Der Stillstand unseres gewohnten tätigen Bewußtseins bringt uns an eine Grenze, hinter der etwas ganz anderes liegt als vor ihr. Eine andere Wirklichkeit als die des täglichen Lebens wird erfahrbar. Das Beachtenswerte an dieser Wirklichkeit ist, daß wir in sie täglich bzw. nächtlich eintreten, indem wir eine Erfahrungsgrenze überschreiten, hinter der keine gleichartige Erfahrung wartet, und aus der wir wieder zurückkehren, indem wir wieder eine ähnlich scharf markierte Grenze überschreiten. Im Gegensatz zu den Grenzüberschreitungen innerhalb der Alltagswirklichkeit können wir wenig mitnehmen und wenig zurückbringen. Zwischen der rückhaltlosen Abkehr vom täglichen Leben im Schlaf und der unteren Grenze der gewohnheitsmäßigen alltäglichen Aufmerksamkeit liegt ein Bereich von Bewußtseinsspannungen der Halbwachheit, in dem die Unterschiede nur undeutlich abgestuft sind. Auch die Übergänge der Ekstase müssen nicht in einem großen Sprung getan werden. Ungewöhnlich – in dieser Hinsicht sind sich Halbwachheit und ekstatische Ausnahmezustände ähnlich und ähneln ihrerseits dem Traum – ist außerdem, daß die im Alltag vorherrschenden Relevanzstrukturen weitgehend oder völlig aufgehoben werden. Die alltäglichen Sorgen verlieren ihre Wirksamkeit. In all diesen Grenzüberschreitungen verliert das tägliche Leben seinen Wirklichkeitsanspruch zugunsten des anderen Zustands. Worauf die Erfahrungen in diesem Zustand hinweisen, könnte subjektiv erahnt werden. Sofern aber nur ein Mindestangebot an glaubwürdigen sozial vorkonstruierten Deutungsmöglichkeiten zur Verfügung steht, können solche Erfahrungen nicht nur einen flüchtigen, sondern einen bleibenden Anspruch auf Wirklichkeit erheben, also einen Wirklichkeitsanspruch, der auch nach der »Rückkehr« in den Alltag seinen *Vorrang* beibehält. Die natürliche Einstellung wird abgeschüttelt, das pragmatische Motiv außer Kraft gesetzt, die Relevanzsysteme alltäglichen Handelns und alltäglicher Erfahrung weitgehend ausgeschaltet. Für die alltägliche Praxis kann das allerdings nur in eingeschränktem Maße gültig sein, auch wenn in der gesellschaftlich konstruierten und kanonisierten Weltsicht der Alltag und *nicht* die andere Wirklichkeit zum flüchtigen Schein erklärt wird.

Vom Tod war noch nicht die Rede. Der Tod wird nicht als Grenze erfahren. Vielmehr erwirbt man ein Wissen um den Tod als Grenze menschlichen Lebens aus der Erfahrung des Todes anderer. Wenn unseresgleichen diese Grenze überschreitet, kehrt er nicht zurück.

Wohin der Mensch den Alltag transzendiert, wie er diese Transzendenzen deutet und in Symbolen und Ritualen zu begreifen und zu bewältigen sucht, ist nicht Sache der subjektiven Erfahrung im vereinzelten Individuum, sondern eine Sache der geschichtlichen Gesellschaftlichkeit des menschlichen Daseins, dieser ursprünglichen »anthropologischen« Transzendenz des »Biologischen«, mit anderen Worten, der Vorgegebenheit einer sozialen Konstruktion der Wirklichkeit, einer solchen und einer »anderen«, einer alltäglichen und einer außeralltäglichen.

Das Wissen, das wir *anrufen*, um zu sagen, was in Wirklichkeit ist und was nicht und was »nur« ein Traumgeschehen ist, ist ein Wissen, das in der natürlichen Einstellung des täglichen Lebens beheimatet ist und ihren Selbstverständlichkeiten verhaftet bleibt. Der Wirklichkeitsanspruch, den das tägliche Leben erhebt, hat bei hellem Tag und unter normalen, gesicherten Umständen gewiß immer den praktischen Vorrang. Die Nacht, die Träume werden ausgegrenzt. Wenn der Wirklichkeitsanspruch des Alltags zudem von einer Wirklichkeitstheorie, die den Wirklichkeitsanspruch anderer Sinnbereiche von vornherein verneint, zur Grundlage der Wirklichkeitsbestimmung schlechthin verwendet wird, erscheint der Traum ebenso wie andere, nicht alltägliche Sinnbereiche als unwirklich. Die Umkehrung – die Unwirklichkeitsdeklaration des Alltags – hat es schwerer. Sie hat sich wiederholt »theoretisch« durchsetzen können, hat aber das alltägliche Handeln gewöhnlicher (religiös nicht-»virtuoser«) Menschen nur mit großen Einschränkungen beeinflußen können.

»Inhaltlich« recht verschiedene Gegebenheiten der gesellschaftlichen Wirklichkeit können der universal menschlichen religiösen Funktion entsprechen, indem sie den einzelnen in einer ihn transzendierenden Geschichte verorten. Den Kern dieser Gegebenheiten bilden jedoch die im engeren Sinn des Wortes religiösen gesellschaftlichen Konstruktionen einer »anderen« oder »außerordentlichen« Wirklichkeit. Diese Konstruktionen bauen auf *kommunikativen Rekonstruktionen* der subjektiven Erfahrungen von Transzendenz auf.

III. Gesellschaftliche Konstruktion »anderer« Wirklichkeiten

Die Hinweise auf die gesellschaftliche Konstruktion »anderer« Wirklichkeiten verlassen die in einem gewissen Sinn vorgesellschaftliche Ebene der subjektiven Erfahrung von Transzendenz. Es ist also notwendig, zu dieser Frage zurückzukehren, um zu überlegen, wie subjektive Erfahrungen von Transzendenz »bewältigt«, objektiviert und zur Grundlage gesellschaftlicher Konstruktionen einer außeralltäglichen Wirklichkeit gemacht werden. Wie schon angedeutet wurde, sind daran zwei miteinander verbundene Vorgänge beteiligt, die beide aus bestimmten Formen *kommunikativer Handlungen* bestehen.

Im ersten Vorgang werden subjektive Erfahrungen der verschiedenen Arten von Transzendenz, von den »kleinen«, alltäglichen bis hin zu den »großen«, außeralltäglichen, sprachlich-symbolisch objektiviert und anderen (oder auch sich selbst) mitgeteilt. In diesem Vorgang werden also subjektive Erfahrungen von Transzendenz (genauer: Erinnerungen an subjektive Erfahrungen von Transzendenz) rekonstruiert, normalerweise *inter*subjektiv rekonstruiert, indem sie in kommunikative Formen eingefügt werden. Die Haupttypen solcher Formen sind symbolische Bezugnahmen und Markierungen, Erzählungen, in welchen die Erfahrungen mythologisiert und zur Wiedererzählung bereitgestellt werden, und Rituale, in welchen die Erfahrungen kommemoriert werden. Man könnte sagen, daß alle drei Formen Leistungen des »kollektiven« Gedächtnisses enthalten.

Im zweiten der erwähnten Vorgänge sind die erstmaligen intersubjektiven Rekonstruktionen schon vorausgesetzt. Sie werden als Gegebenheiten fragwürdigen Charakters behandelt, die der gesellschaftlichen Kontrolle bedürfen. Sie müssen vor allem richtig gedeutet werden, die Deutungen müssen aufeinander bezogen werden, so daß sie übereinstimmen (welche »Logik« auch immer die Übereinstimmung regelt), und, wo nötig, reformuliert werden. Wo dies nicht möglich sein sollte, müssen die Erfahrungen selbst – und nicht nur ihre Rekonstruktionen – verworfen werden. Die Systematisierung enthält also sowohl eine zensurierende Auswahl wie eine Kanonisierung der richtigen Deutungen. Das Verhältnis zwischen der alltäglichen und der außeralltäglichen Wirklichkeit kann »erklärt« werden und zwar so, daß dort, wo es um gesamtgesellschaftliche Relevanz- und Legitimationsansprüche der Erfahrungen von Transzendenz und ihrer Rekonstruktion geht, die alltägliche soziale Ordnung mit ihren Institutionen nicht gefährdet wird.

Selbstverständlich findet man gerade an dieser Nahtstelle von Wirklichkeiten ein starkes Potential gesellschaftlichen Wandels. Es besteht zwar eine Tendenz des »Systems«, die Normen, die das alltägliche Handeln der Gesellschaftsmitglieder leiten und der Aufrechterhaltung der gesellschaftlichen Ordnung dienen, an die Bedeutungen und Werte einer übergeordneten, die gesellschaftliche Ordnung legitimierenden, »anderen« Wirklichkeit anzubinden und damit auch eine Tendenz des »Systems«, solche »andere« Wirklichkeiten zu bevorzugen, die dies ohne allzu große Schwierigkeiten zulassen (genauer: die in der Auswahl und Kanonisierung intersubjektiver Rekonstruktionen von Transzendenzerfahrungen »system«-erhaltend verfahren). Jedoch gelingt die Domestizierung von Transzendenzerfahrungen nicht immer und nicht immer vollständig. Die gleichzeitige Aufrechterhaltung der den Alltag regierenden gesellschaftlichen Ordnung (vor allem im Bereich der Herrschaft und der Wirtschaft) und einer nicht voll legitimations-»willigen« »anderen« Wirklichkeit erfordert jedenfalls komplizierte Adjustierungen: von der Schaffung interpretativer Zwischeninstanzen, welche Kompromisse zwischen »Theologie« und »Volksreligion« ermöglichen (von verschiedenen synkretistischen Frömmigkeitsveranstaltungen bis hin zu vermittelnden »Dritten Orden« für Laien), zur Bereitstellung von Enklaven für religiöse Virtuosen (z. B. Klöster) bis hin zur Verketzerung und dogmatischen Vernichtung oder gar physischen Eliminierung religiöser »Fanatiker« und ihrer Ersetzung durch kompromißbereitere irdische Verwalter des Transzendenten.

Die Wirklichkeiten alltäglicher oder außeralltäglicher Art, die in den allgemein-menschlichen Erfahrungen der Transzendenz durchschimmern, in ihnen erahnt, erträumt, erhofft und befürchtet werden, die zunächst in intersubjektiven kommunikativen Handlungen rekonstruiert werden, gewinnen also jedenfalls dann, wenn dieser zweite Vorgang der gesellschaftlichen Konstruktion einer transzendenten Wirklichkeit einigermaßen erfolgreich verläuft, einen festen und – auf kurz oder lang – verbindlichen ontologischen Status.

Freilich ist die Unterscheidung zwischen diesen beiden Prozessen künstlich. Zum einen macht die Rede von »allgemein-menschlichen Erfahrungen« der Transzendenz nur Sinn, wenn man sie in den Zusammenhang der phänomenologischen Reduktion stellt, also einer strengen philosophischen Methode, die der schrittweisen Aufdeckung der konstitutiven Grundlagen konkreter menschlicher Erfahrungen dient.[2] Konkrete Erfahrungen sind jedoch immer historisch und deshalb in weitem Maße, in Form und Inhalt, von den jeweiligen gesellschaftlichen Konstruktionen der Wirklichkeit bestimmt – einschließlich den Konstruktionen einer »anderen« Wirklichkeit. Unter diesem Vorbehalt und mit aller notwendigen Vorsicht kann man von einer fortwährenden Dialektik zwischen beiden Prozessen reden. *Logisch* geht der erste voran. Ohne vorgängige intersubjektive kommunikative Rekonstruktionen der universalen Aspekte immer wiederkehrender menschlicher Transzendenz*erfahrungen* gäbe es keine gesellschaftliche Konstruktionen transzendenter *Wirklichkeiten*. Die historische Auswahl, Kanonisierung und Institutionalisierung im zweiten Komplex von Vorgängen setzt die Vorgegebenheit der ersten voraus. Und doch gibt es streng genommen keine urtümlichen Vorgegebenheiten dieser Art, da alle menschliche Erfahrung historisch verortet und durch diese Verortung geformt ist. Konkrete subjektive Erfahrungen der Transzendenz sind immer mehr oder weniger vollständig an gesellschaftlich konstruierten, objektivierenden Mustern solcher Erfahrungen ausgerichtet. *Empirisch* sind deshalb diese zweiten Prozesse und ihre Ergebnisse vorgängig. In beiden Fällen, in der »Dialektik« beider Prozesse, wird die Vielfalt subjektiver religiöser Erfahrungen wie die Vielfalt der gesellschaftlichen Gegebenheiten mit grundlegend religiöser Funktion sozial konstruiert.

iv. Zeichen, Symbole, Rituale

In den bisherigen Ausführungen wurde auf die grundlegende Dimension der kommunikativen Behandlung von Transzendenzerfahrungen und deren gesellschaftliche Formung zu einer »anderen« Wirklichkeit (einem »Heiligen Kosmos«) nur mit dem Ausdruck »sprachlich-symbolische Objektivierung« hingewiesen. Da schon die ursprünglichen intersubjektiven Rekonstruktionen von Transzendenzerfahrungen als mythologisierende Erzählung und kommemoratives Ritual entweder unmittelbar oder mittelbar auf dieser Dimension beruhen, soll dieser Begriff wenigstens knapp erläutert werden. Die mehr oder minder erfolgreiche Überwindung der Grenzen der Erfahrung gelingt uns kraft der intentionalen Beziehungsstruktur, die Husserl *Appräsentation* genannt hat. In Appräsentationsbeziehungen wird, wie es der Begriff schon andeutet, etwas, das nicht unmittelbar erfahrbar ist, durch etwas, das unmittelbar erfahrbar ist, präsentiert. Wenn es um etwas geht, das bloß im Augenblick, aus lediglich zufälligen Gründen nicht unmittelbar erfahren werden kann, grundsätzlich jedoch jederzeit erfahrbar ist, dann haben wir es mit einer einfachen Art der Appräsentation zu tun. Diese Appräsentationen sind es, mit denen wir die »kleinen« Transzendenzen der zeitlichen und räumlichen Erfahrung überwinden. Rauch, der uns aus der Ferne Feuer anzeigt, ein Gestank, der uns auf einen Kadaver hinweist, also *Anzeichen*, und von einzelnen Menschen gesetzte, nicht konventionalisierte *Merkzeichen*, etwa Kerben in der Baumrinde, Spuren im Schnee, helfen uns über die augenblicklichen Grenzen unserer Erfahrung hinweg. Nichts an diesen »Transzendenzen« übersteigt die alltägliche Erfahrung, und nichts an diesen Anzeichen und Merkzeichen verweist auf einen »Heiligen Kosmos«, doch können selbstverständlich auch in der alltäglichen Überwindung solcher Transzendenzen durch Deutung von Anzeichen und Setzung von Merkzeichen Probleme entstehen, für deren Lösung seit jeher Sondertechniken entwickelt wurden, die wir gemeinhin unter dem Begriff der Magie verorten.

Anders steht es mit den Erfahrungen des Mitmenschen (oder, allgemein formuliert, eines *alter ego*, das ja nicht unbedingt ein menschliches sein muß).[3] Bewußtsein des anderen kann, wie gesagt, nur mittelbar erfahren werden, nur wenn und indem es sich ausdrückt, wenn es auf irgendeine Weise verkörpert wird und vor allem wenn der Mitmensch Zeichen setzt. Die Verwendung von Zeichen setzt eine gewisse Konventionalisierung voraus, und Konventionalisierung ist nur im sozialen Handeln möglich – genau jenem Handeln, in dem sich uns die Transzendenz des *alter ego* ursprünglich stellt. Die Konstitution von Zeichen im Alltagsleben und deren (z. B. metaphorische) Transformationen, durch die auch die Grenze der gewöhnlichen Erfahrung überschritten wird, kann hier nicht nachgezeichnet werden.[4] Es soll nur darauf hingewiesen werden, daß sich Zeichen auf etwas beziehen, das nicht unmittelbar erfahren wird und auch nicht unmittelbar erfahrbar ist – dem Bewußtsein eines *alter ego*. Das wichtigste Mittel in der intersubjektiven Rekonstruktion subjektiver Erfahrung – einschließlich solcher der Transzendenzen – und das wichtigste Mittel in der gesellschaftlichen Konstruktion alltäglicher und außeralltäglicher Wirklichkeiten ist selbstverständlich das Zeichensystem der Sprache. Aus den »anderen« Wirklichkeiten können nur Hinweise und Erinnerungen in den Alltag mitgenommen werden. Es sind Erinnerungen an Erfahrungen aus verschiedenen anderen Zuständen: aus dem Traum oder dem überwachen Zustand, welcher – neben dem manchmal vorkommenden Umschwung in Bewußtlosigkeit – die Ekstase kennzeichnet. Die Erinnerungen können nach der Rückkehr in die Wirklichkeit des täglichen Lebens als Hinweise auf andere Wirklichkeiten abgerufen werden und in Sprache »übersetzt«, systematisch gedeutet, in Symbole gefaßt werden. Verschiedene zeichenhafte Sinnverweisungen, vor allem die eigentlichen Zeichen und Symbole, aber auch schon die einfacheren Formen, nämlich Merkzeichen und Anzeichen, vermitteln »Nachrichten« über die Grenzen der unmittelbaren Erfahrung hinweg, indem sie das, was für die jeweils gegenwärtige Erfahrung zwar relevant ist, jedoch den Kern der Erfahrung in irgendeiner Weise überschreitet, in der aktuellen Erfahrung mit vergegenwärtigen. Anzeichen und Merkzeichen dienen der Bewältigung der »kleinen« Transzendenzen von Raum und Zeit. Intersubjektiv konstituiert und »konventionalisiert«, dienen Zeichen der wechselseitigen Verständigung mit anderen Menschen. Die Kluft, die Mensch von Mitmensch trennt, wird so, wie unzulänglich auch immer, überbrückt. Symbole schließlich sind Verkörperungen einer anderen Wirklichkeit in der alltäglichen; sie können aber auch in Verbindung mit bestimmten

(nämlich ritualisierten) Handlungen in Anspruch genommen werden, um die Grenzen zu anderen Wirklichkeiten, einschließlich der letzten Grenze, zu überschreiten.
Symbole bauen auf einer appräsentativen Beziehung auf. Ähnlich wie Zeichen auf das Bewußtsein des *alter ego* verweisen, richten sich Symbole auf etwas, was nicht unmittelbar erfahren werden kann. Sie unterscheiden sich dabei von den Zeichen in einem wichtigen Punkt: Sie verweisen auf etwas, das als einer anderen Wirklichkeit als der des Alltags angehörig erfahren wird. Was in symbolischen Beziehungen appräsentiert wird, ist nicht nur abwesend (das gilt selbstverständlich für alle appräsentativen Beziehungen), und es ist nicht nur als *solches* grundsätzlich unerreichbar (wie das Bewußtsein des anderen) – es befindet sich zudem in einer ganz anderen Wirklichkeit als der, in der sein Zeichen*träger* angesiedelt ist. Die Zeichenträger wären – sähe man von ihrem Symbolgehalt ab – Bestandteile der Alltagserfahrung. Sie sind Ereignisse und Gegenstände, denen wir im vollwachen Zustand der alltäglichen Erfahrung begegnen. Freilich, ich mag mit ihrer »Hilfe« auf dem Weg in einen anderen Zustand sein, in die Ekstase; oder ich kann sie auf dem Weg zurück in die Wirklichkeit des Alltags erfahren. Wenn aber die Grenze zwischen den Wirklichkeitsbereichen in der Erfahrung selbst überschritten ist, wird die symbolische Beziehung aufgelöst, man hat sich »selbst« (wohl als ein »anderes« Selbst) – in Ekstase, in Träumen, in der mystischen Einheit usw. – in die »andere« Wirklichkeit begeben. Nachdem wir ins Alltagsleben zurückgekehrt sind, mögen vielleicht im Gedächtnis Hinweise auf andere Wirklichkeiten erhalten geblieben sein. In Rekonstruktionen können sie zu Symbolen und zu erzählbaren Erinnerungen verfestigt werden. Wenn das, was in der »anderen« Wirklichkeit erfahren wird, mehr als nur schwache Züge in der Erinnerung des einzelnen hinterlassen sollte, dann müssen die appräsentativen Beziehungen gefestigt sein: durch Anzeichen und Zeichen, die dann eben zusätzlich eine symbolische Funktion erhalten.
Die systematische gesellschaftliche Verfestigung von Erinnerungen an grenzüberschreitende Erfahrungen erfordert Sprache. Beispiele von Erzählungen über den »anderen Zustand«, über Erfahrungen »anderer Wirklichkeiten« sind uns allen bekannt, und die entsprechenden Gattungen mündlicher (und in Schriftkulturen natürlich auch schriftlicher) Kommunikation in vielen Gesell-

schaften legen Beweis für die Allgegenwart dieser Erfahrungen ab.
Auf die Konstitution und den Zeichencharakter der Symbole (die relative Irrelevanz der Natur des Trägers, die unbegrenzte Übertragbarkeit der symbolischen Bedeutung) brauche ich hier nicht einzugehen,[5] möchte aber eine den Symbolen entsprechende *Handlungs*form erwähnen. Rituale sind, formal betrachtet, Handlungen. Rituale sind, so könnte man sagen, der Handlungsmodus der Symbole. Sie sind *soziale* Handlungen: Sie sind orientiert an anderen. Nur, die im Ritual Angesprochenen können nicht so wie Mitmenschen erfahren, verstanden und behandelt werden. Diese »anderen«, an denen das rituelle Handeln orientiert ist, gehören einer Wirklichkeit an, die sich von der unterscheidet, in der sich der Handelnde befindet.[6] Nun sind soziale Handlungen, die nicht auf eine Antwort des anderen angelegt sind, einseitig, und die Handlungen, die auf eine Antwort angelegt sind, wechselseitig. Rituale passen jedoch nicht in diese einfache Kategorisierung. Einerseits sind sie soziale Handlungen; sie rechnen mit einer Art Antwort. Dem ursprünglichen Sinn des Handelnden nach sind sie also auf Wechselseitigkeit angelegt. Ob sie tatsächlich beantwortet werden, ist indes eine andere Frage. Es ist eine Frage, die nicht von einem außenstehenden Beobachter beantwortet werden kann. Der Grund dafür ist recht einfach. Weder die »Fragen« noch die »Antworten« werden vom pragmatischen Motiv der Kommunikation im Alltag beherrscht. Der Handelnde, der »Fragen« stellt, versucht die Regeln zu befolgen, von denen er meint, daß sie für die Kommunikation mit anderen Wirklichkeitsbereichen gelten. Rituelle Handlungen richten sich an die außeralltägliche Wirklichkeit. Sie wären im Rahmen der alltäglichen Handlungen und Kommunikationen sinnlos, haben aber ihren Sinn im symbolhaften Bezug (wobei das rituelle Handeln der Träger symbolischer Bedeutung ist) zum Heiligen Kosmos. Opfergaben, Passageriten, Beerdigungsriten und ähnliches repräsentieren »letzten« Sinn, ohne daß sie sozusagen »vermittelnder Übersetzungen« in die profanen Zusammenhänge der alltäglichen Gegebenheiten bedürfen.
Das Wissen über diese Wirklichkeit findet in verschiedenen Gesellschaften auch unterschiedliche symbolische Objektivierung. Zum rituellen Handeln selbst kommt noch ein weiteres hinzu. Die Deutung der möglichen »Antwort« drückt sich manchmal

ganz offenkundig aus: z. B. in »magisch« verstandenen Anzeichen (es regnet nach dem Tanz). Oft gelingt aber auch die Deutung von »Antworten« nur mit Hilfe symbolischer Appräsentationen. Dabei braucht das appräsentierende Glied der symbolischen Handlung nicht unbedingt eine in unserem Sinne soziale Handlung zu sein. Es kann z. B. auch ein Naturereignis (wie Donner, Feuer) als Ergebnis göttlichen Wirkens angesehen werden. Durch Kontrolle der »Antwort«-Interpretationen wird die »andere« Wirklichkeit sozusagen unter kommunikative Kontrolle gebracht. Rituale stellen nicht nur Objektivierungen dar: Einmal objektiviert und gesellschaftlich kontrollierbar gemacht, können sie in bestimmten Institutionen zu mehr oder minder selbständigen Bereichen des Sonderwissens verarbeitet werden. Dieses Sonderwissen dient als Wegweiser für Erkundungen in außeralltäglichen Wirklichkeitsbereichen; es wird von Fachleuten in Verwahrung genommen werden und kann für praktische, mit Herrschafts- und Wirtschaftsinteressen verbundene Zwecke des täglichen Lebens verwendet werden.

v. Privatisierung der Religion

In diesem Nachtrag zu dem vor so vielen Jahren geschriebenen und veröffentlichten Buch wollte ich vor allem die dort vorgelegte gesellschafts- und religionstheoretische Grundauffassung in einigen mir wichtig erscheinenden Punkten erweitern.[7] Da gerade die damaligen Formulierungen dieser Grundauffassung – mehr als die typologischen Analysen der geschichtlichen und gegenwärtigen Sozialformen der Religion – Anlaß sowohl für schlichte Mißverständnisse wie berechtigte Einwände waren, versuchte ich in diesem Nachtrag zugleich auch einiges entweder zu verbessern oder klarzustellen, was in den ursprünglichen Formulierungen verbesserungsbedürftig und unklar war. Ich hoffe, daß die Bemerkungen zur subjektiven Erfahrung von Transzendenzen, ihrer intersubjektiven Rekonstruktion in kommunikativen Handlungen, zur gesellschaftlichen Konstruktion »anderer« Wirklichkeiten und zur Rolle, die Symbole und Rituale in diesen Vorgängen einnehmen, diesen Absichten gerecht wurden.
Selbstverständlich bedürfte auch die Anwendung dieses theoretischen Konzeptes in der Analyse der geschichtlichen Sozialformen

der Religion und Analyse der modernen Entwicklung einer neuen Sozialform der Religion sowohl der Verbesserung wie der Erweiterung, obwohl ich meine, daß schon in den damaligen Überlegungen auf etwas hingewiesen wurde, das einem durch theoretische Fehlkonstruktionen (wie vor allem durch die verschiedenen Säkularisierungstheorien) unverstellten Blick auch vor mehr als einem Vierteljahrhundert erkennbar sein konnte. Wenn ich alle diese Erweiterungen und Verbesserungen vornehmen wollte, müßte ich jedoch ein neues, materialreicheres Buch schreiben. Dies will ich nicht tun. Zumindest möchte ich aber diesen Nachtrag mit einigen Bemerkungen zur jetzigen Situation »der« Religion in den modernen Industriegesellschaften (diejenigen, die gerne epochal fortschreiten, mögen lesen: postmodernen, postindustriellen Gesellschaften) schließen.

Die Privatisierung der Religion ist das Kernstück der umfassenden Privatisierung des Lebens in modernen Gesellschaften. Privatisierung des Lebens ist eine der Folgen – man könnte fast sagen: eine »logische« Folge – des hohen Grades der funktionalen Differenzierung der Sozialstruktur. Einst regulierten multifunktionale Institutionen (typischerweise als Bestandteile übergreifender Sippen- und Verwandtschaftssysteme auftretend) das soziale Handeln in archaischen und in traditionellen Gesellschaften. Aus ihnen bildeten sich Institutionen, in denen bestimmte Funktionen vorherrschten und andere in den Hintergrund traten, bzw. an andere Institutionen »abgetreten« wurden. Zur gleichen Zeit verschmolzen Institutionen mit ähnlicher funktionaler Grundausrichtung miteinander und bildeten spezialisierte Bereiche aus. In gegenwärtigen Industriegesellschaften sind aus solchen Institutionsbereichen verhältnismäßig unabhängige soziale Subsysteme geworden. Die Normen des einzelnen Subsystems sind *vergleichsweise* unabhängig von den Regeln, die das Handeln in anderen Subsystemen leiten. In Abhängigkeit von dem Bereich, in dem sie verortet sind, gehorchen soziale Interaktionen eher heterogenen, jeweils zweckrationalen Normen.

Eine bedeutsame Folge der funktionalen Segmentierung der modernen Sozialstruktur ist, daß kein einigermaßen allgemeines, selbstverständlich verbindliches, gesellschaftlich konstruiertes Modell einer außeralltäglichen Wirklichkeit mehr besteht. Die *spezifisch* religiösen Erfahrungskonstruktionen und Modelle, also diejenigen, die auf die »großen« Transzendenzen des Lebens hinweisen, waren in den westlichen Gesellschaften einst unter der monopolhaften Kontrolle (Kanonisierung, Zensur) der christlichen Kirche. Mittlerweile sind auf dem »Markt« der »heiligen Universa« keineswegs nur noch die traditionell christlichen, spezifisch religiösen Repräsentationen vertreten. Vielmehr müssen diese mit religiösen Orientierungen (modellhaften Rekonstruktionen verschiedener Transzendenzerfahrungen) unterschiedlichster Herkunft konkurrieren. Der Warenmarkt der Transzendenzen beruht auf dem Vertrieb über Massenmedien – Bücher, Zeitschriften, Radio, Fernsehen –, Akademien und Seminaren, seelentherapeutischen Praxen und umherschweifenden Gurus aus allen Ecken der Welt. Überdies konkurrieren spezifisch religiöse Orientierungen auf »große« Transzendenzen, die sich aus den traditionellen »heiligen Universa« herleiten und nun in einem *musée imaginaire* der Weltreligionen versammelt sind, nicht nur mit ihresgleichen. Sie konkurrieren auch mit Lebensorientierungsmodellen, die sich aus Rekonstruktionen diesseitiger Transzendenzen ableiten.

Die Mitglieder moderner Industriegesellschaften mögen in einer (zunehmend?) gleichartigen alltäglichen Wirklichkeit leben, aber diese Wirklichkeit ist nicht mehr auf eine gleichartige außeralltägliche Wirklichkeit bezogen.

Geht man von der einfachsten Annahme aus, dann muß man sagen, daß die Stimmigkeit der modernen Weltansichten, in denen alltägliche mit transzendenten Wirklichkeiten verbunden werden, so viel schwächer ist als in archaischen und traditionellen Gesellschaften, daß man versucht ist anzunehmen, es sei überhaupt keine Übereinstimmung übriggeblieben. Die gesellschaftlichen Konstruktionen, welche die subjektive Erfahrung verschiedener Transzendenzen bzw. ihre intersubjektiven Rekonstruktionen zu Teilmodellen zusammenfassen, sind jedenfalls außerordentlich heterogen. Schon seit mehreren Generationen ist der traditionelle christliche »Heilige Kosmos« nicht mehr die einzige »andere« Wirklichkeit, mit der breite Schichten der Bevölkerung in Berührung kommen. Die traditionellen, institutionell spezialisierten Kirchen konnten ihr Monopol nicht einmal für die spezifisch religiösen Themen aufrechterhalten. Darüber hinaus formten kollektive Repräsentationen, die aus sozialen Konstruktionen der Erfahrung »mittlerer« Transzendenzen abgeleitet worden waren (Nation, Rasse, klassenlose Gesellschaft, »Befreiungen« verschiedenster Art usw.), entscheidend das moderne Bewußtsein mit. Außerdem breitete sich ein Interesse an »kleinen« Transzendenzen, symbolisiert durch solipsistische Begriffe wie »Selbsterfüllung« und dergleichen, immer weiter aus. Die Abstammungslinie dieses Interesses führt erkennbar auf die Romantik, bestimmte Zweige des philosophischen Idealismus und die etwas später entstandenen »Tiefenpsychologien« zurück. Die einst noch marginalen Phänomene scheinen mittlerweile in die Massenkultur übergegangen zu sein und prägen in weitem Ausmaß das moderne Bewußtsein. Die unverkennbare Tendenz der in der modernen Gesellschaft vertriebenen religiösen Modelle zu intersubjektiven Rekonstruktionen von Erfahrungen »mittlerer« und, in zunehmendem Maße, »kleiner« Transzendenzen mag als kulturthematische Entsprechung der gesellschaftsstrukturellen Privatisierung des Einzeldaseins angesehen werden. Man kann von einer Wahlverwandtschaft zwischen der strukturellen Privatisierung und der »Sakralisierung« des Subjekts ausgehen. Nichts wird in der modernen Kultur so durchgängig zelebriert wie das schein-autonome Subjekt. Dennoch sind die traditionellen religiösen Orientierungen, deren Kern moralisierende soziale Konstruktionen der Erfahrung »großer« Transzendenzen enthält, nicht verschwunden. Die soziale Verbreitung dieser Orientierungen hat allerdings eine schmalere Basis und die institutionell spezialisierte, gesellschaftliche Verortung dieser Orientierungen, die Kirchen, steht nicht mehr für die vorherrschende Form der Religion. Die Kirchen sind Institutionen unter anderen Institutionen geworden: Die von ihnen getragenen und sie legitimierenden traditionell religiösen Orientierungen sind im modernen Bewußtsein von solchen überschattet, die sich ausschließlich auf diesseitige Transzendenzen verschiedenen Niveaus beziehen: die Nation, das Volk, die gesellschaftlichen Klassen bzw. deren »Überwindung«, die Familie oder neuere Formen der Partnerschaft »autonomer« Individuen, das *alter ego* (»Gemeinsamkeit«) und das sakralisierte, weitgehend selbstgenügsame Ich.

Eine große Zahl verschiedener gesellschaftlicher Klein- und Großunternehmungen beschäftigt sich mit den verschiedensten Konstruktionen von Transzendenzerfahrungsmodellen und (oder) ihrem Klein- und Massenvertrieb. Die Grundstruktur dieses Vorganges ist, wie schon bemerkt wurde, der zwar demonopolisierte, doch zu Oligopolen tendierende Markt.[8] Dort wirken vor allem die Massenmedien. An ihm konkurrieren auch die Kirchen (vom TV-Evangelismus in den USA zu den Papstreisen mit Bodenkuß), die sich in den Prozeß der modernen sozialen Konstruktion von Transzendenz eingliedern wollen, obwohl sie, als Monumente einer früheren Epoche der institutionell spezialisierten Religion, restaurative und fundamentalistische Strömungen ausgleichen müssen. Überdies sind halbinstitutionelle, mehr oder weniger »neue« und mehr oder weniger »religiöse« (im traditionellen Verständnis des Wortes) Gemeinschaften entstanden, die sich in diesen Prozeß einzuschalten versuchen. Die Sozial*struktur* hat aufgehört, auf eine zusammenhängende und verbindliche Weise zwischen dem subjektiven Bewußtsein und seinen Erfahrungen der Transzendenz, den kommunikativen Rekonstruktionen dieser Erfahrungen und konkurrierenden Versionen »heiliger Universa« zu vermitteln. Ob das gut oder schlecht ist, gehört auf ein anderes Blatt. Jedenfalls läßt sich Privatisierung als die vorherrschende moderne Sozialform der Religion eher durch etwas charakterisieren, was sie *nicht* ist, als durch das, was sie *ist:* Sie zeichnet sich durch das Fehlen allgemein glaubwürdiger und verbindlicher gesellschaftlicher Modelle für dauerhafte, allgemein menschliche Erfahrungen der Transzendenz aus.

Anmerkungen

1 Aspekte des vorliegenden Nachtrags sind anderen Texten entnommen und werden dort ausführlicher behandelt: Th. Luckmann, Riten als Bewältigung lebensweltlicher Grenzen, in: Schweizerische Zeitschrift für Soziologie, 3 (1985), 535-550; ders., Religion and Modern Consciousness, in: Zen Buddhism Today. Annual Report of the Kyoto Zen Symposium (The Kyoto Seminar for Religious Studies), 6 (1988), 11-22; ders., The New and the Old in Religion (Contribution to the Symposium on Social Theory and Emerging Issues in a Changing Society, University of Chicago, April 5-8, 1989); mit A. Schütz, Strukturen der Lebenswelt. Band II. Frankfurt/M. 1984.
2 Vgl. Th. Luckmann, Philosophie, Sozialwissenschaft und Alltagsleben, in: ders., Lebenswelt und Gesellschaft. Paderborn 1980, 9-55 (englisch in M. Natanson (Hg.), Phenomenology and the Social Sciences. Vol. 1. Evanston/Ill. 1973, 143-185).
3 Vgl. Th. Luckmann, Über die Grenzen der Sozialwelt, in: ders., op. cit., (1980), 56-93 (englisch in M. Natanson, op. cit., 73-100).

4 Vgl. Th. Luckmann, Die Konstitution der Sprache in der Welt des Alltags, in: B. Badura und K. Gloy (Hg.), Soziologie der Kommunikation. Stuttgart 1972, 218-237 (englisch in: L. E. Embree (Hg.), Life-World and Consciousness: Essays for Aron Gurwitsch, Evanston/Ill. 1972, 469-488).
5 Die Zusammenarbeit mit Peter Berger am Buch »Die gesellschaftliche Konstruktion der Wirklichkeit« lag schon in den Jahren zwischen der ersten deutschen Fassung (1963) und der englischen erweiterten Bearbeitung (1967); die veröffentlichten Schützschen Überlegungen zu Symbol und Transzendenz (cf. A. Schütz, Symbol, Wirklichkeit und Gesellschaft. Gesammelte Aufsätze, Band I. Den Haag 1971, 331-411) kannte ich zwar, befaßte mich aber mit dem Problem nachhaltig erst, als ich versuchte, die Schützschen Entwürfe, veröffentlichten Artikel und Manuskripte für die »Strukturen der Lebenswelt« (A. Schütz und Th. Luckmann, Band 1 und 2. Frankfurt 1979 und 1984) zusammenzufügen und auszuarbeiten. Eine weiterführende Analyse unternimmt H.-G. Soeffner, Emblematische und symbolische Formen der Orientierung, in: ders., Auslegung des Alltags – Der Alltag der Auslegung. Zur wissenssoziologischen Konzeption einer sozialwissenschaftlichen Hermeneutik. Frankfurt/M. 1989, 158-184.
6 Vgl. H.-G. Soeffner, Rituale des Antiritualismus. Materialien für Außeralltägliches, in: H. U. Gumbrecht und K. L. Pfeiffer (Hg.), Materialität der Kommunikation. Frankfurt/M. 1988, 519-546.
7 Dies vor allem auf Grund einer systematischen Weiterbeschäftigung mit der Symboltheorie von Schütz und den in ihr entwickelten Überlegungen zur subjektiven Erfahrung verschiedener Transzendenzen.
8 Vgl. P. L. Berger, Ein Marktmodell zur Analyse ökumenischer Prozesse, in: Internationales Jahrbuch für Religionssoziologie 1 (1965), 235-249.

Veröffentlichungen Thomas Luckmanns zum Thema Religion

The Evangelical Academies. An Experiment in German Protestantism, in: *Christianity and Crisis*, 17/9 (1957/58), 168-170.

Four Protestant Parishes in Germany. A Study in the Sociology of Religion, in: *Social Research*, 26 (1959), 423-448.

Vier protestantische Kirchengemeinden. Bericht über eine vergleichende Untersuchung, in: D. Goldschmidt/H. Greiner/H. Schelsky (Hg.), *Soziologie der Kirchengemeinde*. Stuttgart 1960, S. 132-144.

Zum Problem der Religion in der modernen Gesellschaft: Institution, Person und Weltanschauung. Freiburg/Breisgau 1963 (englisch (überarbeitet und erweitert): *The Invisible Religion*, New York 1967; Paperback 1970; italienisch: *La religione invisibile*. Bologna 1969; spanisch: *La religión invisible*. Salamanca 1973; japanisch: Tokyo 1976)

On Religion in Modern Society: Individual Consciousness, World View, Institution, in: *Journal for the Scientific Study of Religion*, 2 (1963), 147-162.

mit Peter Berger: Sociology of Religion and Sociology of Knowledge, in: *Sociology and Social Research*, 47 (1963), 61-73.

Kirchlichkeit in der modernen Gesellschaft, in: *Deutsches Pfarrerblatt*, (1964), 457-459.

mit Peter Berger: Secularization and Pluralism, in: *International Yearbook for the Sociology of Religion*, 2 (1966), 73-86 (französisch: Aspects sociologiques du pluralisme, in: *Archives de Sociologie des Religions*, 23 (1967), 117-127).

Secolarizzazione: un mito contemporaneo, in: *Cultura e Politica*, 14 (1969), 175-182 (französisch: La sécularisation: un mythe contemporain, in: *Bulletin du Centre d'Etudes*, 24/7 (1972), 5-15; deutsch: Säkularisierung – ein moderner Mythos, in: Th. Luckmann, *Lebenswelt und Gesellschaft*. Paderborn 1980, 161-172; englisch: Secularization – A Contemporary Myth, in: *Life-World and Social Realities*. London 1983, 124-132).

Verfall, Fortbestand oder Verwandlung des Religiösen in der modernen Gesellschaft?, in: O. Schatz (Hg.), *Hat die Religion Zukunft?* Graz/Wien/Köln 1971, 69-82.

Belief, Unbelief and Religion, in: R. Caporale und A. Grumelli (Hg.), *The Culture of Unbelief*. Berkeley/Los Angeles/London 1971, 21-37.

Religion in der modernen Gesellschaft, in: J. Wössner (Hg.), *Religion im Umbruch*. Stuttgart 1972, 3-15.

Comments on the Laeyendecker et al. Research Proposal, in: *Acts of the*

12th International Conference on Sociology of Religion. The Hague 1973, 55-68.

Theories of Religion and Social Change, in: *The Annual Review of the Social Sciences of Religion*, 1 (1977), 1-28

The Structural Conditions of Religious Consciousness in Modern Societies, in: *Japanese Journal of Religious Studies*, 6 (1979), 121-137.

Nachbemerkung, in: Th. Luckmann/K.-F. Daiber (Hg.), *Religion in den Gegenwartsströmungen der deutschen Soziologie*. München 1983, 221-224.

Social Structure and Religion in Modern Industrial Society, in: Z. Roter/F. Rodé (Hg.), *Science and Faith. International and Interdisciplinary Colloquium, Ljubljana, May 10-12, 1984*. Ljubljana 1984, 95-107 (slowenisch: Družbena struktura in religija v sodobni industrijski družbi, in: *Teorija in Praksa*, 7-8 (1984), 784-795; norwegisch: Sosial struktur, religion og subjektiv bevissthet i moderne industrisamfunn, in: E. Karlsaune og Oddbjorn Ingebrigtsen (Hg.), *Samfunn menneske religion*. Trondheim 1985, 19-36).

Bemerkungen zu Gesellschaftsstruktur, Bewußtseinsformen und Religion in der modernen Gesellschaft, in: B. Lutz (Hg.), *Soziologie und gesellschaftliche Entwicklung. Verhandlungen des 22. Deutschen Soziologentags in Dortmund 1984*. Frankfurt a. M./New York 1985, 475-484.

Über die Funktion der Religion, in: P. Koslowski (Hg.), *Die religiöse Dimension der Gesellschaft*. Tübingen 1985, 26-41.

Riten als Bewältigung lebensweltlicher Grenzen, in: *Schweizerische Zeitschrift für Soziologie*, 3 (1985), 535-550; (italienisch: I riti come superamento dei confini del mondo della vita, in: *Studi di Sociologia*, 3 (1987), 254-267; japanisch: in Vorbereitung (Institute of Oriental Studies); slowenisch: Obredi kot premagovanje mej zivljenjskega sveta, in: *Nova Revija*, letnik VIII., st. 83/84, marec-april, 422-430).

Religiosità individuale e forme sociali di religione, in: *Religioni e Società*, 1 (1986), 31-39.

Sobre la funció de la religió, in: *Revista de Catalunya*, 14 (1987), 21-32.

Kanon und Konversion, in: A. und J. Assmann (Hg.), *Kanon und Zensur*. München 1987, 38-46.

Social Reconstruction of Transcendence, in: CISR – Conférence Internationale de Sociologie des Religions (Hg.), *Secularization and Religion: The Persisting Tension*. Lausanne 1987, 23-31.

Grenzen der Alltagserfahrung und Transzendenz, in: O. Kolleritsch (Hg.), *Entgrenzungen in der Musik*. Wien/Graz 1987, 11-28.

Remarks on Transcendence and the Social Function of Religion, in: E. Karlsaune (Hg.), *Religion as a Social Phenomenon*, Trondheim 1988, 45-59.

Die »massenkulturelle« Sozialform der Religion, in: H.-G. Soeffner (Hg.), *Soziale Welt. Sonderband 6: Kultur und Alltag*. Göttingen 1988, 37-48.

Religion and Modern Consciousness, in: *Zen Buddhism Today. Annual Report of the Kyoto Zen Symposium* (The Kyoto Seminar for Religious Studies), 6 (1988), 11-22.

Religión y condición social de la conciencia moderna, in: X. Palacios/ F. Jarauta (Hg.), *Razón, ética y política. El conflucto de las sociedades modernas.* Barcelona 1989, 87-108; (italienisch: La religione e le condizioni sociali della coscienza moderna, in: *Studi di Sociologia,* 26 (1988), 312-326).

mit J. A. Beckford, *The Changing Face of Religion.* London 1989.

Shrinking Transcendence, Expanding Religion? (Paul Hanley Furfey Lecture at the 1989 Annual Meeting of the Association for the Sociology of Religion, August 7-9, 1989, San Francisco, California), in: *Sociological Analysis. A Journal in the Sociology of Religion,* 51/2 (1990), 127-138.

Weder Ende noch Wende, in: V. Drehsen (Hg.), *Auf der Suche nach Religion?,* Reihe »Zeitzeichen« Bd. 3, in Vorbereitung.

The New and the Old in Religion, in: P. Bourdieu/J. S. Coleman (Hg.), *Social Theory for a Changing Society,* in Vorbereitung.

mit J. R. Bergmann und H.-G. Soeffner, Erscheinungsformen von Charisma. Zwei Päpste, in: A. Zingerle/W. Gebhardt/M. N. Ebertz (Hg.), *Charisma. Theorie – Politik – Religion.* Tübingen, in Vorbereitung.

Weitere Literatur zum Thema

S. S. Acquaviva, The Rupture between Theory and Verification in the Thesis of Invisible Religion, in: Acts of the 11th CISR: Religion and Religiosity, Atheism and Non Belief in Industrial and Urban Society, Opatija, Jugosl., Lille 1976.

E. Bailey, The Implicit Religion of Contemporary Society: An Orientation and Plea for its Study, in: Religion 13 (1983), 69-83.

James Beckford, Holistic Imagery and Ethics in New Religious and Healing Movements, in: Social Compass 31/2-3 (1984), 259-272.

P. L. Berger, Some Second Thoughts on Substantive Versus Functional Definitions of Religion, in: Journal for the Scientific Study of Religion 13 (1974), 125-133.

R.-W. Bibby, Searching for Invisible Thread: Meaning Systems in Contemporary Canada, in: Journal for the Scientific Study of Religion 22,2 (1983), 101-119.

ders., Religious Ecasement in Canada. An Argument for Protestant and Catholic Entrenchment, in: Social Compass 32/3 (1985), 287-303.

J. Brothers, Zur Säkularisierung, in: Concilium 2 (1973), 43-54.

R. Cipriani, Dalla teoria alla verifica: Indagine sui valori in mutamento, Rom 1978.

M. Clampt, The Religious Subculture of a Y.M.C.A.-Camp. Unpubl. Diss., Harvard University 1969.

G. Clanton, Peter L. Berger und die Rekonstruktion der Religionssoziologie, in: Wissenschaft und Praxis in Kirche und Gesellschaft 3 (1973), 78-95.

Comenius Institut (Hrsg.), Die Bedeutung der Sozialisationsforschung für Theologie, Religionspädagogik und Kirche. Protokolle und Berichte Nr. 1, Münster 1974.

M. Cottrell, Secular Beliefs in Contemporary Society. Diss. Linacre College 1985.

G. Czell, Religiöse und kirchliche Sozialisation in der Alltagswelt, in: M. Arndt (Hrsg.), Religiöse Sozialisation. Stuttgart 1975, 26-49.

N. J. Demerath, Irreligion, A–Religion, and the Rise of the Religionless Church: Two Case Studies in Organizational Convergence, in: Sociological Analysis 30 (1969), 191-203.

L. von Deschwanden, Eine Rollenanalyse des katholischen Pfarreipriesters, in: Internationales Jahrbuch für Religionssoziologie 4 (1968), 123-157.

K. Dobbelaere, Secularization: A Multi–Dimensional Concept, in: Current Sociology 29/2 (1981).

ders., Secularization Theories and Sociological Paradigms: Convergences and Divergences, in: Social Compass 31 (1981), 199-219.

V. Drehsen, Die Reprivatisierung des heiligen Kosmos: Peter L. Berger und Thomas Luckmann, in: K.-W. Dahm, V. Drehsen u. G. Kehrer (Hrsg.), Das Jenseits der Gesellschaft. München 1975, 235-268.

J. Estruch, La innovacion religiosa, in: Trabajos de sociologia 1 (1973), 37-52.

W. Fischer, Von der Religionssoziologie zur Soziologie der Wissens- und Deutungssysteme, in: Theologica Practica 13 (1978), 124-139.

W. Fischer u. W. Marhold, Religionssoziologie als Wissenssoziologie, in: dies. (Hrsg.), Religionssoziologie als Wissenssoziologie, Stuttgart 1978, 7-20.

dies., Das Konzept des Symbolischen Interaktionismus in der deutschen Religionssoziologie, in: K.-F. Daiber u. Th. Luckmann (Hrsg.), Religion in den Gegenwartsströmungen der deutschen Soziologie. München 1983, 157-181.

H. Fries, Religion und Alltagswirklichkeit, in: Deutsches Institut für Fernstudien an der Universität Tübingen (Hrsg.), Funkkolleg Religion 1, Weinheim 1983.

J. Fulton, The Sociological Theories of Berger and Luckmann with Special Reference to Religion. An Appraisal. M. A. Thesis, Univ. of Liverpool 1977.

ders., Experience, Alienation and the Anthropological Condition of Religion, in: Annual Review of the Social Sciences of Religion 5 (1981).

F. Fürstenberg u. I. Mörth, Religionssoziologie, in: R. König (Hrsg.), Handbuch der empirischen Sozialforschung. Bd. 14: Religion – Bildung – Medizin. Stuttgart 1979, 1-84.

C. Y. Glock u. T. Piazza, Exploring Reality Structures, in: Th. Robbins u. D. Anthony (Hrsg.), In Gods We Trust. New Patterns of Religious Pluralism in America. New Brunswick/London 1983, 67-83.

E. Golomb, Wie kirchlich ist der Glaube?, in: W. Harenberg (Hrsg.), Was glauben die Deutschen? Die Emnid-Umfrage. Ergebnisse, Kommentare. München 1968, 172-207.

P. Grassi, La ›religione invisibile‹ di Thomas Luckmann, in: Rassegna di Teologia 5 (1978), 375-385.

ders., Sociologia della conscenza e religione, in: Rassegna di Teologia 3 (1979).

A. M. Greeley, Unsecular Man. The Persistence of Religion. New York 1972.

A. Grumelli, Religione e quotidianità tra pubblico e privato, in: Mensile di documenti e studi in una prospettiva internazionale, 6-7 (1982).

G. Guizzardi, Secolarizzazione: Alcuni nodi essenziali, in: S. S. Acquaviva (Hrsg.), La secolarizzazione. Bologna 1973, 23 ff.

J. Hach, Gesellschaft und Religion in der Bundesrepublik Deutschland. Heidelberg 1980.

A. Hahn, Religion und der Verlust der Sinngebung. Identitätsprobleme in der modernen Gesellschaft. Frankfurt 1974.

S. Hart, Privatization in American Religion and Society, in: Sociological Analysis 47 (1987), 319-334.

E. C. Hewitt, L. H. Maniga u. M. C. Mason, Models of Secularization in Contemporary Sociological Theory, in: Auburn Studies in Education Publication 1, New York 1972.

H. W. A. Hilhorst, Religie in verandering. Een kritische analyse en evaluatie van de sociologische optiek van Peter L. Berger en Thomas Luckmann. Unveröff. Diss., Utrecht University 1976.

M. Hill, A Sociology of Religion, London 1973, 252-268.

E. Higgins, Reflections on an International Conference on the Sociology of Religion, in: Humanitas 3,2 (1975), 257-260.

D. R. Hoge, Some Outlines of ›Invisible Religion‹ in Middle Class America, in: Internationales Jahrbuch für Wissens- und Religionssoziologie XI (1978), 163-182.

J. Jukic, Kritkia Nevidlijve Religije, in: Crkra u scijeta 3 (1973), 197-215.

E. Karlsaun, Religion i fenomenologisk fundert sosiologi, in: O. Hagnestad u. O. G. Winsner (Hrsg.), Kunnskap og Forstaelse. Trondheim 1983, 127-140.

M. Kerlin, Religious Truth and the Social Construction of Reality. Diss., Temple University.

M. Kersevan, Problem religja U Savrmanam Drustvu, in: Sociologija 17,3 (1975), 153-166.

K. Koracevic, Die Formen der Institutionalisierung der Religion und die Ursachen ihres Wandels nach Thomas Luckmann. Diss., Rom 1988.

M. Layendecker-Thung, Religion und Wertwandel in empirischen Untersuchungen der Niederlande, in: Loccumer Protokolle 8/84, 57-96.

C. Lemert, The Invisible Religion. An Empirical Appraisal. Diss., Harvard University 1972.

ders., Defining Non-Church Religion, in: Review of Religious Research 16/3 (1975), 186-197.

D. Lyon, The Steeple's Shadow. On the Myths and Realities of Secularization. London 1985.

J. Macha, Spuren des Übernatürlichen. Die Religionssoziologie Peter L. Bergers und Thomas Luckmanns, in: Stimmen der Zeit 5 (1971), 348 ff.

R. Machalek u. M. Martin, Invisible Religions: Some Preliminary Evidence, in: Journal for the Scientific Study of Religion 15,1 (1976).

L. Mamiya, Social Phenomenology, Social Science and Religion. Diss. 1972.

W. Marhold u. a., Religion als Beruf. 2 Bände. Stuttgart 1977.

O. Marquard, Religion und Skepsis. Kommentar zu R. Spaemann und Th. Luckmann, in: Peter Koslowski, (Hrsg.), Die religiöse Dimension der Gesellschaft. Religion und ihre Theorien. Tübingen 1985, 42-47.

M. C. Mason, The Privatization of the Sacred World. Ms., Sidney 1975.

ders., The Privatization of the Sacred World. Thomas Luckmanns Phenomenologically Founded Sociology of Modern Religion. Diss. Thesis, Columbia University 1975.

J. Matthes, Kirche und Gesellschaft. Einführung in die Religionssoziologie. 2 Bände. Reinbek 1962 & 1967.

P. McWilliams, Non-Church-Religion: An Empirical Appraisal. Diss., Southern Illinois University 1974.

I. Mörth, Die gesellschaftliche Wirklichkeit der Religion. Stuttgart 1978.

ders., Lebenswelt und religiöse Sinnstiftung. Ein Beitrag zur Theorie des Alltagslebens. München 1986.

H. M. Nelsen, R. F. Everett, P. Mader u. W. C. Hamby, A Test of Yinger's Measure of Non-Doctrinal Religion: Implications for Invisible Religion as a Belief System, in: Journal for the Scientific Study of Religion 15,3 (1976), 263-267.

A. Nesti, Il religioso implicito. Rom 1985.

C. Prandi, La religione invisibile: Un riesame del contributo di Thomas Luckmann, in: Religione e Società 1 (1986).

G. Quaranta, L'associazione invisibile. Giovane cattolici tra secolarizzazione e risveglio religioso. Florenz 1982.

Religione e Società 1 (1986): Visibile/invisibile. Contributo sull' identità del fenomeno religioso.

A. Rigby u. B. S. Turner, Findhorn Community. Centre of Light: A Sociological Study of New Forms of Religion, in: M. Hill (Hrsg.), Sociological Yearbook of Religion in Britain 5, London 1972, 72-86.

R. Robertson, On the Analysis of Mysticism. Pre-Weberian, Weberian and Post-Weberian Perspectives, in: Sociological Analysis 36 (1975), 241-266.

W. C. Roof, Traditional Religion in Contemporary Society: A Theory of Local-Cosmopolitan Plausibility, in: American Sociological Review 41,2 (1976), 195-208.

ders., American Religion in Transition. A Review and Interpretation of Trends, in: Social Compass 31, 2/3 (1984), 273-289.

E. Rosanna, Secolarizzazione o transfunzionalizzazione della religione? Rapporto critico su una discussione attuale in sociologia della religione. Zürich 1973.

E. Rosanna u. C. Sartori, Bibliografia di sociologia della religione. Rassegna bibliografica degli scritti di sociologia della religione di Peter L. Berger e Thomas Luckmann, in: Rivista di Scienze dell' Educazione 3 (1973), 339-359.

M. Scharfe, Die Religion des Volkes. Kleine Kultur- und Sozialgeschichte des Pietismus. Gütersloh 1980.

M. Schibilsky, Theorie der Religion und Alltagswirklichkeit. Religionssoziologische Anmerkungen zur Suche nach einer neuen Kosmologie, in: Zeitschrift für Evangelische Ethik 6 (1975), 339-362.

K. Schneider, Religion in Israel. Meisenheim am Glan 1976, bes. 221-228.

C. Seyfarth, Religionssoziologische Aspekte der Wertwandelsproblematik, in: Loccumer Protokolle 8/84, 11-39.

S. Siddique, Interactionist Theory and the Study of Religion in Non-Western Societies. The Berger-Luckmann-Thesis and the Sultanates of Cirebon, West-Java, in: The Annual Review of the Social Sciences of Religion 1 (1977), 167-184.

S. Stack, The Effect of the Decline in Institutionalized Religion on Suicide, in: Journal for the Scientific Study of Religion 22 (1983), 239-252.

R. E. Stauffer, Civil Religion, Technocracy, and the Private Sphere: Further Comments on Cultural Integration in Advanced Societies, in: Journal for the Scientific Study of Religion 12,4 (1973).

F. Wagner, Was ist Religion? Studien zu ihrem Begriff und Thema in Geschichte und Gegenwart. Gütersloh 1986, 210 ff.

A. J. Weigert, Whose Invisible Religion? Luckmann Revisited, in: Sociological Analysis 35,2 (1974), 181-188.

R. Wuthnow, The Conscious Reformation. Berkeley 1976.

J. M. Yinger, A Structural Examination of Religion, in: Journal for the Scientific Study of Religion 8,1 (1969), 88-99.

P. M. Zulehner, Säkularisierung von Gesellschaft, Person und Religion. Wien 1973.

P. M. Zulehner, Luckmann, in: K.-H. Weger (Hrsg.), Religionskritik von der Aufklärung bis zur Gegenwart. Autoren-Lexikon von Adorno bis Wittgenstein. Freiburg 1979, 201-204.

suhrkamp taschenbücher wissenschaft
Soziologie, Theorie der Gesellschaft

Adorno: Prismen. stw 178
- Soziologische Schriften I. stw 306

Assmann/Hölscher (Hg.): Kultur und Gedächtnis. stw 724

Auwärter/Kirsch/Schröter (Hg.): Kommunikation, Interaktion, Identität. stw 156

Beck/Bonß (Hg.): Weder Sozialtechnologie noch Aufklärung? stw 715

Bendix: Freiheit und historisches Schicksal. stw 390

Bonß/Honneth (Hg.): Sozialforschung als Kritik. stw 400

Bourdieu: Entwurf einer Theorie der Praxis. stw 291
- Die feinen Unterschiede. stw 658
- Sozialer Raum und »Klassen«. Leçon sur la leçon. stw 500
- Zur Soziologie der symbolischen Formen. stw 107

Bourdieu u. a.: Eine illegitime Kunst. stw 441

Brandt: Arbeit, Technik und gesellschaftliche Entwicklung. stw 780

Cicourel: Methode und Messung in der Soziologie. stw 99

Cremerius (Hg.): Die Rezeption der Psychoanalyse in der Soziologie, Psychologie und Theologie im deutschsprachigen Raum bis 1940. stw 296

Dreeben: Was wir in der Schule lernen. stw 294

Dubiel/Söllner (Hg.): Wirtschaft, Recht und Staat im Nationalsozialismus. stw 471

Durkheim: Erziehung, Moral und Gesellschaft. stw 487
- Die Regeln der soziologischen Methode. stw 464
- Der Selbstmord. stw 431
- Soziologie und Philosophie. stw 176

Edelstein/Habermas (Hg.): Soziale Interaktion und soziales Verstehen. stw 446

Edelstein/Keller (Hg.): Perspektivität und Interpretation. stw 364

Edelstein/Nunner-Winkler (Hg.): Zur Bestimmung der Moral. stw 628

Eder: Die Vergesellschaftung der Natur. stw 714

Eder (Hg.): Klassenlage, Lebensstil und kulturelle Praxis. stw 767

Eisenstadt (Hg.): Kulturen der Achsenzeit. 2 Bde. stw 653

Elias: Engagement und Distanzierung. stw 651
- Die höfische Gesellschaft. stw 423
- Über den Prozeß der Zivilisation. 2 Bde. stw 158/159
- Über die Zeit. stw 756

Materialien zu Norbert Elias' Zivilisationstheorie. stw 233

Macht und Zivilisation. Materialien zu Norbert Elias' Zivilisationstheorie 2. stw 418

Evers/Nowotny: Über den Umgang mit Unsicherheit. stw 672

Ferguson: Versuch über die Geschichte der bürgerlichen Gesellschaft. stw 739

suhrkamp taschenbücher wissenschaft
Soziologie, Theorie der Gesellschaft

Foucault: Sexualität und Wahrheit
1. Der Wille zum Wissen.
stw 716
– Sexualität und Wahrheit 2. Der Gebrauch der Lüste. stw 717
– Sexualität und Wahrheit 3. Die Sorge um sich. stw 718
– Überwachen und Strafen. stw 184
– Wahnsinn und Gesellschaft. stw 39
Gerhardt/Schütze (Hg.): Frauensituation. stw 726
Geulen: Das vergesellschaftete Subjekt. stw 586
Geulen (Hg.): Perspektivenübernahme und soziales Handeln. stw 348
Giddens: Die Klassenstruktur fortgeschrittener Gesellschaften. stw 452
Goffman: Das Individuum im öffentlichen Austausch. stw 396
– Interaktionsrituale. stw 594
– Rahmen-Analyse. stw 329
– Stigma. stw 140
Goudsblom: Soziologie auf der Waagschale. stw 223
Granet: Die chinesische Zivilisation. stw 518
Greiffenhagen: Das Dilemma des Konservatismus in Deutschland. stw 634
Groethuysen: Die Entstehung der bürgerlichen Welt- und Lebensanschauung in Frankreich. 2 Bde. stw 256
Habermas: Theorie und Praxis. stw 243
– Zur Logik der Sozialwissenschaft. stw 517
– Zur Rekonstruktion des Historischen Materialismus. stw 154
– *siehe auch Edelstein/Habermas*
– *siehe auch Honneth/Joas*
– *siehe auch McCarthy*
Haferkamp/Schmid (Hg.): Sinn, Kommunikation und soziale Differenzierung. Beiträge zu Luhmanns Theorie sozialer Systeme. stw 667
Haferkamp (Hg.): Sozialstruktur und Kultur. stw 793
Hahn/Kapp (Hg.): Selbstthematisierung u. Selbstzeugnis: Bekenntnis u. Geständnis. stw 643
Halbwachs: Das Gedächtnis u. s. soz. Bedingungen. stw 538
Hausen/Nowotny (Hg.): Wie männlich ist die Wissenschaft? stw 590
Hirschman: Engagement und Enttäuschung. stw 729
Hirschmann: Leidenschaften und Interessen. stw 670
Höffe: Strategien der Humanität. stw 540
– *siehe auch Oser/Fatke/Höffe*
Honneth: Kritik der Macht. stw 738
Honneth/Jaeggi (Hg.): Theorien des Historischen Materialismus 1. stw 182
– Arbeit, Handlung, Normativität. Theorien des Historischen Materialismus 2. stw 321
Honneth/Joas (Hg.): Kommunikatives Handeln. Beiträge zu Jürgen Habermas' »Theorie des kommunikativen Handelns«. stw 625

suhrkamp taschenbücher wissenschaft
Soziologie, Theorie der Gesellschaft

Joas: Praktische Intersubjektivität. stw 765
Joas (Hg.): Das Problem der Intersubjektivität. stw 573
Joas/Steiner (Hg.): Machtpolitischer Realismus und pazifistische Utopie. stw 792
Joerges (Hg.): Technik im Alltag. stw 755
Jokisch (Hg.): Techniksoziologie. stw 379
Kern/Schumann: Industriearbeit und Arbeiterbewußtsein. stw 549
Kippenberg/Luchesi (Hg.): Magie. Die sozialwissenschaftliche Kontroverse über das Verstehen fremden Denkens. stw 674
Kocka (Hg.): Interdisziplinarität. stw 671
Lautmann (Hg.): Gesellschaft und Homosexualität. stw 200
Lenhardt: Schule und bürokratische Rationalität. stw 466
Lenk: Zur Sozialphilosophie der Technik. stw 414
– Zwischen Sozialpsychologie und Sozialphilosophie. stw 708
– Zwischen Wissenschaftstheorie und Sozialwissenschaft. stw 637
Lenski: Macht und Privileg. stw 183
Lepenies (Hg.): Geschichte der Soziologie. 4 Bde. stw 367
Lüderssen/Sack (Hg.): Vom Nutzen und Nachteil der Sozialwissenschaften für das Strafrecht. 2 Bde. stw 327

Luhmann: Funktion der Religion. stw 407
– Legitimation durch Verfahren. stw 443
– Soziale Systeme. stw 666
– *siehe auch Haferkamp/Schmid*
– Zweckbegriff und Systemrationalität. stw 12
Luhmann/Pfürtner (Hg.): Theorietechnik und Moral. stw 206
Luhmann/Schorr: Reflexionsprobleme im Erziehungssystem. stw 740
Luhmann/Schorr (Hg.): Zwischen Intransparenz und Verstehen. stw 572
– Zwischen Technologie und Selbstreferenz. stw 391
– *siehe auch Goldschmidt/Schöfthaler*
Mannheim: Konservatismus. stw 478
– Strukturen des Denkens. stw 298
McCarthy: Kritik der Verständigungsverhältnisse. stw 782
Mead: Geist, Identität und Gesellschaft. stw 28
– Gesammelte Aufsätze. Bd. 1. stw 678
– Gesammelte Aufsätze. Bd. 2. stw 679
– *siehe auch Joas*
Meja/Stehr (Hg.): Der Streit um die Wissenssoziologie. stw 361
Mommsen: Max Weber. Gesellschaft, Politik und Geschichte. stw 53
Moore: Ungerechtigkeit. stw 692
Münch: Theorie des Handelns. stw 704

suhrkamp taschenbücher wissenschaft
Soziologie, Theorie der Gesellschaft

Mead: Geist, Identität und Gesellschaft. stw 28
– Gesammelte Aufsätze. Bd. 1. stw 678
– Gesammelte Aufsätze. Bd. 2. stw 679
– *siehe auch Joas*
Meja/Stehr (Hg.): Der Streit um die Wissenssoziologie. stw 361
Mommsen: Max Weber. Gesellschaft, Politik und Geschichte. stw 53
Moore: Ungerechtigkeit. stw 692
Münch: Dialektik der Kommunikationsgesellschaft. stw 880
– Theorie des Handelns. stw 704
Niemitz (Hg.): Erbe und Umwelt. stw 646
Oakes: Die Grenzen kulturwissenschaftlicher Begriffsbildung. stw 859
Oser: Moralisches Urteil in Gruppen. stw 335
Oser/Fatke/Höffe (Hg.): Transformation und Entwicklung. Grundlagen der Moralerziehung. stw 498
Otto/Sünker (Hg.): Soziale Arbeit und Faschismus. stw 762
Parsons: Gesellschaften. stw 106
– *siehe auch Schluchter (Hg.): Verhalten*
– *siehe auch Schütz/Parsons*
Rammstedt: Deutsche Soziologie 1933-1945. stw 581
Rodinson: Islam und Kapitalismus. stw 584
Rosenbaum: Formen der Familie. stw 374

Rosenbaum (Hg.): Familie und Gesellschaftsstruktur. stw 244
Roth: Politische Herrschaft und persönliche Freiheit. stw 680
Schluchter: Aspekte bürokratischer Herrschaft. stw 492
– Rationalismus der Weltbeherrschung. stw 322
Schluchter (Hg.): Max Webers Sicht des antiken Christentums. stw 548
– Max Webers Sicht des Islam. stw 638
– Max Webers Sicht des okzidentalen Christentums. stw 730
– Max Webers Studie über das antike Judentum. stw 340
– Max Webers Studie über Hinduismus und Buddhismus. stw 473
– Max Webers Studie über Konfuzianismus und Taoismus. stw 402
– Verhalten, Handeln und System. Talcott Parsons' Beitrag zur Entwicklung der Sozialwissenschaften. stw 310
Schöfthaler/Goldschmidt (Hg.): Soziale Struktur und Vernunft. stw 365
Schröter: »Wo zwei zusammenkommen in rechter Ehe …« stw 860
Schütz: Das Problem der Relevanz. stw 92
– Der sinnhafte Aufbau der sozialen Welt. stw 92
– Theorie der Lebensformen. stw 350

suhrkamp taschenbücher wissenschaft
Soziologie, Theorie der Gesellschaft

Schütz/Luckmann: Strukturen der Lebenswelt. Bd. 1. stw 284
- Strukturen der Lebenswelt. Bd. 2. stw 428

Schütz/Parsons: Zur Theorie sozialen Handelns. Ein Briefwechsel. stw 202

Seyfahrt/Sprondel (Hg.): Religion und gesellschaftliche Entwicklung. stw 38

Simmel: Aufsätze 1887–1890. Über sociale Differenzierung (1890). Die Probleme der Geschichtsphilosophie (1892). stw 802
- Einleitung in die Moralwissenschaft. stw 803
- Philosophie des Geldes. stw 806
- Das individuelle Gesetz. stw 660
- Schriften zur Soziologie. stw 434

Simmel und die frühen Soziologen. stw 736

Georg Simmel und die Moderne. Hg. von H.-J. Dahme und O. Rammstedt. stw 469

Soeffner: Auslegung des Alltags – Der Alltag der Auslegung. stw 785

Sorel: Über die Gewalt. stw 360

Stolk/Wouters: Frauen im Zwiespalt. stw 685

Stubar (Hg.): Exil, Wissenschaft, Identität. stw 702

Tibi: Der Islam und das Problem der kulturellen Bewältigung sozialen Wandels. stw 531
- Die Krise des modernen Islam. stw 889

Ullrich: Technik und Herrschaft. stw 277

Wahl: Die Modernisierungsfalle. stw 842

Wahl/Honig/Gravenhorst: Wissenschaftlichkeit und Interessen. stw 398

Weingart (Hg.): Technik als sozialer Prozeß. stw 795

Weiß, J. (Hg.): Max Weber heute. stw 711

Welker (Hg.): Theologie und funktionale Systemtheorie. stw 495

Wiggershaus (Hg.): Sprachanalyse und Soziologie. stw 123

suhrkamp taschenbücher wissenschaft
Geschichte, Sozialgeschichte, Zeitgeschichte, Dokumentation

Assmann/Hölscher (Hg.): Kultur und Gedächtnis. stw 724

Batscha: »Despotismus von jeder Art reizt zur Widersetzlichkeit.« stw 759

Baumgartner/Rüsen (Hg.): Geschichte und Theorie. stw 98

Becher/Rüsen (Hg.): Weiblichkeit in geschichtlicher Perspektive. stw 725

Bendix: Könige oder Volk. 2 Bde. stw 338

Broué/Témime: Revolution und Krieg in Spanien. 2 Bde. stw 118

Danker: Räuberbanden im Alten Reich um 1700. stw 707

Dreier/Sellert (Hg.): Recht und Justiz im »Dritten Reich«. stw 761

Duby: Die drei Ordnungen. stw 596

– Ritter, Frau und Priester. stw 735

Duby/Lardreau: Geschichte und Geschichtswissenschaft. stw 409

Ehlich (Hg.): Sprache im Faschismus. stw 760

Fend: Sozialgeschichte des Aufwachsens. stw 693

Foucault: Sexualität und Wahrheit 1. Der Wille zum Wissen. stw 716

– Sexualität und Wahrheit 2. Der Gebrauch der Lüste. stw 717

– Sexualität und Wahrheit 3. Die Sorge um sich. stw 718

– Überwachen und Strafen. stw 184

– Wahnsinn und Gesellschaft. stw 39

Heinsohn: Privateigentum, Patriarchat, Geldwirtschaft. stw 455

Hinrichs: Ancien Régime und Revolution. stw 758

Hinrichs (Hg.): Absolutismus. stw 535

Jäger: Verbrechen unter totalitärer Herrschaft. stw 388

Koselleck: Kritik und Krise. stw 36

– Vergangene Zukunft. stw 757

Macpherson: Nachruf auf die liberale Demokratie. stw 305

– Die politische Theorie des Besitzindividualismus. stw 41

Meier, Chr.: Die Entstehung des Politischen bei den Griechen. stw 427

Métral: Die Ehe. stw 357

Moore: Soziale Ursprünge von Diktatur und Demokratie. stw 54

– Ungerechtigkeit. stw 692

Niethammer (Hg.): Lebenserfahrung und kollektives Gedächtnis. stw 490

Otto/Sünker (Hg.): Soziale Arbeit und Faschismus. stw 762

Reif (Hg.): Räuber, Volk und Obrigkeit. stw 453

Reinalter: Die Französische Revolution und Mitteleuropa. stw 748

Reinalter (Hg.): Demokratische u. soziale Protestbewegungen in Mitteleuropa 1815-1848/49. stw 629

suhrkamp taschenbücher wissenschaft
Geschichte, Sozialgeschichte, Zeitgeschichte, Dokumentation

Reinalter (Hg.) Freimaurer und Geheimbünde im 18. Jahrhundert in Mitteleuropa. stw 403

Rosenbaum: Formen der Familie. stw 374

Rosenbaum (Hg.): Familie und Gesellschaftsstruktur. stw 244

Rossi: Vom Historismus zur historischen Sozialwissenschaft. stw 699

Saage: Arbeiterbewegung, Faschismus, Neokonservatismus. stw 689

Sabean: Das zweischneidige Schwert. stw 888

Schulze (Hg.): Europäische Bauernrevolten der frühen Neuzeit. stw 393

Tibi: Der Islam und das Problem der kulturellen Bewältigung sozialen Wandels. stw 531

Vranicki: Geschichte des Marxismus. 2 Bde. stw 406